陕西省高等职业院校专业综合改革试点项目
陕西高职院校建筑工程技术专业国家级教学成果奖培育项目 建设成果
陕西省高等职业院校"一流专业"培育项目

U0711452

建筑工程经济

主　编　叶　征　王占锋
参　编　杨建宁
主　审　黄　华

北京理工大学出版社
BEIJING INSTITUTE OF TECHNOLOGY PRESS

内 容 提 要

本书针对工程建设全过程，系统地介绍了建筑工程经济的基本原理和方法及其在建设工程项目中的应用，并按照建设项目投资分析的基本过程进行内容编排。全书共分为十二章，主要内容包括绪论，建筑产品、建筑业及建筑市场，现金流量及其构成，资金时间价值与等值计算，投资方案的比较与选择，建设项目资金筹措，设备更新经济分析，建设项目经济评价，风险与不确定性分析，价值工程，建设项目可行性研究以及建筑工程经济在建设工程项目中的应用等。

本书可作为高职高专院校建筑工程技术、建筑装饰、工程造价、工程管理、市政工程、公路工程等专业的教材，也可供建筑行业从业人员和执业资格证书考试人员参考使用。

图书在版编目（CIP）数据

建筑工程经济／叶征，王占锋主编.—北京：北京理工大学出版社，2018.1（2025.1重印）
ISBN 978-7-5682-5045-0

Ⅰ.①建…　Ⅱ.①叶…②王…　Ⅲ.①建筑经济学－工程经济学－高等学校－教材
Ⅳ.①F407.9

中国版本图书馆CIP数据核字（2017）第308704号

责任编辑：钟　博		**文案编辑：**钟　博	
责任校对：周瑞红		**责任印制：**边心超	

出版发行／北京理工大学出版社有限责任公司

社　　　址／北京市丰台区四合庄路6号

邮　　　编／100070

电　　　话／（010）68914026（教材售后服务热线）

　　　　　　（010）63726648（课件资源服务热线）

网　　　址／http://www.bitpress.com.cn

版 印 次／2025年1月第1版第6次印刷

印　　　刷／河北世纪兴旺印刷有限公司

开　　　本／787 mm×1092 mm　1/16

印　　　张／15.5

字　　　数／376千字

定　　　价／49.00元

陕西省高等职业院校专业综合改革试点项目
陕西高职院校建筑工程技术专业国家级教学成果奖培育项目 **建设成果**
陕西省高等职业院校"一流专业"培育项目

高等职业教育土木建筑类专业教材
智慧建造系列教材
编审委员会

顾　问：胡兴福　全国住房和城乡建设职业教育教学指导委员会秘书长

全国高职工程管理类专业指导委员会主任委员

享受政府特殊津贴专家，教授、高级工程师

主　任：杨云峰　陕西交通职业技术学院党委书记，教授、正高级工程师

副主任：薛安顺　刘新潮

委　员：

于军琪　吴　涛　官燕玲　刘军生　来弘鹏

高俊发　石　坚　黄　华　熊二刚　于　均

赵晓阳　刘瑞牛　郭红兵

编写组：

丁　源　罗碧玉　王淑红　吴潮玮　寸江峰

孟　琳　丰培洁　翁光远　刘　洋　王占锋

叶　征　郭　琴　丑　洋　陈军川

总序言

高等职业教育以培养生产、建设、管理、服务第一线的高素质技术技能人才为根本任务，在建设人力资源强国和高等教育强国的伟大进程中发挥着不可替代的作用。近年来，我国高职教育蓬勃发展，积极推进校企合作、工学结合人才培养模式改革，办学水平不断提高，为现代化建设培养了一大批高素质技术技能人才，对高等教育大众化作出了重要贡献。要加快高职教育改革和发展的步伐，全面提高人才培养质量，就必须对课程体系建设进行深入探索。在此过程中，教材无疑起着至关重要的基础性作用，高质量的教材是培养高素质技术技能人才的重要保证。

高等职业院校专业综合改革和高职院校"一流专业"培育是教育部、陕西省教育厅为促进高职院校内涵建设、提高人才培养质量、深化教育教学改革、优化专业体系结构、加强师资队伍建设、完善质量保障体系，增强高等职业院校服务区域经济社会发展能力而启动的陕西省高等职业院校专业综合改革试点项目和陕西高职院校"一流专业"培育项目。在此背景下，为了更好的贯彻《国家中长期教育改革和发展规划纲要（2010—2020年）》及《高等职业教育创新发展行动计划（2015—2018年）》相关精神，更好地推动高等职业教育创新发展，自"十三五"以来，陕西交通职业技术学院建筑工程技术专业先后被立项为"陕西省高等职业院校专业综合改革试点项目"、"陕西高职院校'一流专业'培育项目"及"高等职业教育创新发展行动计划（2015—2018年）骨干专业建设项目"，教学成果"契合行业需求，服务智慧建造，建筑工程技术专业人才培养模式创新与实践"荣获"陕西省2015年高等教育教学成果特等奖"。依托以上项目建设，陕西交通职业技术学院组织了一批具有丰富理论知识和实践经验的专家、一线教师，校企合作成立了智慧建造系列教材编审委员会，着手编写了本套重点支持建筑工程专业群的智慧建造系列教材。

本套公开出版的智慧建造系列教材编审委员会对接陕西省建筑产业岗位要求，结合专业实际和课程改革成果，遵循"项目载体、任务驱动"的原则，组织开发了以项目为主体的工学结合教材；在项目选取、内容设计、结构优化、资源建设等方面形成了自己的特色，具体表现在以下方面：一是教材内容的选取凸显了职业性和前沿性特色；二是教材结构的安排凸显了情境化和项目化特色；三是教材实施的设计凸显了实践性和过程性特色；四是教材资源的建设凸显了完备性和交互性特色。总之，智慧建造系列教材的体例结构打破了传统的学科体系，以工作任务为载体进行项目化设计，教学方法融"教、学、做"于一体、实施以真实工作任务为载体的项目化教学方法，突出了以学生自主学习为中心、以问题为导向的理念，考核评价体现过程性考核，充分体现现代高等职业教育特色。因此，本套智慧建造系列教材的出版，既适合高职院校建筑工程类专业教学使用，也可作为成人教育及其他社会人员岗位培训用书，对促进当前我国高职院校开展建筑工程技术"一流专业"建设具有指导借鉴意义。

2017年10月

前　言

近年来我国职业教育蓬勃发展，教育教学改革不断深化，国家对职业教育的重视达到前所未有的高度。为了贯彻教育部对高职高专院校建筑工程类专业的培养目标，提高我国建设领域的职业教育水平，培养适应新时期职业需要的高素质人才，陕西交通职业技术学院和北京理工大学出版社深入调研，周密筹划，悉心组织了一批骨干教师，编写"智慧建造系列教材"。

本书根据高职高专院校教育教学的特点和要求，并结合当前建筑类专业人才培养目标进行编写。本书作为"智慧建造系列教材"之一，在内容编排上，体现"以应用为目的，专业理论知识以必需、够用为度"的原则；在编写特点上，以"提出问题—分析问题—解决问题"为主线，以建筑工程经济基本理论与应用技能为重点，理论联系实际，坚持学以致用，突出科学性、时代性、工程实践性。全书在内容的选择和组织上尽量做到主次分明、详略适度、循序渐进，并注重吸取工程技术界的最新成果，为学生推荐富有时代特色的建设工程项目经济评价案例，同时还拓宽了建筑类专业的专业面，切实保证了本课程必学内容的深度和广度。

本书由陕西交通职业技术学院叶征、王占锋担任主编，陕西交通职业技术学院杨建宁参与了本书部分章节的编写工作。具体编写分工为：叶征编写了第一、二、八、九、十一章，王占锋编写了第三、四、五、十章，杨建宁编写了第六、七、十二章和附录。全书由黄华主审。

本书在编写过程中，参考了有关书籍，在此向相关作者表示衷心的感谢！限于编者的水平有限，书中的疏漏、谬误之处在所难免，敬请读者批评指正。

编　者

目　录

第一章 绪 论

通过本章的学习，了解工程经济学的产生、发展、相关概念和特点；熟悉工程经济学的研究对象、范围与方法；掌握建筑工程项目经济评价的基本原则。

认识"建筑工程经济"课程的性质、研究对象、任务；熟悉课程的主要内容、学习方法。

第一节 工程技术与经济的关系

一、工程经济学的产生和发展

工程经济学是介于自然科学和社会科学之间的边缘学科，是根据现代科学技术和社会经济发展的需要，在自然科学和社会科学的发展过程中，各学科互相渗透，互相促进，互相交叉，逐渐形成和发展起来的。在这门学科中，经济学处于支配地位，而工程经济学属于应用经济学的一个分支。

工程经济学产生的标志是 1887 年美国的土木工程师亚瑟·惠灵顿出版的著作《铁路布局的经济理论》，至今已有 100 多年。惠灵顿认为，资本化的成本分析法，可应用于铁路最佳长度或路线曲率的选择。在该书中，铁路路线的计算首次应用了资本费用分析法，同时书中提出了工程利息的概念。惠灵顿精辟地阐述了工程经济的重点："不把工程学简单地理解和定义为建造艺术是很有好处的。从某种重要意义来说，工程经济并不是建造艺术。不妨把它粗略地定义为一门少花钱多办事的艺术。"1930 年，格兰特教授出版了《工程经济学原理》，从而奠定了经典工程经济学的基础。1982 年，里格斯出版了《工程经济学》，把工程经济学的学科水平向前推进了一大步。近代工程经济学的发展侧重于用概率统计等方法进行风险性、不确定性研究及非经济因素研究。

我国对工程经济学的研究和应用起步于 20 世纪 70 年代后期。随着改革开放的推进，工程经济学的原理和方法已在经济建设宏观与微观的项目评价中得到广泛的应用，对建筑工程经济学学科体系、理论和方法、性质和对象的研究也十分活跃，有关工程经济的投资理论、项目评价等著作大量出现，逐步形成了有体系的、符合我国国情的工程经济学。

二、工程经济学的相关概念

1. 工程

工程是指人们应用科学的理论、技术的手段和设备来完成的较大而复杂的具体实践活动。工程的范畴很大，包括土木工程、机械工程、交通工程、水利工程、港口工程等。

2. 技术

技术是指人类在认识自然和改造自然的反复实践中积累的有关生产劳动的经验、知识、技巧和设备等。工程技术与科学是既有联系又有区别的两个概念，科学是人们对客观规律的认识和总结，而技术是人们改造自然的手段和方法。

迄今为止，人们对技术的理解不尽相同，归纳起来有以下几种表述：

(1)技术是在生产和生活领域中，运用各种科学所揭示的客观规律，进行各种生产和非生产活动的技能，以及根据科学原理改造自然的一切方法。具体表现为产品(或结构、系统及过程)开发、设计和制造所采用的方法、措施、技巧，运用劳动工具(包括机械设备等)正确有效地使用劳动对象和保护资源与环境，对其进行有目的的加工改造，更好地改造世界，为人类造福。

(2)技术泛指依照自然科学基本原理和生产实践经验发展而成的一切操作方法和技能。其不仅包括相应的生产工具和其他物资设备，还包括生产的工艺过程或作业程序方法。

(3)技术包括劳动者的劳动技能、劳动工具和劳动对象三部分，缺一不可。这实际上就是认为技术等同于生产力。

由于人们对技术的概念在理解上有差异，工程经济研究的对象就不同。本书是在下述意义上使用"技术"这一概念的：技术不仅包括生产活动和生活活动的技术，还包括管理方法、决策方法、计划方法、组织方法、交换方法、推销方法、流通方法等，总而言之，技术存在于所有领域。

技术发展的标志基本表现在两个方面，一方面是它能创造落后技术所不能创造的产品和劳动，例如，宇宙技术、微电子技术、海洋技术、新材料、新能源、新生产技术等；另一方面是它能用更少的人力和物力创造出相同的产品和劳务。

3. 经济

"经济"也是人们熟悉的名词，其应用也很广，人们对其概念的理解也不尽相同。一般认为"经济"是个多义词，其内涵包括：

(1)"经济"指生产关系。经济是人类社会发展到一定阶段的社会经济制度，是生产关系的总和，是政治和思想意识等上层建筑赖以建立的基础。从政治经济学的角度来看，"经济"指的是生产关系和生产力的相互作用，它研究的是生产关系运动的规律。

(2)"经济"是一国国民经济的总称，或指国民经济的各部门，如工业经济、农业经济、运输经济等。

(3)"经济"指社会生产和再生产，即物质资料的生产、交换、分配、消费的现象和过程。如国民经济学、部门经济学，它们是研究社会和部门经济发展规律的科学。

(4)"经济"指"节约"或"节省"，即人们日常所说的"经济不经济"中的"经济"。技术经济学研究中应用较多的概念是第四种，是指人、财、物、时间等资源的节约和有效使用。例如，在工程建设中，以较少的费用建成具有同样效用的工程，或以同样数量的费用，建成更多更好的工程等，不论哪一种情况，都是表现为了获得单位效用所消耗的费用的节约。

另外，技术经济决策所涉及的经济问题，又多与社会生产和再生产的部门经济发展规律有关，因而，技术经济学的经济概念基本上是上述第三种和第四种含义。

4. 工程技术与经济的关系

从推动人类社会进步与发展的意义上说，工程技术是实现人们美好理想的手段，经济是人们所追求和期待的目标，两者是手段和目的的关系。人们发挥自身的聪明才智，把科学、技术积极应用到建设实践中，使这个"手段"优化。仅仅使手段先进了还远远不够，还要看它是否有利于社会再生产，是否能促使经济发展，这才是目的。两者结合起来，就是工程的有效性，即技术的先进性和经济的合理性。技术是工程的前提，经济是工程的目的。从事或准备从事工程实践的人，必须要有这样的认识，防止因过分追求技术的完美领先而犯本末倒置的错误。

人们不断追求着"物质丰富，生活富裕"的美好理想，这个理想的实现需要工程技术的支持。没有工程基础，就失去了经济建设的舞台。没有工程活动，没有科学技术的实践活动，何谈社会再生产？又如何实现"物质丰富，生活富裕"呢？归根结底，科学技术及作为其表现形式的工程是支撑经济发展的永恒动力，以其先进的生产力推动着经济的发展。同时，经济状况又制约和刺激着工程建设、技术进步。一方面，工程活动需要物质资料的投入保障，所以，一个时期的经济状况影响着工程建设的范围、规模和强度，经济成为制约工程建设和技术进步的因素；另一方面，人们对于经济现状的永不满足，又成为刺激和推动工程建设和技术进步的因素。

第二节 工程经济学的研究对象和特点

一、工程经济学的研究对象

工程经济学的研究对象，就是解决各种工程项目（或投资项目）问题的方案或途径，其核心是工程项目的经济性分析。这里所说的项目是指投入一定资源的计划、规划和方案并可以进行分析和评价的独立单元。

传统工程经济学面对的主要是一些微观技术经济问题，如某项工程的建设问题、某企业的技术改造问题、某项技术措施的评价问题、多种技术方案的选择问题等。随着社会和经济的发展，现代工程经济学面对的问题越来越广泛，从微观的技术经济问题延伸到了宏观的技术经济问题，如能源问题、环境保护问题、资源开发利用问题、国家的经济政策和体制问题等。工程经济学解决问题的延伸产生了新的工程经济分析的方法，丰富了工程经济学的内容，但不应将工程经济学研究的对象与对这些问题的经济研究完全等同起来。

工程经济学无法解释这些问题的所有经济现象，它着重解决的是如何对这些问题进行经济评价和分析，这也是工程经济学区别于其他经济学的一个显著特征。

二、工程经济学的研究范围

工程经济学的研究范围包括工程项目微观与宏观的经济效果，也就是说既要研究工程项目自身的经济效果，又要研究工程项目对国家、对社会的影响。

工程经济学的研究范围主要体现在十一个方面，分别是现金流量与资金的时间价值、工程经济分析的基本要素、工程经济评价的基本指标、方案的经济比较与选择、建设项目的可行性研究、建设项目财务评价、建设项目经济分析、不确定性分析与风险分析、建设项目后评价、设备更新的经济分析、价值工程。

三、工程经济学的特点

（1）综合性。工程经济学的研究内容是在技术上可行的条件确定后，即在技术可行性研究的基础上，进行经济合理性的研究与论证工作，是为技术可行性提供经济依据，并为改进技术方案提供符合社会采纳条件的改进方案的途径。各种工程项目的可行方案都是包含多种因素和多个目标的综合体，对可行方案不仅要进行技术和经济评价，还要进行社会、政治、环境效益等方面的评价；不仅要进行静态评价，还要进行动态评价；不仅要进行企业经济评价，还要进行国民经济评价等。这些形成了工程经济分析的综合性特点。

（2）系统性。所谓系统，是由相互作用又相互依赖的若干组成部分结合而成的具有特定功能，处于一定环境之中的有机集合体。技术方案的择优过程必须受到包括自然环境和社会环境在内的客观条件的制约，工程经济学是研究技术在某种特定的社会经济环境下的效果的科学，是把技术问题放在社会的政治、经济与自然环境的大系统中加以综合分析、综合评价的科学。因此，工程经济学的特点之一是系统的综合评价。

（3）预测性。工程经济学所讨论的经济效果问题几乎都与"未来"有关。着眼于"未来"，也就是技术政策、技术措施制定后，或技术方案被采纳后，对将要带来的经济效果进行计算、分析与比较。例如，根据生产发展规划需要新建一个企业。为此，在该工程项目建设之前，要进行可行性研究，即从经济上、技术上、财务上以及社会因素和政治因素等方面研究这个项目的建设是否可行。在此过程中，要预测各种因素的变化及其影响并采取相应的风险防范措施，这样才能得到有科学依据的分析结论。因此，工程经济学是建立在预测基础上的科学。

（4）计量性。工程经济学是一门以定量分析为主的学科，它与微观经济学和计量经济学有着密切的联系。为了科学和准确地评价技术方案、技术政策、技术措施的经济效果，工程经济学采用了许多定量分析的方法。由于数学方法的迅速发展和计算机技术的广泛应用，定量分析的范围日益扩大。对于一项技术实践的综合评价，还要采用定性分析与定量分析相结合的方法。但工程经济学主要研究的是定量分析法，并且逐步把定性分析定量化。所以说，计量性是工程经济学的特点。

（5）选优性。工程经济学是对新技术可行性方案的未来"差异"进行经济效果分析比较的科学。工程经济学除研究各方案的可行性与合理性外，还要将着眼点放在各方案之间的经济效果差别上，把各方案中相等的因素在具体分析中略去，以简化分析和计算。所以，工程经济分析的过程就是方案的比较和选优的过程。

综上所述，工程经济学具有综合性、系统性、预测性、计量性、选优性等特点。

四、工程经济分析的基本步骤

任何技术方案在选定前，都应该进行技术经济分析与评价，以便从中选出较为理想的方案，为此，必须遵循较为科学的程序。建筑工程经济学的研究工作和其他学科的研究工作一样，有它自己的研究工作程序，它的工作程序一般包括以下几个步骤。

1. 明确问题，并对问题的历史和现状进行调查

首先应明确研究的课题是什么，预期达到的总目标是什么，然后进行国内外的研究、课题的历史和现状的调查，以明确课题成立与否。

2. 建立各种可能的技术方案

为满足同一需要，一般可采用许多不同的彼此可以代替的技术方案。为了选择最优的技术方案，首先要列出所有可能实行的(穷尽)技术方案，既不要漏掉实际可能的技术方案，也不要把技术上不能成立的或不可能实现的，或技术上不过关的方案列出来，以避免产生选出的方案不是最优方案或虽是最优方案，但实际上又无法实施的后果。

3. 调查研究

在分析技术方案的优缺点时，必须进行充分的调查研究，从国民经济利益出发，客观地分析不同技术方案所引起的内部、外部各种自然、技术、经济、社会等方面所产生的影响，从而找到最优方案。

4. 建立数学模型

将各技术方案的经济指标和各种参数之间的关系用一组数学方程式表达出来，则该组数学表达式称为工程经济数学模型。经常使用的工程经济数学模型大体有两类：一类是求多元函数的极值问题；另一类是规划论模型或概率模型。

5. 计算与求解数学模型

为了计算和求解数学模型，必须把所需的资料和数据代入数学模型进行运算，这就要求资料和数据准确而全面。工程经济数学模型一般计算工作量较大，尽量使用电子计算机进行计算。

6. 计算方案的综合评价

由于技术方案的许多优缺点往往不能用数学公式来表达和计算，而一个技术方案可能兼具各方面的优缺点，这就要求对技术方案进行综合的、定性的和定量的全面分析论证，最后选出在技术、经济、社会、政治、国防等各方面最优的方案。应当指出，上述工作程序，是一般常用的工作方法和程序，而不是唯一的工作方法和程序，根据研究课题的不同性质和特点，还可以采取其他方法和程序。

第三节　工程项目经济评价的基本原则

一、现金流量原则

现金流量是指企业在一定会计期间按照现金收付实现制，通过一定经济活动而产生的现金流入、现金流出及其总量情况的总称，即企业一定时期的现金和现金等价物的流入和流出的数量。衡量投资收益用的是现金流量，而不是会计利润。现金流量反映工程项目实际发生的现金流入与流出，而不反映应收、应付款项及折旧、摊销等非现金性质的款项；会计利润则是会计账面上的数字，并非手头可用的现金。

二、资金的时间价值原则

工程经济学中一个最基本的概念是资金具有时间价值。由于资金时间价值的存在，今天的1元钱比未来的1元钱更值钱。投资项目的目标是增加财富，财富是在未来的一段时间获得的，能不能将不同时期获得的财富价值直接加总来表示方案的经济效果呢？显然不能。由于资金时间价值的存在，未来获得的财富价值在现在看来没有那么高，需要打一个折扣，以反映其现在时刻的价值。如果不考虑资金的时间价值，就无法合理地评价项目的未来收益和成本。

三、增量分析原则

增量分析符合人们对不同事物进行选择的思维逻辑。对不同方案进行选择和比较时，应从增量角度进行分析，即考察增加投资的方案是否值得，将两个方案的比较转化为单个方案的评价问题，使问题得到简化，从而容易求解。

四、机会成本原则

机会成本是指当把一定的经济资源用于生产某种产品时放弃的另一些产品生产上最大的收益。企业投资进行项目的建设，只要投入了这个项目，就算是投入，不管这些资金是借来的还是自有的，或者投入的是企业自有的机械、设备、厂房等资源，其都要计入成本，这个成本投入其他途径所能获得的最大收益即机会成本。

五、有无对比原则

准确识别和估算项目的效益和费用是正确评价项目的前提。在识别和估算项目的效益和费用时，应遵循"有无对比"原则，分别对"有项目"和"无项目"两种状态下项目未来的运行情况进行预测分析，然后通过对比分析确定项目的效益和费用，保证估算的准确性和可靠度。避免因为忽略"无项目"时状态自身的优化作业，而导致对项目效益估算的"虚增"或对费用估算的"虚减"，夸大项目自身的经济效益水平；也要克服因为忽略"无项目"时状态自身的劣化作业，而导致对项目效益估算的"虚减"或对费用估算的"虚增"，缩减项目自身的经济效益水平。

六、可比性原则

工程经济分析是一个优选过程，在多方案的评价中必须建立共同的比较基础，保证计算口径一致。进行比较的方案在时间上、金额上必须具有可比性。因此，项目的效益和费用必须有相同货币单位，并在时间上匹配。

七、风险收益的权衡原则

工程经济分析主要是针对拟建项目，即未来项目进行的。因此，评价必须建立在科学统计预测的基础上，恰当地选择预测方法，以提高评价信息的质量。尽管在预测和统计的方法选择上力求完善和科学，但由于事物发展的不确定性的存在，评价本身就隐含着风险，从而影响了决策的有效性，所以在进行工程经济分析时，不仅要通过确定性评价揭示项目收益，关注项目收益，还要通过不确定性分析和风险分析，揭示风险，关注风险，使投资人在权衡了项目收益和风险后再进行决策。

本章小结

工程经济是介于自然科学和社会科学之间的边缘学科，是根据现代科学技术和社会经济发展的需要，在自然科学和社会科学的发展过程中，各学科互相渗透，互相促进，互相交叉，逐渐形成和发展起来的。工程经济具有综合性、系统性、预测性、计量性、选优性等特点。建筑工程经济的研究对象，就是解决各种工程项目（或投资项目）问题的方案或途径，其核心是工程项目的经济性分析。工程经济的研究范围包括工程项目微观与宏观的经济效果，也就是说既要研究工程项目自身的经济效果，又要研究工程项目对国家、对社会的影响。建筑工程项目经济评价的基本原则包括现金流量原则、资金的时间价值原则、增量分析原则、机会成本原则、有无对比原则、可比性原则和风险收益的权衡原则。

思考与练习

1. 简述工程经济学的产生和发展过程。
2. 简述工程与经济的关系。
3. 工程经济学的特点主要体现在哪些方面？
4. 简述工程经济分析的基本步骤。
5. 工程项目经济评价的基本原则有哪些？

第二章 建筑产品、建筑业及建筑市场

学习目标

通过本章的学习，熟悉建筑产品的概念和特点，了解建筑业在国民经济中的地位和作用；了解建筑市场的运行机制和我国的基本建设程序；掌握建筑业、建筑市场、基本建设的基本概念；理解基本建设与建筑业的区别和联系。

能力目标

对建筑业、建筑市场、基本设计有初步的认识。

第一节 建筑产品

一、建筑产品的概念

建筑业生产的产品叫建筑产品，分为物质产品和精神产品两大类。物质产品可分为实物产品(如建筑物、构筑物，建筑构件、建筑配件、建筑制品)和非实物产品(如建筑设计、建筑技术)。精神产品主要是指独立存在的建筑艺术成果，如建筑绘画、建筑模型等。

二、建筑产品的特性

(1)建筑产品的固定性和生产的流动性。建筑产品通常是固定在土地上的，不能移动。在施工中，生产工人和生产设备必须随着建筑产品所在的现场不同而转移。

(2)建筑产品的多样性和生产的单件性。由于建筑产品具有需求的一次性特点，每件建筑产品有不同的地理位置并具有专门的功能，专业性强，是不可替代的产品，这就需要采用不同的体量、结构、设备、造型和装饰。也就是说，在众多建筑产品中，找不到完全相同的两个建筑产品。

(3)建筑产品体形庞大、价值高、生产周期长。大多数建筑产品具有庞大的体量，难以像制造业产品那样实现完全的工业化生产。建筑产品所消耗的资源多，造价少则几万元，多则上亿元甚至几十亿元，需要大量的建设投资。同时，建筑产品的生产周期也是比较长的。

(4)建筑产品的社会性和文化性。有些建筑产品因涉及公众利益因而具有社会性，如交通、水利、公共设施等。同时，建筑产品与一个国家或地区的历史、民族、文化、艺术、观赏有着密切的联系，这些因素左右着建筑产品的建筑规划、建筑设计风格、结构形式、功能与性能需求，使之适应不同的风俗习惯和人文环境，有着浓厚的人文色彩，因而建筑产品被誉为"凝固的音符"，因此，建筑产品又具有文化性。

第二节 建 筑 业

一、建筑业的含义

建筑业(Construction Industry)是以建筑产品生产为对象的物质生产部门,是从事建筑生产经营活动的行业。从狭义的角度来说,建筑业仅包括建筑产品整个过程的施工建造环节,不包括规划和勘察设计企业[如《国民经济行业分类》(GB/T 4754—2017)中的分类]。从广义的角度来说,建筑业是国民经济中将各种不同类型的资源转换成经济与社会基础设施和其他设施的一个部门,包括规划、设计、筹资、采购、施工、维护。也就是说,只要生产方式相似而最终形成建筑物、构筑物,或对原有工程修缮维护的企业均可认为是建筑业的组成部分。

建筑业向社会提供的产品和服务既有消费品资料(如住宅),又有生产资料(如工业厂房、商场);既有私人产品(如住宅、民营企业厂房),又有公共产品(如公路、铁路),还有准公共产品(如供水、供电设施)。

1. 建筑业的经营活动范围

《中华人民共和国建筑法》将建筑活动分为五类,并规定了其法律适应范围:

(1)各类房屋建筑及其附属设施的建造和与其配套的线路、管道、设备的安装活动。

(2)作为文物保护的纪念建筑物和古建筑等的修缮。

(3)抢险救灾及其他临时性房屋建筑和农民自建低层住宅的建筑活动(不适用建筑法)。

(4)军用房屋建筑工程建筑活动(具体管理办法由国务院、中央军事委员会依据建筑法制定)。

(5)其他专业建筑工程的建筑活动(包括铁路、水利水电、港口、码头、机场等,具体管理办法由国务院规定)。

2. 建筑业在我国国民经济行业中的分类

《国民经济行业分类》(GB/T 4754—2017)将构成我国国民经济的行业分为四级:门类、大类、中类、小类,其中建筑业为 E 门类,包括第 47~50 共四大类,具体分为以下几类:

(1)房屋建筑业。它是指房屋主体工程的施工活动,不包括主体工程施工前的工程准备活动。

(2)土木工程建筑业。其包括:铁路、道路、隧道和桥梁工程建筑,水利和内河港口工程建筑,海洋工程建筑,工矿工程建筑,架线和管道工程建筑,其他土木工程建筑。

(3)建筑安装业。其包括:电气安装、管道和设备安装、其他建筑安装业。

(4)建筑装饰和其他建筑业。其包括:建筑装饰业、工程准备活动、提供施工设备服务、其他未列明建筑业。

二、建筑业在国民经济中的地位和作用

建筑业是国民经济中一个重要的独立产业部门,许多国家都视其为支柱产业。对于还是发展中国家的中国,建筑业的支柱地位更加显著。建筑业是我国国民经济五大物资生产

部门(工业、农业、建筑业、交通运输业、商贸饮食业)之一。新中国成立以来,我国建筑业在国民经济收入中的地位和作用日益重要,对我国国民经济的支持和促进作用也越来越被人们所承认。

1. 建筑业是固定资产形成的主要动力之一

建筑业为社会提供和维护发展环境,是固定资产形成的主要动力之一。只要旧建筑物或其他建成物的拆除速度不超过建成速度,建筑业的产出就会逐年积累,这个积累过程称为"固定资产形成",建筑业所形成的固定资产要占到国民经济总固定资产的70%左右。国民经济的生产能力在很大程度上取决于其现有固定资产的规模。建筑业是实施固定资产投资计划的主要工具。投资效率的高低取决于建筑业的生产能力和效率。

2. 建筑业是就业机会的重要来源

无论是发达国家还是发展中国家,建筑业都是就业机会的重要提供者。建筑业是劳动密集型产业,许多国家的建筑业就业人数占全社会就业人数的5%以上。更重要的是,由于与建筑业前后关联而在其他部门创造的直接和间接就业人数更是远远超过了在建筑业就业的人数。中国统计出版社出版的《2003年国际经济统计年鉴》所列出的主要国家建筑业就业人数占本国就业总人数的比例就能说明,建筑业具有容纳大量就业人员的特征。通过表2-1可知,各国建筑业从业人员均在百万人以上,占各国国民经济总就业人数的5%~10%。

表 2-1 主要国家建筑业就业人数及占本国就业总人数的比例

国 别	统计年份	建筑业就业人数/万人	建筑业就业人数占本国就业总人数的比例/%
美国	2001	751	7.1
日本	2001	536	9.9
英国	2001	180	7.3
德国	2001	194	7.9
法国	1990	192	7.3
意大利	1990	181	8.7
中国	2002	2 860	5.3

3. 建筑业是工业、交通运输业等部门的重要市场

由于建筑产品体积庞大,消耗的各种物质数量巨大,种类繁多,这就使建筑业不但成为建筑材料工业的独家市场,而且成为重工业产品的重要市场。建筑业越发达,工业化程度越高,对工业产品的耗用量也越大。在建筑产品成本中,物质消耗占60%~70%,它与50个以上的工业部门发生关系,特别是与建材工业、冶金工业、木材及木材加工业、金属结构及制品生产工业、化学工业关系特别密切。这些部门提供建设所需3/4以上的材料消耗。

4. 建筑业是国际贸易的重要组成部分

国际承包是一项综合性输出,可以带动资本、技术、劳务、设备及商品输出,而且还可以扩大国家影响力,赚取外汇。因此,世界各国都非常重视建筑业走向国际承包市场,发展外向创汇型建筑业。例如,欧美在二十世纪五六十年代就打入国际承包市场,日本在二十世纪六七十年代、韩国在二十世纪七八十年代都加大力度发展国际承包事业，占领国际市场。我国建筑业自1979年才开始进入国际市场，2006年中国有49家内地承包商跻身全球最大225家国际工程承包商行列，2010年上榜的中国公司有51家。入选的中国公司的业绩连年增长，国际市场营业额从2006年的162.9亿美元，迅速增至2010年的569.7亿美元；营业总额从2006年的1 197.2亿美元增至2010年的3 801.4亿美元。2010年，67家欧洲企业完成海外营业额2 010.6亿美元，占全球市场总额的52.4%，中国占全球市场总额的14.9%，美国占全球市场总额的11.7%。然而，我国的国际咨询设计业务则基本上处于待开发阶段，在2010年全球前200强的国际设计公司中，中国内地只有19家。要看到我国建筑业国际承包的潜力，也要看到其与国际水平的差距，积极支持建筑业发展国际承包，让它为国家做出更大的贡献。

5. 建筑业向高空和地下施工技术的发展，为人类扩展了活动场所

随着世界人口的增长和科学技术的发展，对有限的土地要充分利用，建筑技术逐步向高空和地下发展，20世纪70年代的建筑就是以修建大量超高层建筑和大规模地下建筑物为特征的。现在，修建高层建筑、地下铁道等在世界上已平常化，如英吉利海峡隧道是一条把英国英伦三岛连接往欧洲法国的铁路隧道，于1994年5月6日开通。它由三条长为51 km的平行隧洞组成，总长度为153 km，其中海底段的隧洞长度为114 km，是目前世界上最长的海底隧道。我国许多方面的设计和施工能力已跨入世界先进行列，如长为14.295 km的衡广铁路复线大瑶山隧道的施工技术和效率居于世界前列，上海1993年建成的杨浦大桥为当时世界第一跨的双塔双索斜拉桥等。可以预料，在未来的世界探索中，在扩展人类活动场所方面，建筑业将会发挥更加重要的作用。

第三节　建筑市场

一、建筑市场的概念

1. 市场与市场要素、市场结构

按照保罗·萨缪尔森的定义，市场是买者和卖者相互作用并共同决定商品或劳务价格和交易数量的机制。市场有广义与狭义之分。狭义的市场是指有形市场，具体表现为商品交易的固定场所，是买卖双方交易非常频繁的一个区域，特别是公开标明价格，并在区域内趋于一致，如百货公司、集贸市场等；广义的市场包括有形市场和无形市场。无形市场是指没有固定的交易场所，商品一般不在交易场所中出现，主要通过广告、通信、中介机构、经纪人或其他交易方式，寻找货源或买主，沟通买卖双方，促进成交，如某些技术市场、建筑市场、房地产市场。广义的市场具体表现为在国家宏观调控下对资源配置起基础作用的商品流通，是生产者、消费者和中间经济关系的反映，是它们交易关系的总和。

从一般意义来看，市场的主要构成要素包括市场主体、市场客体和市场媒介。

（1）市场主体。在市场上监护交换客体进入市场，并从事交换活动的组织和个人，称为市场主体。其既包括自然人，也包括以一定组织形式出现的法人；既包括为了盈利而进行交易的商品生产者，也包括提供非营利性产品和劳务的机构，还包括为了生活需要而交易的消费者。

(2)市场客体。市场上交易的对象称为市场的客体。产品之所以进入市场成为交易对象，一是因为被交换的商品的使用价值不同；二是因为市场主体有特殊的需要。由于市场种类不同，交易对象也多种多样。消费品市场的交易对象是各种各样的消费品；生产资料市场的交易对象是机械、设备、原材料、燃料等；金融市场的交易对象是资金、股票、债券、期票以及其他各种有价证券；劳动力市场的交易对象是具有各种技能、熟练程度不同、不同年龄层次的劳动力；技术市场的交易对象是载于各种不同载体的知识产品；信息市场的交换对象是各种各样的信息。

(3)市场媒介。市场交易中起媒介作用的工具和机构称为市场媒介，也称市场中介组织(机构)。市场媒介是作为解决交换中的矛盾的手段而出现的。随着商品交换和市场经济的发展，市场交换必须通过一定的中介来进行，从而使交换专业化和简单化，并最终提高市场交换的效率，节省交易费用。市场媒介既包含市场交易的工具，如货币、信用等，也包括各种各样的市场中介组织(如招标代理公司、会计师事务所、律师事务所等)及市场服务机构，如货币、信用的发行和运转机构等。

在市场经济的运行中，竞争和垄断作为两种基本的力量，推动着市场经济的运行。依据市场经济运行中竞争和垄断的力量对比，基本的市场经济结构分为完全竞争、不完全竞争、寡头垄断和完全垄断四种市场经济结构。

(1)完全竞争市场。完全竞争市场是指一种竞争不受任何阻碍和干扰的市场结构，这种市场又称为纯粹竞争的市场。在完全竞争市场中只有竞争因素发挥作用，没有垄断。完全竞争市场具备四个特点：一是生产者和消费者众多，有大量的买者与卖者；二是自由进出，在竞争因素的作用下，资源完全自由流动，可以自由进入或退出；三是产品同质，产品的质量相同，没有差别；四是经济运行主体具有完全的信息，企业和消费者具有完全的知识，不存在欺骗行为。在完全竞争的市场结构中，价格是通过市场竞争形成的，任何一个生产者和消费者都是价格的被动接受者。厂商只能通过扩大生产规模来提高利润。

(2)不完全竞争市场。不完全竞争市场也称为垄断竞争市场，是一种既有垄断又有竞争，既不是完全竞争又不是完全垄断的市场结构。不完全竞争市场结构具备以下几个特点：一是厂商的数量比较多，以致每个厂商都认为自己行为的影响很小，不会引起竞争对手的注意和反应，因而自己也不会受到竞争对手任何报复措施的影响；二是大量厂商生产有差别的同类产品，这些产品彼此之间都是非常接近的替代品；三是由于厂商规模比较小，厂商进入或退出市场比较容易。

(3)寡头垄断市场。寡头垄断市场是指在某一行业中只存在少数几家厂商，它们垄断了这一行业的市场，控制着这一行业的供给。寡头垄断的各个厂商的产品可以是同质的，也可以是有差别的。生产同质产品的寡头称为纯寡头，生产有差别产品的寡头称为差别寡头。由于为数不多的几个寡头在市场中占有很大的份额，这一点决定了寡头垄断市场具有区别于其他类型市场的一个独特特点——垄断者之间的相互依存性，即每个厂商在决策时不仅要考虑自己的成本和收益，而且要考虑这一决策对市场的影响和其他厂商可能作出的反应。

(4)完全垄断市场。完全垄断市场是不完全竞争的一种极端形式，是指在一个行业中只有一个生产厂商完全控制着这一产业，同时没有任何一个产业能生产出接近的替代品。完全垄断市场具备三个特点：一是市场上只有唯一的一个厂商生产和销售商品；二是该厂商生产和销售的商品没有任何相近的替代品；三是其他任何厂商进入该行业都极为困难或不可能。在这样的市场中，排除了任何竞争因素，独家垄断厂商控制了整个行业的生产和销售，所以垄断厂商可以控制和操纵市场价格。

【小提示】 在市场活动过程中，交换或买卖双方之间存在着实物和价值的经济联系，这种经济联系体现着它们各自的经济利益，因而决定着市场具有平等性、自主性、完整性、开放性和竞争性等五个方面的特征。

2. 建筑市场

建筑市场是建筑产品需求者和供给者或服务者相互作用并共同决定建筑产品或服务的价格和交易数量的机制。这是一种广义的市场，既包括有形市场，如建设工程交易中心，又包括无形市场，如在交易中心之外的各种交易活动及各种关系的处理。建筑市场作为市场经济的重要组成部分，既有一般市场的普遍性，也有其特殊性。建筑市场的构成如图2-1所示。

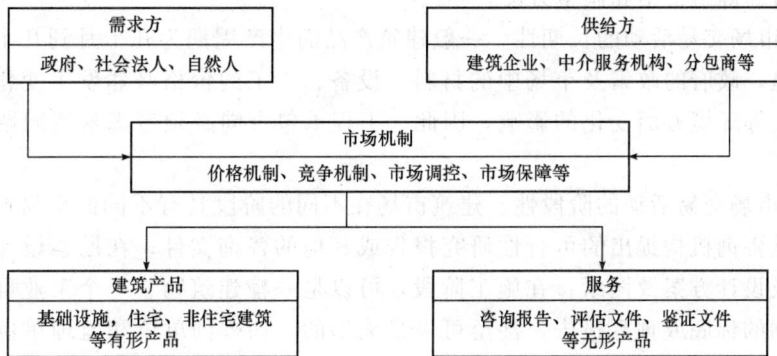

图2-1 建筑市场的构成

3. 建筑市场的特点

建筑市场的主要客体——建筑工程——是一种特殊的商品，具有固定性、多样性和庞大性的特点；其生产具有流动性、单件性（一次性）和露天性的特点。这些特点与一般产业市场的交易对象及其生产的特点是相对立的。因此，建筑市场具有与其他产业市场不同的许多特点。

(1)建筑市场交易对象的社会性。建筑市场的交易对象主要是建筑产品，所有的建筑产品都具有社会性，涉及公众利益。例如，建筑产品的位置、施工和使用，影响到城市的规划及环境、人身安全。政府作为公众利益的代表，必须加强对建筑产品的规划、设计、施工、交易和竣工等的验收管理。

(2)生产与交易活动的统一性。建筑市场的生产活动和交易活动交织在一起，从工程建设的咨询、设计、施工发包与承包，到工程竣工、交付使用和保修，发包方与承包方进行的各种交易（包括生产），都是在建筑市场中进行的，都自始至终共同参与。即使不在施工现场进行的商品混凝土供应、构配件生产、建筑机械租赁等活动，也都是在建筑市场中进行的，往往是发包方、承包方、中介组织都参与活动。交易的统一性使得交易过程长，各方关系极为复杂。因此，合同的签订、执行和管理就显得非常重要。

(3)建筑市场主要交易对象的单件性。建筑产品具有单件性或一次性。因此，建筑产品不可能批量生产，建筑市场的买方只能通过选择建筑产品的生产单位来完成交易。建筑产品都是各不相同的，需要单独设计，单独施工。因此，无论是咨询、设计还是施工，发包方都只能在建筑产品生产之前，以招标要约等方式向一个或一个以上的承包商提出自己对建筑产品的要求，承包方则以投标的方式提出各自产品的价格，通过承包方之间在价格和其他条件上的竞争，决定建筑产品的生产单位，由双方签订合同确定承发包关系。建筑市场的交易方式的特殊性就在于，交易过程在产品生产之前开始，因此，业主选择的不是产品，而是产品的生产单位。

（4）建筑市场交易价格的特殊性。建筑产品的价值量很大，少则几十万元，多则数十亿元乃至数百亿元。因此，交易中价值量的确定与企业节约资金、降低成本和盈利等的关系很大。可以采用的计价形式也很多，如单价形式、总价形式、成本加酬金等形式均可选用；可以根据合同的约定作调整，也可以按照工程合同的约定不作调整；可以采用预付款按月结算的办法，也可以在竣工后一次结算或分阶段结算。每件产品，都要根据特定的情况，由交易双方协商确定价格和调整方法。

（5）建筑市场交易活动的长期性。一般建筑产品的生产周期为几个月到几十个月，在这样长的时间里，政府的政策及市场中的材料、设备、人工的价格必然发生变化，同时，还有地质、气候等环境方面变化的影响，因此，工程承包合同必须考虑这些问题，作出进行调整的规定。

（6）建筑市场交易活动的阶段性。建筑市场在不同的阶段具有不同的交易形态。在实施前，它可以是咨询机构提出的可行性研究报告或其他的咨询文件；在勘察设计阶段，可以是勘察报告或设计方案及图纸；在施工阶段，可以是一幢建筑物、一个工业群体；可以是代理机构编制的标底或预算报告，甚至可以是无形的，如咨询单位和监理单位提供的智力劳动。对各个阶段的严格管理，是生产合格产品的保证。

（7）建筑市场交易对象的整体性和分部分项工程的相对独立性。建筑产品是一个整体，无论是一个住宅小区、一座配套齐全的工厂或一栋功能完备的办公大楼，都是一个不可分割的整体，要从整体上考虑布局、设计及施工，要求有一个高素质的总承包单位进行总体协调。各专业施工队伍分别承担土建、安装、装饰的分包施工与交工，所以建筑产品交易是整体的，但在施工中需要按分部分项工程逐个进行验收，评定质量，分期结算，所以交易中分部分项工程有相对独立性。

（8）建筑市场交易活动的不可逆转性。建筑市场交易一旦达成协议，设计、施工等承包单位就必须按照双方约定进行设计和施工，一旦竣工，则不可能退换，不能再加工，所以对工程质量有着严格的要求。设计、施工和建材必须符合国家的规范、标准和规定，特别是隐蔽工程，必须严格检查合格后，方可进入下一道工序施工。

二、建筑市场的运行机制

建筑市场的运行机制包括价格机制、竞争机制和供求机制。

1. 建筑市场的价格机制

建筑产品的价格是建筑产品价值的货币表现，是物化在建筑产品中社会必要劳动时间的货币数量。在建筑市场中，建筑产品价格表现为建筑工程的承包价和结算价。它是建筑市场商品交换中现实存在的客观经济范畴。

（1）建筑产品价格的特点。建筑产品价格除具有一般商品价格的共性外，还具有其自身的特点。这些特点是由建筑产品、建筑生产和建筑产品交换方式的特点引发的。建筑产品价格的特点主要表现在以下几个方面：

1）计价方法特殊。由于建筑产品具有单件性，不能成批生产，故也不可能成批计价，只能对每件产品（工程）单独计价。在市场经济下，业主招标时计算标底（或招标控制价），投标单位计算投标报价，中标价就是承包商的投标报价，在此价格的基础上签订合同价，合同价即成交价。在工程进展中由于工程变更引起价格的变化，在竣工后进行竣工结算，竣工结算价是建筑产品的实际买卖价格。

2）结算方式特殊。一般说来，建筑产品的交易结算是分期进行的。在工程开工前，由业主支付一定数量的预付备料款。在工程开工后，按月结算（或分阶段结算）工程进度款。竣工后根据合同价、工程变更和预付款回收情况进行竣工结算，并预留保证金。保证金在缺陷责任期满后才支付。

3）价格管理难度大。政府在管理价格时，一般要制定定额，规定计价方法，掌握价格水平，决定相关取费标准，还要提供相关资源调价信息等。由于建筑产品价格涉及较多的宏观问题，又与国民经济各部门产品的计价方法和计价水平相关，所以由政府进行建筑产品价格管理是必要的，但其管理难度是相当大的。

4）地域性强。由于建筑产品的不可移动性，及地区资源价、土地价格、计价方法的差异，建筑产品计价必须因地制宜。

（2）建筑市场的价格机制。建筑市场的价格机制是指建筑产品价格所具有的传导信息、配置资源、促进技术进步、降低社会必要劳动量的功能作用。由于建筑产品在计划经济下不被认为是商品，建筑产品价格背离价值规律，只能起到核算作用，所以，建立社会主义市场经济体制后，建筑产品价格的改革任务艰巨。

1）完善价格形成机制。按照我国现行的建筑工程管理体制和建筑业改革发展方向，工程造价的形成机制应是：国家统一工程量计算规则，企业自己定价，中央和地方政府制定工程税费政策。

2）加强价格运行机制。创造公平的招投标竞争环境，要求维持正常建筑市场价格秩序，从根本上制止工程建设中的腐败行为。

3）建立宏观价格调控体系。建筑市场中的价格机制要求宏观调控，调控的主要途径是以经济利益引导，有效地利用经济手段，鼓励采用先进的施工技术、管理手段和施工机械设备，以降低成本，提高效益。

2. 建筑市场的竞争机制

市场竞争是市场主体为取得有利的市场条件而进行的角逐。这种角逐不断向市场主体施加外在的压力，迫使市场主体为了取得和保护自己的经济利益而积极参与市场活动，以推动市场的发展和社会的进步。因此，竞争机制是市场机制中的压力机制。

建筑市场的竞争机制主要是指承包者之间的竞争，承包方为了取得施工任务，与竞争对手之间进行价格、质量、进度、节约、信誉、服务等多方面的竞争，通过竞争使承包者承担压力，增强活力，提高经营和管理水平，降低价格，提高质量，加快进度，减少消耗，讲究竞争策略和艺术，以在竞争中取胜。所以，建筑市场的竞争机制是使生产企业乃至整个行业的素质得到提高的动力。竞争机制主要通过工程招投标实现。

3. 建筑市场的供求机制

（1）建筑市场供求关系的种类。建筑市场的供求关系，根据建筑市场的构成体系可以划分为以下几种类型：

1) 建筑产品供求关系。建筑产品供求关系体现在业主与承包商之间的关系上。承包商为供方，业主为需方。承包商是商品的生产者，也是供应者；业主是商品的购买者，一般说来也是使用者或经营者。购买者和供应者是先成交（签订工程承包合同）后生产商品，因此，这是一种特殊的交易关系。

2) 生产要素供求关系。其包括劳动力供求关系、建筑物资供求关系、建筑机械设备租赁关系、建筑资金供求关系和建筑技术供求关系。

3) 中介服务供求关系。中介服务供求的需方主要是业主，少数是承包商。供方有工程监理公司、工程咨询公司、招投标服务公司、工程造价咨询公司、法律服务事务所等。供求的对象是"服务"，它是一种无形产品。

4) 建筑设计供求关系。建筑设计供求关系的需方是业主，供方是设计单位。

(2) 建筑市场供求机制的特点。建筑产品和建筑生产的特性决定了建筑市场供求机制的以下特点：

1) 市场的供应和需求关系是通过招标、投标和签订合同确立的。

2) 市场的需求量不是由需求者自己的购买力和购买欲望决定的，而是由固定资产投资量决定的。

3) 市场的供求关系在产品生产之前就确立了。

4) 在建筑市场交换过程中，需方及中介组织的参与，对供方的生产和供需交换过程均产生影响，这种影响是积极的，既可以提供一定的服务，又起到监督作用。

5) 建筑市场供求在时间上的矛盾，不表现在需求上，主要体现在生产上，如雨期施工和冬期施工的问题。因此，解决这一矛盾需要制订合理的施工计划，采取必要的措施，以满足需方对交工期的要求。

6) 由于建筑市场的需求量不取决于供应量，而生产能力却受需求量的影响，因此建筑市场一般总是处于买方市场的状况。

第四节　基本建设与基本建设程序

一、基本建设的概念、分类、组成和程序内容

1. 基本建设的概念

基本建设，是指固定资产的建造、添置和安装，是国民经济各部门为了扩大再生产而进行的增加固定资产的建设工作。具体来讲，基本建设就是人们利用各种施工机具，使一定的土木工程材料、设备等，通过购置、建造和安装等活动，成为固定资产的过程，诸如工厂、矿山、公路、铁路、港口、学校、医院等工程的建设，以及机具、车辆、各种设备的添置与安装，与建设对象有关的工程地质勘探、设计等。基本建设的目的就是发展国民经济，提高社会生产力水平和人民的物质文化生活水平。

2. 基本建设的分类

(1) 按基本建设的性质分。

1)新建项目。新建项目是指从无到有完全新开始建设的项目。有的建设项目原有基础很小，重新进行总体设计，经扩大建设规模后，其新增加的固定资产价值超过原有固定资产价值三倍以上的，也属于新建项目。

2)扩建项目。扩建项目是指企业为扩大原有产品的生产能力或增加新的生产能力，事业单位为增加或扩大原有固定资产的使用效益，在原有基本建设的基础上再扩大建设一些项目。

3)改建项目。改建项目是指企业为提高生产效率，改进产品质量，或改变产品的方向，对原有的设备、工艺流程进行技术改造的项目。企业为了提高综合生产能力所增加的一些附属和辅助车间或非生产性工程，也属于改建项目。

4)恢复项目。恢复项目是指企业和事业单位的固定资产因自然灾害、战争或人为灾害等原因已全部或部分报废，而后又投资恢复建设的项目，无论是按原来规模恢复建设，还是在恢复的同时进行扩建的都归为恢复项目。

(2)按基本建设投资用途分。

1)生产性建设。生产性建设是指直接用于物质生产或为满足物质生产需要的建设，如工业建设、农林水利气象建设、交通运输建设、商业和物资供应建设、地质资源勘探建设等。

2)非生产性建设。非生产性建设是指用于满足人民物质和文化生活需要的建设，如住宅建设、文教卫生建设、公用事业建设等。

(3)按基本建设规模分。按照项目规模大小，将基本建设项目划分为大型项目、中型项目和小型项目。大、中、小型项目是按项目的建设总规模或总投资来确定的。对于建设项目的规模划分标准，国家发改委、住房和城乡建设部、财政部都有明确的规定。

3. 基本建设项目的组成

每项基本建设工程，就其实物形态来说，都由许多部分组成。为了便于编制各种基本建设的施工组织设计和概预算文件，必须对每项基本建设工程进行项目划分。基本建设工程可依次划分为建设项目、单项工程、单位工程、分部工程和分项工程。

(1)建设项目。建设项目是指有设计任务书，按照一个总体设计进行施工的各个工程项目的总体。建设项目可由一个工程项目或几个工程项目所构成。建设项目在经济上实行独立核算，在行政上具有独立的组织形式。在我国，建设项目的实施单位一般称为建设单位，实行建设项目法人负责制。如新建一个工厂、矿山、学校、农场，新建一个独立的水利工程、一条公路或一条铁路等，都由项目法人单位实行统一管理。

(2)单项工程。单项工程是建设项目的组成部分。单项工程又称为工程项目，是指具有独立的设计文件、独立施工、竣工后可以独立发挥生产能力并能产生经济效益或效能的工程，如工业建设项目中的生产车间、办公室和职工住宅；某公路建设项目中的某独立大、中桥梁或某隧道工程等。

(3)单位工程。单位工程是单项工程的组成部分。单位工程是指不能独立发挥生产能力，但具有独立设计的施工图纸，并能独立组织施工的工程。如某生产车间可分为土建工程(包括建筑物、构筑物)、电气安装工程(包括动力、照明等)、工业管道工程(包括蒸汽、压缩空气、煤气等)、暖卫工程(包括采暖、上下水等)、通风工程和电梯工程等单位工程；某隧道单项工程可分为土建工程、照明和通风工程等单位工程。

(4)分部工程。分部工程是单位工程的组成部分。它是按照单位工程的各个部位由不同工种的工人利用不同的工具和材料完成的工程，例如，土方工程、桩基础工程、脚手架及垂直运输工程、砌筑工程、混凝土及钢筋混凝土工程、构件运输安装工程、木结构工程、屋面及防水工程、金属结构制作工程、门窗工程、楼地面工程、顶棚装饰工程等。

（5）分项工程。分项工程是分部工程的组成部分，它是将分部工程进一步划分为若干更细的部分，如土方工程可划分为基槽挖土、土方运输、回填土等分项工程。分项工程是建筑安装工程的基本构成因素，是工程预算分项中最基本的分项单元。

4. 基本建设程序的内容

基本建设程序是指基本建设项目从决策、设计、施工到竣工验收的整个工作过程中各个阶段的工作顺序。简而言之，基本建设程序即基本建设的全过程必须遵循的先后顺序。

我国现行的基本建设程序的具体内容包括以下几项：

（1）项目建议书阶段。投资者根据国民经济的发展、工农业生产和人民物质生活与文化生活的需要，拟投资兴建某项工程，开发某项系列产品，并论证兴建该项目的必要性、可能性，拟订兴建的目的、要求、计划等内容，写成书面报告，建议有关上级部门批准兴建该项目。其内容包括：

1）建设项目提出的必要性和依据。

2）产品方案、拟建规模和建设地点的初步设想。

3）资源情况、建设条件、协作关系。

4）投资估算和资金筹措设想。

5）项目进度设想。

6）经济效益、社会效益和环境效益的初步估计。

（2）可行性研究阶段。建设项目的可行性研究，是在投资决策前，对与拟建项目有关的社会、经济、技术等各方面进行深入细致的调查研究，对各种可能采用的技术方案和建设方案进行认真的技术经济分析和比较论证，对项目建成后的经济效益进行科学的预测和评价。在此基础上，对拟建项目的技术先进性和适用性、经济合理性和有效性，以及建设必要性和可行性进行全面分析、系统论证、多方案比较和综合评价，由此得出该项目是否应该投资和如何投资等结论性意见，为项目投资决策提供可靠的科学依据。由于基础资料的占有程度、研究深度与可靠程度要求不同，可行性研究的各个工作阶段的研究性质、工作目标、工作要求各不相同，详见表 2-2。

表 2-2　可行性研究各工作阶段的要求

工作阶段	机会研究	初步可行性研究	详细可行性研究	评价与决策阶段
研究性质	项目设想	项目初选	项目准备	项目评估
研究要求	编制项目建议书	编制初步可行性研究报告	编制可行性研究报告	提出项目评估报告
投资估算精度	±30%	±20%	±10%	±10%

（3）编制设计任务书。设计任务书是确定基本建设项目、编制设计文件的主要依据。它在基本建设程序中起主导作用，一方面把国民经济计划落实到建设项目上；另一方面使建设项目及建成投产后所需的人力、财力、物力有可靠保证。一切新建、扩建、改建项目，都要按国家发展国民经济的计划和要求，按照项目的隶属关系，由主管部门组织有关计划、设计等单位，编制设计任务书。

（4）选择建设地点。建设地点的选择主要解决以下几个问题：一是工程地质、水文地质等自然条件是否可靠;二是建设时所需的水、电、运输条件是否落实;三是建设项目投产后的原材料、燃料等是否满足要求。当然,对生产人员的生活条件、生产环境也要全面考虑。建设地点的选择,必须在综合调查研究、多个方案比较的基础上,提出选址报告。

(5)编制设计文件。拟建项目的设计任务书和选址报告经批准后,主管部门就应委托设计单位,按照设计任务书的要求,编制设计文件。设计文件是安排建设项目、控制投资、编制招标文件、组织施工和竣工验收的重要依据。设计文件的编制必须精心设计,认真贯彻国家有关方针政策,严格执行基本建设程序的规定。

初步设计应根据批准的可行性研究的要求和相关技术资料(包括自然条件、基础设施、业主的要求等),拟定设计原则,选定设计方案,计算主要工程数量,提出施工方案的意见,编制设计概算,提供文字说明及图表资料。初步设计文件经审查批准后,是国家控制建设项目投资及编制施工图设计文件或技术设计文件(采用三阶段设计时)的依据,并且为订购和调拨主要材料、机具、设备,安排重大科研试验项目,征用土地等的筹划提供资料。

技术设计是初步设计的具体化,也是各种技术问题的定案阶段。技术设计所研究和决定的问题,与初步设计大致相同。对重大、复杂的技术问题通过科学试验、专题研究,加深勘探调查及分析比较,解决初步设计中未能解决的问题,落实技术方案,计算工程数量,提出修正的施工方案,编制修正设计概算,经批准后将之作为编制施工图设计的依据。

施工图设计主要是通过图纸,把设计者的意图和全部设计结果表达出来,作为工人施工制作的依据。它是设计工作和施工工作的桥梁。其具体包括建设项目各部分工程的详图和零部件、结构件明细表,以及验收标准、方法等。施工图设计的深度应能满足设备材料的选择和确定、非标准设备的设计与加工制作、施工图预算的编制、工程施工和安装的要求。

(6)列入年度计划。建设项目必须有经过批准的初步设计和总概算,进行综合平衡后,才能列入年度建设计划。批准的年度建设计划是进行基本建设拨款或贷款的主要依据。所有建设项目都必须纳入国家计划。大、中型项目由国务院或国家发改委批准,小型项目按隶属关系,在国家批准的投资总额内由各部门和各省、自治区、直辖市自行安排。自筹资金安排的项目,要在国家确定的控制指标内编制计划。

(7)施工准备。为了保证施工顺利进行,在施工准备阶段,建设主管部门应根据计划要求的建设进度,指定一个企业或事业单位组织项目管理机构(或采用"代建制",即通过招标等方式,选择专业化的项目管理单位)。办理登记及拆迁,做好施工沿线有关单位和部门的协调工作,抓紧配套工程项目的落实,组织分工范围内的技术资料、材料、设备的供应。勘测设计单位应按照技术资料供应协议,按时提供各种图纸资料,做好施工图纸的会审及移交工作。业主通过工程招投标确定承包商,承包商接到中标通知后,应尽早组织劳动力、材料、施工机具进场,进行施工测量、搭设临时设施,熟悉图纸的要求,编制实施性施工组织设计和施工预算,提交开工报告,按投资隶属关系报请有关部门核准。银行应会同建设、设计、施工单位做好图纸的会审,严格按计划要求进行财政拨款或贷款。

(8)建设实施。承包商要遵照施工程序合理组织施工,在施工过程中应严格按照设计要求和施工规范,确保工程质量,安全施工,推广应用新工艺、新技术,努力缩短工期,降低造价,同时应注意做好施工记录,建立技术档案。

(9)生产准备。基本建设的最终目的是形成新的生产能力或效益,为了保证项目建成后能及时投产,业主要根据建设项目的生产技术特点,组织专门的生产班子,抓好各项生产准备工作，如建立各级生产指挥系统和相应机构；制定颁发各种管理制度和安全生产操作规程；培训生产骨干和技术工人；组织工具、用具、备品、配件的采购与加工；签订原材料、燃料、动力、运输及生产协作的协议等。

（10）竣工验收、交付使用。工程验收是一项十分细致而又严肃的工作，必须从国家和人民的利益出发，按照《关于基本建设项目竣工验收暂行规定》和《公路工程竣工验收办法》的要求，认真负责地对全部基本建设工程进行总验收。竣工验收包括对工程质量、数量、期限、生产能力、建设规模、使用条件的审查，对建设单位和施工企业编报的固定资产移交清单、隐蔽工程说明和竣工结算等进行细致检查。

（11）建设项目后评价。建设项目后评价是工程项目竣工投产、生产运营一段时间后，再对项目的立项决策、设计施工、竣工投产、生产运营等全过程进行系统评价的一种技术经济活动，是固定资产投资管理的一项重要的内容，也是固定资产投资管理的最后环节。通过建设项目后评价达到肯定成绩，总结经验，研究问题，吸取教训，提出建议，改进工作，不断提高项目决策水平和投资效益的目的。

二、基本建设与建筑业的区别和联系

1. 基本建设与建筑业的区别

（1）两者活动的性质各不相同。建筑业从事建筑产品的建造活动，其性质是物质生产活动；而基本建设活动的主要内容是筹集资金、征购土地、设备购置、人员培训、发包工程等一系列与固定资产形成相关的活动，其性质属于投资活动。

（2）两者承担的工作任务不一样。建筑业的主要任务在于从事建筑产品的生产，为国民经济各部门形成固定资产提供所需的建筑产品；基本建设的主要任务是，在一定的投资限额内，合理分配和使用投资，及时订购质量优良、价格合理的设备与器具，节约建设用地，检查与监督发包工程的质量与施工进度，以保证固定资产按时保质完成。

2. 基本建设与建筑业的联系

（1）按照需要形成固定资产，是两者共同追求的目标。这一共同点，使建筑业与基本建设有着不可分割的联系。建筑业生产的建筑产品是基本建设投资活动的主要对象之一，建筑产品的价值是固定资产价值的重要组成部分。除单纯购置不需要安装的机器设备以外，大部分基本建设活动都离不开建筑业，同样，绝大部分建筑生产活动，也是为了完成固定资产的建设任务。而基本建设的规模，对建筑业的发展又有着重大影响。但是，不能由此认为固定资产投资的经济活动包括建筑产品的生产活动，也不能认为建筑业是附属于基本建设的一个物质生产环节。

（2）两者的经济关系本质是商品交换关系。在市场经济条件下，两者之间关系的经济本质，是建设项目业主与建筑业（直接体现为承包商）之间的商品交换关系，即建筑产品的买与卖的关系。可见，基本建设是投资者（建设项目法人）运用投资形成固定资产的经济行为，属于买方的购买活动；建筑业建造产品并最终使其转化为固定资产，其活动属于卖方的生产经营活动。它们之间通过经济合同的形式相互联系，在平等的基础上实现公平交易。只有正确认识并处理好两者之间的这种经济关系，才有利于基本建设任务的完成和建筑业的健康发展。

本章小结

　　建筑业生产的产品叫建筑产品，分为物质产品和精神产品两大类。建筑业是以建筑产品生产为对象的物质生产部门，是从事建筑生产经营活动的行业。建筑市场是建筑产品需求者和供给者或服务者相互作用并共同决定建筑产品或服务的价格和交易数量的机制。建筑市场的运行机制包括价格机制、竞争机制和供求机制。基本建设，是指固定资产的建造、添置和安装，是国民经济各部门为了扩大再生产而进行的增加固定资产的建设工作。

思考与练习

1. 简述建筑产品的概念及特性。
2. 什么是建筑业？
3. 建筑业分为哪几类？
4. 建筑业在国民经济中的地位与作用是什么？
5. 什么是市场？什么是建筑市场？
6. 简述建筑市场的特点。
7. 简述建筑市场的运行机制。
8. 什么是基本建设？
9. 我国基本建设程序的内容有哪些？

第三章　现金流量及其构成

通过本章的学习，熟悉现金流量的概念及现金流量表（图）；了解投资的概念、构成及来源；掌握费用与成本的关系和计算方法；了解降低工程成本的途径；熟悉收入、利润及所得税概念，掌握利润的计算和所得税的计算基础。

能够运用所学的项目现金流量的理论知识解决实际项目问题。

第一节　现金流量

一、现金流量的概念

一个建设工程项目，从筹建到投产直到项目终止的整个时期，都要发生大量的资金流动，一个企业在其经营过程、投资过程和融资过程中投入的资金、花费的成本和获取的收益，均可看成资金流出或资金流入。这种在整个项目期间各时点 t 上实际发生的资金流出或资金流入称为现金流量，其中流出系统的资金称为现金流出，用符号 CO_t 表示；流入系统的资金称为现金流入，用符号 CI_t 表示；现金流入与现金流出之差称为净现金流量，用符号 $(CI-CO)_t$ 表示。

二、现金流量表

现金流量表是以表格的形式反映项目计算期内现金运动的状况。现金流量表能够反映一定时期内项目的现金流入与现金流出。项目现金流量表见表 3-1。

表 3-1　项目现金流量表

计算期	0	1	2	3	4	5	6	7
现金流入	—	—	—	800	1 200	1 200	1 200	1 200
现金流出	—	600	900	500	700	700	700	700
净现金流量	—	−600	−900	300	500	500	500	500
累计净现金流量	—	−600	−1 500	−1 200	−700	−200	300	800

三、现金流量图

现金流量图就是表示项目系统在整个寿命周期内各时间点的现金流入和现金流出状况的一种图示。它是用纵轴表示现金流量，用横轴表示时间坐标的现金流量与时间关系的直角坐标图，简称为现金流量与时间关系的直角坐标图。现金流量图如图 3-1 所示。运用现金流量图，可以全面、形象、直观地表达项目的资金运动状态。

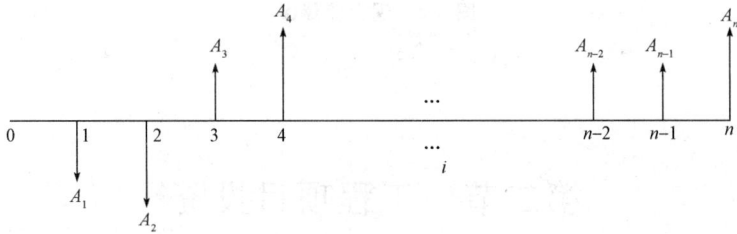

图 3-1 现金流量图

现以图 3-1 说明现金流量图的作图方法和规则。

(1)以横轴为时间坐标轴，时间间隔相等，向右延伸表示时间的延续，轴上每一刻度表示一个时间单位，时间单位可以根据需要取年、半年、季、月、周、日等；时间轴上的点称为时点，时点表示该期的期末，同时也是下一期的期初，0 表示时间序列的起点，即第 1 期开始的时点。

(2)以纵轴为现金流量的坐标轴，垂直箭线代表不同时点的现金流量情况，在横轴上方的箭线表示现金流入，即表示收益；在横轴下方的箭线表示现金流出，即费用。

(3)在现金流量图中，箭线长短与现金流量数值大小本应成比例，但由于项目中各时点现金流量常常差额悬殊而无法成比例绘出，故在现金流量图的绘制中，箭线长短只要能适当体现各时点现金流量数值的差异，并在各箭线上方(或下方)注明其现金流量的数值即可。

(4)时间坐标的原点通常取在建设期开始的时点，也可取在投产期开始(即建设期期末)的时点，而分析计算的起始时间一般都规定在时间坐标的原点。

(5)为了统一绘制方法和便于比较，通常规定投资发生在各个时期的期初，而销售收入、经营成本、利润、税金等，则发生在各个时期的期末，回收固定资产净残值与回收流动资金则在项目经济寿命周期终了时发生。

【例 3-1】 某项目投资现值为 130 万元，年销售收入 I 为 100 万元，年折旧 D 为 25 万元，计算期 n 为 5 年，固定资产残值为 0，年经营成本 C 为 40 万元，所得税税率 T 为 33%，试计算年净现金流量并绘制现金流量图。

【解】 令 A 为项目投产后的年净现金流量，则

$$A=(I-D-C)(1-T)+D=(100-25-40)\times(1-33\%)+25=48.5(万元)$$

现金流量图如图 3-2 所示。

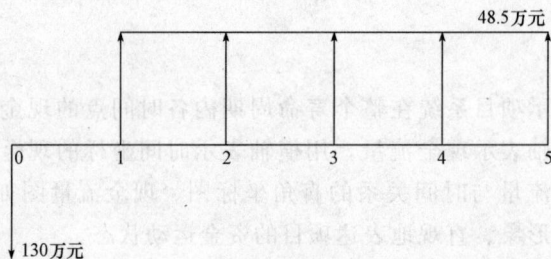

图 3-2　现金流量图

第二节　工程项目投资

工程项目的建设首先是一个投资活动，必须对其经济效益与社会效益进行分析与评价。工程经济要素的基本构成包括投入要素和产出要素，投入要素主要包括投资、成本及费用；产出要素主要包括收入、利润及税金。

一、投资

1. 投资的概念

投资(investment)是技术经济分析中重要的经济概念，是人类最重要的经济活动之一，是指投资主体为了实现盈利或规避风险，通过各种途径投放资金的活动。换句话说，投资是指以一定的资源(资金、人力、技术、信息等)投入某项计划或工程，以获取所期望的报酬。

2. 投资的构成

投资是一个极为复杂的经济系统。工程项目的投资也称为总投资，一般是指进行某项工程建设所支出的全部费用。生产性建设工程项目投资包括建设投资和铺底流动资金两部分；非生产性建设工程项目投资则只包括建设投资。建设投资由设备及工器具购置费、建筑安装工程费、工程建设其他费用、预备费(包括基本预备费和涨价预备费)和建设期利息组成。建设投资可以分为静态投资部分和动态投资部分，静态投资部分由建筑安装工程费、设备及工器具购置费、工程建设其他费用和基本预备费构成；动态投资部分是指在建设期内，建设期利息和国家新批准的税费、汇率、利率变动及建设期价格变动所引起的建设投资增加额，包括涨价预备费、建设期利息等。根据现行工程造价的规定，工程项目中所指的工程造价不含流动资金、建设项目的总投资，具体见表3-2。

(1)建筑安装工程费是指建设单位用于建筑和安装工程方面的投资，它由建筑工程费和安装工程费两部分组成。建筑工程费是指建设工程涉及范围内的建筑物、构筑物、场地平整、道路、室外管道铺设、大型土石方工程费等。安装工程费是指主要生产、辅助生产、公用工程等单项工程中需要安装的机械设备、电器设备、专用设备、仪器仪表等设备的安装及配件工程费，以及工艺、供热、供水等各种管道、配件、闸门和供电外线安装工程费等。根据《建筑安装工程费用项目组成》(建标〔2013〕44号文件)，建筑安装工程费项目按费用构成要素组成划分为人工费、材料费、施工机具使用费、企业管理费、利润、规费和税金，按工程造价形成顺序划分为分部分项工程费、措施项目费、其他项目费、规费和税金。

表 3-2　建设工程投资项目费用构成

费用项目名称			
建设工程项目投资	建设投资	第一部分　工程费用	建筑安装工程费
			设备及工器具购置费
		第二部分　工程建设其他费用	土地使用费
			建设管理费
			可行性研究费
			研究试验费
			勘察设计费
			环境影响评价费
			劳动安全卫生评价费
			场地准备及临时设施费
			引进技术和进口设备其他费
			工程保险费
			特殊设备安全监督检验费
			市政公用设施建设及绿化补偿费
			联合试运转费
			生产准备费
			办公和生活家具购置费
		第三部分　预备费	基本预备费
			涨价预备费
		建设期利息	
	流动资产投资——铺底流动资金		

（2）设备及工器具购置费是指按照建设工程设计文件的要求，建设单位（或其委托单位）购置或自制达到固定资产标准的设备和新、扩建项目配置的首套工器具及生产家具所需的费用。设备及工器具购置费由设备原价、工器具原价和运杂费（包括设备成套公司服务费）组成。在生产性建设工程项目中，设备及工器具投资主要表现为其他部门创造的价值向建设工程项目中的转移，但这部分投资是建设工程投资中的积极部分，它占项目投资比重的提高，意味着生产技术的进步和资本有机构成的提高。设备及工器具购置费按下式计算：

$$设备及工器具购置费 = 设备购置费 \times 定额费率 \tag{3-1}$$

（3）工程建设其他费用是指未纳入以上两项的，根据设计文件要求和国家有关规定应由项目投资支付的为保证工程建设顺利完成和交付使用后能够正常发挥效用而产生的一些费用。工程建设其他费用可分为三类：第一类是土地使用费，包括土地征用及迁移补偿费和土地使用权出让金；第二类是与项目建设有关的费用，包括建设管理费、勘察设计费、研究试验费等；第三类是与未来企业生产经营有关的费用，包括联合试运转费、生产准备费、办公和生活家具购置费等。

（4）预备费是指考虑建设期可能发生的风险因素而导致的建设费用增加的这部分内容费用。我国规定预备费包括基本预备费和涨价预备费。

1）基本预备费是指在项目实施中可能发生难以预料的支出，需要预先预留的费用，又称为不可预见费，主要指设计变更及施工过程中可能增加工程量的费用。

以下三种费用不属于不可预见费：一是因技术政策、地质条件发生重大变化，需对原批准的初步设计作全面修改而增加的工程费用；二是建设项目施工过程中，发生不可抗拒的重大自然灾害所造成的损失；三是因管理不善或设计、施工质量低劣造成的返工、窝工等费用。这些费用不构成工程成本，应由责任单位承担。

2）涨价预备费是指建设工程项目在建设期内由于价格等变化引起投资增加，需要事先预留的费用。

（5）建设期利息是指项目借款在建设期内发生并计入固定资产的利息。为了简化计算，在编制投资估算时通常假定借款均在每年的年中支用，借款第一年按半年计息，其余各年按全年计息。

（6）铺底流动资金是指生产性建设工程项目为保证生产和经营正常进行，按规定应列入建设工程项目总投资的铺底流动资金，一般按流动资金的30％计算。

工程造价一般是指一项工程预计开支或实际开支的全部固定资产投资费用，在这个意义上，工程造价与建设投资的概念是一致的。因此，人们在讨论建设投资时，经常使用工程造价这个概念。需要指出的是，在实际应用中，工程造价还有另一种含义——工程价格，即为建成一项工程，预计或实际在土地市场、设备市场、技术劳务市场及承包市场等交易活动中所形成的建筑安装工程的价格和建设工程的总价格。

3. 投资的来源

建设项目的投资来源按国别分为国外投资和国内投资；按资金来源的性质分为投入资金和借入资金，其中投入资金形成建设项目的资本金，借入资金形成项目的负债。

投入资金可以通过争取国家财政预算投资、发行股票、自筹资金和利用外资直接投资等方式获取，借入资金可通过银行贷款，发行债券，设备租赁，国际金融组织贷款，国外商业银行贷款，吸收外国银行、企业和私人存款及利用出口信贷等渠道取得。

二、固定资产折旧及其计算

（一）固定资产

1. 固定资产的概念

固定资产是指企业为生产产品、提供劳务、出租或者经营管理而持有的、使用时间超过12个月的，价值达到一定标准的非货币性资产，其包括房屋、建筑物、机器、机械、运输工具，以及其他与生产经营活动有关的设备、器具、工具等。固定资产是企业的劳动手段，也是企业赖以生产经营的主要资产。

2. 固定资产的分类

(1)按固定资产的使用情况划分。

1)使用中的固定资产，既包括季节性停用和大修理停用的固定资产，又包括经营性租出的固定资产。

2)未使用的固定资产，是指已经完工但尚未交付使用的固定资产。

3)不需用的固定资产，是指本企业多余或不适用的固定资产。

(2)按固定资产的经济用途和使用情况综合划分。

1)生产经营用固定资产。

2)非生产经营用固定资产。

3)租出固定资产。

4)不需用固定资产。

5)未使用固定资产。

6)土地，指过去已经估价单独入账的土地，不计提折旧。

7)融资租入固定资产。

(3)按固定资产的所有权划分。

1)租入固定资产。

①融资租入固定资产，视为自有固定资产计提折旧(实质重于形式)。

②经营租入固定资产，不计提折旧。

2)自有固定资产，是指拥有所有权的固定资产，计提折旧。

(4)按固定资产的经济用途划分。固定资产按经济用途分为生产经营用固定资产和非生产经营用固定资产。

(二)固定资产折旧

1. 折旧的概念

企业的固定资产可以长期参加生产经营而仍保持其原有的实物形态，但其价值将随固定资产的不断使用而逐渐转移到生产的产品中去，也可能构成企业的经营成本或费用。这部分随着固定资产的磨损而逐渐转移的价值称为固定资产折旧。从本质上讲，折旧也是一种费用，只不过这一费用没有在计提期间付出实实在在的货币资金，但这种费用是前期已经发生的支出，而这种支出的收益在资产投入使用后的有效使用期内实现，无论是从权责发生制原则，还是从收入与费用配比的原则讲，计提折旧都是必要的，否则，不计提折旧或不正确地计提折旧，都将错误地计算企业的产品成本(或营业成本)及损益。

2. 影响折旧的因素

(1)固定资产原价，是指固定资产的成本。已达到预定可使用状态，但尚未办理竣工决算的固定资产，应当按照估计价值确定其成本并计提折旧；待办理竣工决算手续后，再按实际成本调整原来的暂估价值，但不需要调整原已计提的折旧额。

(2)预计净残值，是指假定固定资产预计使用寿命已满并处于使用寿命终了时，企业从该项资产处置中获得的扣除预计处置费用后的金额。

(3)固定资产减值准备，是指固定资产已计提的固定资产减值准备累计金额。

(4)固定资产的使用寿命，是指企业使用固定资产的预计期间或者该固定资产所能生产产品或提供劳务的数量。企业确定固定资产使用寿命时，应当考虑下列因素：

1)该资产的预计生产能力或实物产量。

2)该资产的有形损耗，如设备使用中发生磨损、房屋建筑物受到自然侵蚀等。

3)该资产的无形损耗，如新技术的出现使现有的资产技术水平相对陈旧、市场需求变化使产品过时等。

4)法律或类似规定对该项资产使用的限制。

（三）计算折旧的方法

(1)平均年限法，又称为直线法，是指将固定资产的应计折旧额均衡地分摊到固定资产预计使用寿命内的一种方法。采用这种方法计算的每期折旧额均相等。其计算公式如下：

$$年折旧率 = (1 - 预计净残值率) \div 预计使用寿命(年) \times 100\% \tag{3-2}$$

$$月折旧率 = 年折旧率 \div 12 \tag{3-3}$$

$$月折旧额 = 固定资产原价 \times 月折旧率 \tag{3-4}$$

【例3-2】 企业有一台设备，原值为200 000元，预计可使用10年，按照有关规定，该设备报废时的净残值率为2%。请用平均年限法计算年折旧率、月折旧率和月折旧额。

【解】 年折旧率 = (1 - 预计净残值率) ÷ 预计使用寿命(年) × 100%

$$= (1 - 2\%) \div 10 \times 100\% = 9.8\%$$

月折旧率 = 年折旧率 ÷ 12 = 9.8% ÷ 12 = 0.82%

月折旧额 = 固定资产原价 × 月折旧率 = 200 000 × 0.82% = 1 640(元)

(2)工作量法，是根据实际工作量计提固定资产折旧额的一种方法。其计算公式如下：

$$单位工作量折旧额 = 固定资产原价 \times (1 - 预计净残值率) \div 预计总工作量 \tag{3-5}$$

$$某项固定资产月折旧额 = 该项固定资产当月工作量 \times 单位工作量折旧额 \tag{3-6}$$

【例3-3】 甲公司的一台机器设备原价为680 000元，预计生产产品产量为2 000 000件，预计净残值率为3%，本月生产产品34 000件。请用工作量法计算月折旧额。

【解】 单位工作量折旧额 = 固定资产原价 × (1 - 预计净残值率) ÷ 预计总工作量

$$= 680 000 \times (1 - 3\%) \div 2 000 000 = 0.329 8(元/件)$$

月折旧额 = 该项固定资产当月工作量 × 单位工作量折旧额 = 34 000 × 0.329 8 = 11 213.2(元)

施工企业常用的工作量法有以下两种方法：

1)行驶里程法。行驶里程法是按照行驶里程平均计算折旧的方法。它适用于车辆、船舶等运输设备计提折旧。其计算公式如下：

$$单位里程折旧额 = 应计折旧额 \div 总行驶里程 \tag{3-7}$$

$$某项固定资产月折旧额 = 该项固定资产当月行驶里程 \times 单位里程折旧额 \tag{3-8}$$

2)工作台班法。工作台班法是按照工作台班数平均计算折旧的方法。它适用于机器、设备等的计提折旧。其计算公式如下：

$$每工作台班折旧额 = 应计折旧额 \div 总工作台班 \tag{3-9}$$

$$某项固定资产月折旧额 = 该项固定资产当月工作台班 \times 每工作台班折旧额 \tag{3-10}$$

(3)双倍余额递减法，是用直线法折旧率的两倍作为固定的折旧率乘以逐年递减的固定资产期初净值，得出各年应提折旧额的方法。

在使用双倍余额递减法时要注意在最后两年计提折旧时，将固定资产账面净值扣除预计净残值后的净值平均摊销，即最后两年扣除残值后用平均年限法计提折旧。其计算公式如下：

$$年折旧率＝2÷预计的折旧年限×100\% \tag{3-11}$$

$$年折旧额＝固定资产期初账面净值×年折旧率 \tag{3-12}$$

$$月折旧率＝年折旧率÷12 \tag{3-13}$$

$$月折旧额＝年初固定资产折余净值×月折旧率 \tag{3-14}$$

$$固定资产期初账面净值＝固定资产原值－累计折旧 \tag{3-15}$$

【例3-4】 某医院有一台机器设备，原价600 000元，预计使用寿命为5年，预计净残值为24 000元。要求计算每年的折旧额。

【解】 年折旧率＝2÷预计的折旧年限×100%＝2÷5×100%＝40%

第一年应提的折旧额＝固定资产期初账面净值×年折旧率＝600 000×40%
＝240 000（元）

第二年应提的折旧额＝固定资产期初账面净值×年折旧率＝（600 000－240 000）×40%
＝144 000（元）

第三年应提的折旧额＝固定资产期初账面净值×年折旧率＝（600 000－240 000－144 000）×
40%＝86 400（元）

第四年、第五年每年应提的折旧额＝（固定资产原值－累计折旧）÷2
＝（600 000－240 000－144 000－86 400－24 000）÷2
＝52 800（元）

(4)年数总和法，是指固定资产应提折旧的总额乘以固定资产的变动折旧率计算折旧额的一种方法。其计算公式如下：

固定资产各年折旧率＝固定资产各年初尚可使用年数÷固定资产预计使用年限各年数之和×100%＝固定资产各年初尚可使用年数÷［固定资产预计使用年限×（预计使用年限＋1）÷2］
$$\tag{3-16}$$

$$固定资产月折旧率＝固定资产年折旧率÷12 \tag{3-17}$$

$$固定资产月折旧额＝（固定资产原值－预计净残值）×月折旧率 \tag{3-18}$$

【例3-5】 某企业进口设备一台，价值为80 000元，预计使用年限为5年，预计残值收入为3 000元。请用年数总和法计算第一年、第二年的折旧额。

【解】 固定资产预计使用年限各年数字之和＝1＋2＋3＋4＋5＝15

第一年折旧率＝5/15

第一年折旧额＝（80 000－3 000）×5/15＝25 666.67（元）

第二年折旧率＝4/15

第二年折旧额＝（80 000－3 000）×4/15＝20 533.33（元）

第三节　成本与费用

一、费用的特点

费用是指企业在生产和销售商品、提供劳务等日常经济活动中所发生的，会导致所有者权益减少的，与向所有者分配利润无关的经济利益的总流出。

费用具有以下特点：

（1）费用是企业日常活动中发生的经济利益的流出，而不是偶发的。不是日常活动发生的经济利益的流出则称为损失（营业外支出）。

（2）费用可能表现为资产的减少或负债的增加，或者兼而有之。

（3）费用将引起所有者权益的减少，但与向企业所有者分配利润时的支出无关。

（4）费用只包括本企业经济利益的流出，而不包括为第三方或客户代付的款项及偿还债务支出。

二、成本和费用的关系

成本和费用是两个并行使用的概念，两者之间既有联系又有区别。成本是针对一定的成本核算对象（如某工程）而言的；费用则是针对一定的期间而言的。

成本和费用都是企业为达到生产经营目的而发生的支出，体现为企业资产的减少或负债的增加，并需要由企业生产经营获得的收入来补偿。企业在一定会计期间内所发生的生产费用是构成产品成本的基础，成本是按一定对象所归集的费用，是对象化了的费用。产品成本是企业为生产一定种类和数量的产品所产生的生产费用的汇集，两者在经济内容上是一致的，并且在一定情况下成本和费用可以相互转化。

成本和费用之间也是有区别的：企业在一定期间内的费用构成完工产品生产成本的主要部分，但本期完工产品的生产成本包括以前期间发生而应由本期产品成本负担的费用，如待摊费用；也可能包括本期尚未发生，但应由本期产品成本负担的费用，如预提费用；本期完工产品的成本可能还包括部分期初结转的未完工产品的成本，即以前期间所发生的费用。企业本期发生的全部费用也不都形成本期完工产品的成本，它还包括一些应结转到下期未完工产品上的支出，以及一些不由具体产品负担的期间费用。

1. 费用的分类

（1）费用按经济内容分为劳动对象方面的费用、劳动手段方面的费用和活劳动方面的费用三大类。

（2）费用按经济用途分为生产成本和期间费用两类。

1）生产成本。生产成本是指构成产品实体、计入产品成本的那部分费用。施工企业的生产成本就是指工程成本。生产成本又可以分为直接费用和间接费用。

①施工企业的直接费用是指为完成工程所发生的、可以直接计入工程成本核算对象的各项费用支出，主要是施工过程中耗费的构成工程实体或有助于工程形成的各项支出，包括人工费、材料费、机械使用费和其他直接费。

②施工企业的间接费用是指企业下属的施工单位或生产单位为组织和管理施工生产活动所发生的费用。间接费用往往应由几项工程共同负担，应当采用适当的方法在各受益的工程成本核算对象之间进行分配，如企业所属各施工单位为组织和管理施工活动而发生的管理人员工资及福利费、折旧费、办公费、水电费、差旅费、排污费等。施工企业在签订建造（施工）合同时产生的差旅费、投标费等相关费用应在产生时直接确认为当期的期间费用，不计入工程成本。

2）期间费用。期间费用是指企业当期发生的，与具体产品或工程没有直接联系，必须从当期收入中得到补偿的费用。期间费用主要包括管理费用、财务费用和营业费用；施工企业的期间费用则主要包括管理费用和财务费用。

2. 成本和费用的相同点与不同点

(1)成本和费用的相同点。

1)成本和费用都是企业除偿债性支出和分配性支出以外的支出的构成部分。

2)成本和费用都是企业经济资源的耗费。

3)生产费用经对象化后进入生产成本，但期末应将当期已销产品的成本结转进入当期的费用(损益核算时)。

(2)成本和费用的不同点。

1)成本是对象化的费用，其所针对的是一定的成本计算对象。

2)费用则是针对一定的期间而言的，包括生产费用和期间费用。生产费用是企业在一定时期内发生的通用货币计量的耗费，生产费用经对象化后，才可能转化为产品成本。期间费用不计入产品生产成本，而直接从当期损益中扣除。

成本和费用的关系如图 3-3 所示。

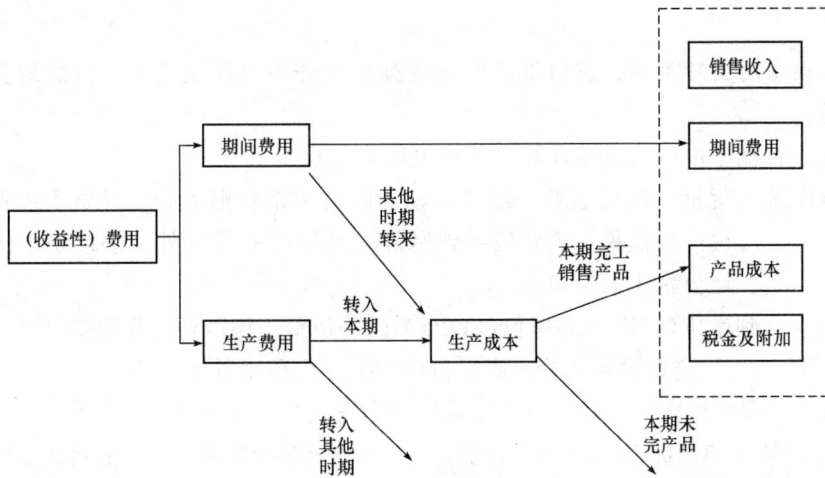

图 3-3　成本和费用的关系

三、成本和费用的估算

成本和费用的估算是制定经营决策的必然要求，成本和费用估算的误差大小对决策及项目的经济效益有着重要的意义。

成本的估算方法总体分为定量法和定性法。其中定量法的主要应用有两种，即概略估算法和详细估算法。概略估算法一般用于项目的初步可行性研究；详细估算法按照成本和费用的构成项目，根据有关规定和详细的资料逐项进行估算。

概略估算法在实践中所采用的方法大致有三种：第一种是分项类比法，即按照相关产品的类似程度及分项费用的比例关系估算生产成本；第二种是差额调整法，即比较两种工程产品的差异，然后确定成本修正系数，将修正系数和可比实例的乘积作为估算成本；第三种是统计估算法，即通过收集工程产品的成本统计资料，计算成本与某些参数的相互关系，然后按工程项目的相应参数要求估算。

安装工程费的具体估算法如下：

1. 建筑工程费

建筑工程费通常采用单位综合指标(每 m^2、m^3、m、km 的造价)估算法进行。

2. 安装工程费

安装工程费的计算公式如下:

$$安装工程费＝设备原价×安装费费率 \tag{3-19}$$

或

$$安装工程费＝设备吨位×每吨安装费 \tag{3-20}$$

3. 设备及工器具购置费

(1)国产设备原价的确定。国产设备原价的确定包括国产标准设备原价的确定和国产非标准设备原价的确定。

(2)进口设备抵岸价的确定。进口设备抵岸价是指进口设备的原价,即抵达买方边境港口或边境车站,且缴完关税等税费后形成的价格。进口设备抵岸价的构成与进口设备的交货类别有关。

1)进口设备的交货类别。进口设备的交货类别可分为内陆交货类、目的地交货类和装运港交货类。

2)进口设备抵岸价的构成及计算。其相关计算公式如下:

$$
\begin{aligned}
进口设备抵岸价＝&货价＋国外运费＋国外运输保险费＋银行财务费＋外贸手续费＋进口关\\
&税＋增值税＋消费税＝到岸价＋银行财务费＋外贸手续费＋进口关税＋\\
&增值税＋消费税
\end{aligned} \tag{3-21}
$$

$$到岸价(CIF)＝离岸价(FOB)＋国外运费＋国外运输保险费 \tag{3-22}$$

$$进口设备货价＝离岸价(FOB)×人民币外汇牌价 \tag{3-23}$$

$$国外运费＝单位运价×运输费费率或运量×人民币外汇牌价 \tag{3-24}$$

$$国外运输保险费＝[离岸价(FOB)＋国外运费]÷(1－国外运输保险费费率)×国外运输保险费费率 \tag{3-25}$$

$$银行财务费＝离岸价×人民币外汇牌价×银行财务费费率＝进口设备货价×银行财务费费率 \tag{3-26}$$

$$外贸手续费＝(进口设备货价＋国外运费＋国外运输保险费)×外贸手续费费率 \tag{3-27}$$

$$进口关税＝(进口设备货价＋国外运费＋国外运输保险费)×进口关税税率 \tag{3-28}$$

$$增值税＝组成计税价格×增值税税率 \tag{3-29}$$

$$组成计税价格＝到岸价×人民币外汇牌价＋进口关税＋消费税 \tag{3-30}$$

【例 3-6】 某公司拟从国外进口一套机电设备,质量为 1 500 t,装运港船上交货价即离岸价(FOB)为 400 万美元。其他有关费用资料为:国外运费标准为 360 美元/t,海上运输保险费费率为 0.266%,中国银行手续费费率为 0.5%,外贸手续费费率为 1.5%,关税税率为 22%,增值税税率为 17%,美元的银行外汇牌价为 1 美元＝6.1 元人民币,设备的国内运杂费费率为 2.5%。试估算该设备购置费。

【解】 根据上述各项费用的计算公式,有:

$$进口设备货价＝离岸价(FOB)×人民币外汇牌价＝400×6.1＝2 440(万元)$$

$$国外运费＝单位运价×运输费费率或运量×人民币外汇牌价$$

$$＝360×1 500×6.1＝3 294 000(元)＝329.4(万元)$$

国外运输保险费＝[离岸价(FOB)＋国外运费]÷(1－国外运输保险费费率)×国外运输保险费费率

$$=(400＋329.4)÷(1－0.266\%)×0.266\%＝1.945(万元)$$

银行财务费＝进口设备货价×银行财务费费率＝2 440×0.5%＝12.2(万元)

外贸手续费＝(进口设备货价＋国外运费＋国外运输保险费)×外贸手续费费率

$$=(2 440＋329.4＋1.945)×1.5\%＝41.57(万元)$$

进口关税＝(进口设备货价＋国外运费＋国外运输保险费)×进口关税税率

$$=(2 440＋329.4＋1.945)×22\%＝609.70(万元)$$

增值税＝(进口设备货价＋国外运费＋国外运输保险费＋进口关税)×增值税税率

$$=(2 440＋329.4＋1.945＋609.70)×17\%＝574.78(万元)$$

国内运杂费＝进口设备货价×国内运杂费费率＝2 440×2.5%＝61(万元)

设备购置费＝2 440＋329.4＋1.945＋609.70＋574.78＋12.2＋41.57＋61＝4 070.60(万元)

(3) 设备购置费的组成和计算。其相关计算公式如下：

设备购置费＝设备原价或进口设备抵岸价＋设备运杂费(设备原价×设备运杂费费率)

(3-31)

1)设备运杂费包括包装和包装材料费、运输费、装卸费、采购费及仓库保管费、供销部门手续费等。如果设备是由设备成套公司提供的，成套公司的服务费也应计入设备运杂费中。

2)在计算国产标准设备原价时，一般按带有备件的出厂价计算。

3)进口设备的交货方式可分为内陆交货类、目的地交货类、装运港交货类。

①内陆交货类即卖方在出口国内陆的某个地点交货。在交货地点，卖方及时提交合同规定的货物和有关凭证，并负担交货前的一切费用和风险，买方按时接受货物，交付货款，负担接货后的一切费用和风险，并自行办理出口手续和装运出口。货物的所有权也在交货后由卖方转移给买方。

②目的地交货类即卖方在进口国的港口或内地交货，有目的港船上交货价、目的港船边交货价和目的港码头交货价(关税已付)及完税后交货价(进口国的指定地点)等几种交货价。它们的特点是：买卖双方承担的责任、费用和风险是以目的地约定交货点为分界线的，只有当卖方在交货点将货物置于买方控制下才算交货，才能向买方收取货款。这种交货类别对卖方来说承担风险较大，在国际贸易中卖方一般不愿采用。

③装运港交货类即卖方在出口国装运港交货，主要是装运港船上交货价(FOB)，也称为离岸价。它的特点是卖方按照约定的时间在装运港交货，只要卖方把合同规定的货物装船后提供货运单据便完成交货任务，可凭单据收回货款。

装运港船上交货价(FOB)是我国进口设备采用最多的一种货价。采用船上交货价时，卖方的责任是：在规定的期限内，负责在合同规定的装运港口将货物装上买方指定的船只，并及时通知买方；负担货物装船前的一切费用和风险，负责办理出口手续，提供出口国政府或有关方面签发的证件，负责提供有关装运单据。买方的责任是负责租船或订舱，支付运费，并将船期、船名通知卖方，负担货物装船后的一切费用和风险；负责办理保险及支付保险费，办理在目的港的进口和收货手续，接受卖方提供的有关装运单据，并按合同规定支付货款。

4)设备运杂费的计算。设备运杂费的计算公式如下：

设备运杂费＝设备原价(进口设备抵岸价)×设备运杂费费率 (3-32)

(4)工器具及生产家具购置费的构成及计算。其计算公式如下：

$$工器具及生产家具购置费 = 设备购置费 \times 定额费率 \qquad (3-33)$$

4. 设备其他费用

工程建设中，设备其他费用按各项费用科目的费率或者取费标准估算。

5. 预备费

(1)基本预备费的计算公式如下：

$$基本预备费 = (设备及工器具购置费 + 建筑安装工程费 + 工程建设其他费用) \times 基本预备费费率$$

(2)涨价预备费的计算公式如下：

$$PC = \sum_{t=1}^{n} I_t [(1+f)^t - 1] \qquad (3-34)$$

式中 PC——涨价预备费；

I_t——第 t 年的建筑工程费、安装工程费、设备及工器具购置费之和；

f——建设期价格平均上涨率；

n——建设期。

【例 3-7】 某建设工程项目在建设期初的建筑安装工程费、设备及工器具购置费为 45 000 万元。按本项目实施进度计划，项目建设期为 3 年，投资分年的使用比例为第一年 25%、第二年 55%、第三年 20%，建设期内预计年平均价格总水平上涨率为 5%。建设期贷款利息为 1 395 万元，建设工程项目其他费用为 3 860 万元，基本预备费费率为 10%。试估算该项目的建设投资。

【解】 (1)计算项目的涨价预备费：

第一年年末的涨价预备费 $= I_1[(1+f)^1 - 1] = 45\ 000 \times 25\% \times [(1+0.05)^1 - 1] = 562.5(万元)$

第二年年末的涨价预备费 $= I_2[(1+f)^2 - 1] = 45\ 000 \times 55\% \times [(1+0.05)^2 - 1] = 2\ 536.88(万元)$

第三年年末的涨价预备费 $= I_3[(1+f)^3 - 1] = 45\ 000 \times 20\% \times [(1+0.05)^3 - 1] = 1\ 418.63(万元)$

该项目建设期的涨价预备费 $= 562.5 + 2\ 536.88 + 1\ 418.63 = 4\ 518.01(万元)$

(2)计算项目的建设投资：

建设投资 $=$ 静态投资 $+$ 建设期贷款利息 $+$ 涨价预备费

$\qquad = (45\ 000 + 3\ 860) \times (1 + 10\%) + 1\ 395 + 4\ 518.01$

$\qquad = 59\ 659.01(万元)$

6. 建设期贷款利息

建设期贷款利息包括向国内银行和其他非银行金融机构贷款、出口信贷、外国政府贷款、国际商业银行贷款及境内外发行的债券等在建设期间内应偿还的贷款利息。建设期贷款利息实行复利计算。当总贷款是分年均衡发放时，建设期利息的计算按当年借款在年中支用考虑，即当年贷款按半年计息，上年贷款按全年计息。其计算公式如下：

$$各年应计利息 = (年初借款本息累计 + 本年借款额/2) \times 年利率 \qquad (3-35)$$

【例 3-8】 某新建项目，建设期为 3 年，共向银行贷款 1 300 万元，第一年 300 万元，第二年 600 万元，第三年 400 万元，年利率为 6%。试计算建设期贷款利息。

【解】 在建设期，各年利息计算如下：

第一年应计利息 $=$ 本年借款额 $/2 \times$ 年利率 $= 300/2 \times 6\% = 9(万元)$

第二年应计利息 $=$ (年初借款本息累计 $+$ 本年借款额 $/2) \times$ 年利率 $= (300 + 9 + 600/2) \times 6\% = 36.54(万元)$

第三年应计利息＝(年初借款本息累计＋本年借款额/2)×年利率＝(300＋9＋600＋36.54＋400/2)×6‰＝68.73(万元)

建设期贷款利息＝9＋36.54＋68.73＝114.27(万元)

四、降低工程成本的途径

工程成本是一项综合性指标。影响工程成本的因素很多，有企业内部的因素，也有企业外部的因素。外部因素主要是工程任务能否饱满、地区供应材料能否饱满等。内部因素主要是材料消耗的节约情况、施工组织和劳动组织合理与否、机械设备的利用情况，以及费用开支是否节约等。事实证明，决定企业工程成本高低的主要因素，是企业主观努力的程度和企业管理水平的高低，即使在外部条件较差的情况下，只要企业切实改进经营管理，深入挖掘内部潜力，仍能在降低成本方面取得较好的成绩。工程成本指标能反映施工企业的经营活动成果，是评定企业工作质量的一个综合指标，主要的降低工程成本途径有以下几个方面：

(1)科学地组织工程成本控制，可以用较少的物化劳动和活劳动耗费，取得较大的经济效益，不断降低工程成本，提高企业的管理水平。工程成本是现代化管理工作中的重要环节，是落实工程成本目标，实现工程成本计划的有力保证。工程成本控制是指企业在施工经营过程中，按照既定的工程成本目标，对构成工程成本的一切耗费进行严格的计算、考核和监督，及时揭示偏差并采取有效措施，纠正不利差异，使工程成本被限制在预定的目标范围之内。

(2)要有效地控制工程成本，必须建立健全责任成本制度。责任成本制度是在企业内部按施工经营组织系统，确定成本责任层次，建立责任成本中心并按责任归属、传递、控制考核报告工程成本信息，从而把工程成本责任落实到各部门、各层组织和执行人，按照经营决策所规定的成本目标，进行控制和考核的一种经济责任制度。责任成本制度的建立对组织工程成本控制有不可缺少的辅助作用，从而达到降低工程成本的目的。

(3)加强材料管理，节约材料费。材料在工程成本中占的比重最大，节约材料费，对降低成本有着十分重要的作用。随着装配化程度的不断提高，材料费在工程成本中的比重也不断增大，因此，大力节约主要材料、结构件、周转材料、其他材料的耗费，降低采购成本，对于降低工程成本有着非常重要的意义。目前很多施工企业，由于盲目采购、大量积压、保管不妥、损坏变质、大材小用、整材零用等而造成的材料损失和浪费，仍然相当严重，在降低工程成本方面，还大有潜力可挖。为了节约材料费，必须在材料采购、运输、保管、使用及回收等各个环节采取有效措施。

工程成本中材料费的高低，首先取决于采购、运输过程中成本的高低。采购材料不仅要注意材料的质量和规格，同时必须在价格和分批采购数量上精打细算。

1)要贯彻执行"合理储备"的原则，避免因积压而引起的损失浪费，为此，必须逐级按工程任务编制要料计划，按要料计划编制供应计划，再按供应计划编制采购计划，严格执行计划采购，避免盲目分散采购的现象发生，采购之前，必须摸清材料供应情况，做到比物比价，分批采购，陆续备料。

2)要根据"就地取材"原则，节约材料采购成本。

另外，要充分了解运输条件，注意场外和场内运输配合和衔接，尽可能地缩短运距，利用经济有效的运输方法，减少中转环节。根据工程进度，随时掌握供应计划，严格控制进场材料，防止到料过多造成大批退料的转运损失。在材料构件运输装卸过程中，要力求减少材料磨损，防止断裂损失。对运来的材料，要加强验收，防止材料短缺、质量不符合要求。在保管过程中，要根据材料的物理、化学性质进行科学合理的存储，防止变质和损耗。

（4）提高劳动生产率，降低工资费用，可以减少单位工程用工，增加单位时间内完成的工程数量。这样不仅能够减少单位工程成本中的人工费，而且可以相应地降低其他费用。因为在间接费用中，大部分费用如施工单位管理人员工资、福利费、办公费、差旅交通费、折旧费等的总额是比较固定的，它们不与工程数量成比例变动，当劳动生产率提高而使完成工程数量增加时，这部分费用分摊到单位工程成本上的数额就随之减少。

（5）提高机械设备利用率，降低机械使用费。提高机械设备利用率，就是最有效地利用施工机械运输设备，充分发挥现有机械设备效能，从而减少单位工程成本中的折旧费和其他机械使用费。

（6）减少工程返工损失。只要工程返工，就会造成人力、物力的浪费，消灭工程返工事故，对降低工程成本有着十分重要的意义。为此，施工企业必须不断提高工人的施工技术水平，改进施工工艺和操作方法，严格执行工程质量检查验收制度。同时，必须注意按图施工，防止混凝土捣厚，防止基础挖深、垫层加厚等造成人力、物力的浪费。

（7）节约间接费用。为了节约工程成本中的间接费用，企业必须：认真贯彻执行勤俭办企业的方针，处处精打细算，严格防止间接费亏损；不断提高工作效率，精减管理人员，合理降低非生产人员的比重；制定各项费用开支定额，实行费用分管制度，并严格执行各项费用开支标准，遵守国家财政纪律，节约一切可以节约的费用开支。

以上是从一般情况来说明施工企业内部降低工程成本的几条主要途径，在实际工作中，由于每个企业的工程特点、技术装备、施工工艺、施工组织不同，在降低工程成本的途径上，侧重点也是不同的。因此，必须根据本单位的工程特点和具体条件，结合各个时期的实际情况，采取适当的措施，以收到良好的效果。

第四节　收入、利润和所得税

一、收入

1. 收入的概念

狭义上的收入即营业收入，是指在销售商品、提供劳务及让渡资产使用权等日常活动中形成的经济利益的总流入，包括主营业务收入和其他业务收入，不包括为第三方或客户代收的款项。

广义上的收入包括营业收入、投资收益、补贴收入和营业外收入。营业收入是构成企业利润的主要来源，《企业会计准则——收入》《企业会计准则——建造合同》和《企业会计制度》对营业收入的分类、确认、计量和核算有具体的规定。

2. 收入的特点

（1）收入是从企业的日常活动中产生的，而不是从偶发的交易或事项中产生的。日常活动是指企业为了完成所有的经济目标而从事的一切活动。这些活动具有经常性、重复性和可预见性的特点，如制造企业销售产成品、商品流通企业销售商品等。与日常活动相对应，企业还会发生一些偶然的事项，导致经济利益的流入，如出售固定资产、接受捐赠等，由这种偶然发生的非正常活动产生的经济利益流入则不能作为企业的收入。

（2）收入可能表现为企业资产的增加，也可能表现为企业负债的减少，或二者兼而有之。收入通常表现为资产的增加，如在销售商品或提供劳务并取得收入的同时，银行存款增加；有时也表现为负债的减少，如预收款项的销售业务，在提供了商品或劳务并取得收入的同时，预收账款将得以抵偿。有时这种预收款业务在预收款得以抵偿后，仍有银行存款的增加，此时即表现为负债的减少和资产的增加兼而有之。

（3）收入能导致企业所有者权益的增加，收入是与所有者投入无关的经济利益的总流入，这里的流入是总流入，而不是净流入。根据"资产＝负债＋所有者权益"的会计恒等式，收入无论表现为资产的增加还是负债的减少，最终必然导致所有者权益增加。不符合这一特征的经济利益流入，也不是企业的收入。

（4）收入只包括本企业经济利益的流入，不包括为第三方或客户代收的款项，如代国家收取的增值税，旅行社代客户收取的门票款、机票款，还有企业代客户收取的运杂费等。代收的款项，一方面增加企业的资产；另一方面增加企业的负债，但它不增加企业的所有者权益，也不属于本企业的经济利益，不能作为本企业的收入。

3. 收入的分类

（1）企业的收入按收入的性质分为建造（施工）合同收入、销售商品收入、提供劳务收入和让渡资产使用权收入等。

1）建造（施工）合同收入是指企业通过签订建造（施工）合同并按合同要求为客户设计和建造房屋、道路、桥梁、水坝等建筑物，以及船舶、飞机、大型机械设备等而取得的收入。其中，建筑企业为设计和建造房屋、道路等建筑物签订的合同也称施工合同，按合同要求取得的收入称为施工合同收入。

2）销售商品收入是指企业通过销售产品或商品而取得的收入。建筑企业的商品销售主要包括产品销售和材料销售。产品销售主要有自行加工的碎石、商品混凝土、各种门窗制品等；材料销售主要有原材料、低值易耗品、周转材料、包装物等。

3）提供劳务收入是指企业通过提供劳务作业而取得的收入。建筑企业提供劳务一般均为非主营业务，主要包括机械作业、运输服务、设计业务、产品安装、餐饮住宿等。提供劳务的种类不同，完成劳务的时间也不同，有的劳务一次就能完成，且一般均为现金交易，如餐饮住宿、运输服务等；有的劳务需要较长一段时间才能完成，如产品安装、设计业务、机械作业等。提供劳务的种类和完成劳务的时间不同，企业确认劳务收入的方法也不同，一般应分为不跨年度情况和跨年度情况进行确认和计量。

4）让渡资产使用权收入是指企业通过让渡资产使用权而取得的收入，如金融企业发放贷款取得的收入，企业让渡无形资产使用权取得的收入等。

（2）企业的收入按企业营业的主次分为主营业务收入和其他业务收入。

1）主营业务收入和其他业务收入内容的划分是相对而言，而不是固定不变的。主营业务收入也称为基本业务收入，是指企业从事主要营业活动所取得的收入，可以根据企业营业执照上注明的主营业务范围来确定。主营业务收入一般占企业收入的比重较大，对企业的经济效益产生较大的影响。建筑企业的主营业务收入主要是建造（施工）合同收入。

2)其他业务收入是指企业非经常性的、兼营的业务所产生的收入,如销售原材料、转让技术、代购代销、出租包装物等取得的收入。建筑企业的其他业务收入主要包括产品销售收入、材料销售收入、机械作业收入、无形资产出租收入、固定资产出租收入等。

二、利润

1. 利润的概念

企业的利润是企业在一定会计期间的经营成果,企业利润的表现形式有营业利润、利润总额和净利润。企业的利润总额集中反映了企业经济活动的效益,是衡量企业经营管理水平和经济效益的重要综合指标。净利润表现为企业净资产的增加,是反映企业经济效益的一个重要指标。

利润是企业在一定会计期间的经营活动所获得的各项收入抵减各项支出后的净额,以及直接计入当期利润的利得和损失等。其中,直接计入当期利润的利得和损失,是指应当计入当期损益、会导致所有者权益发生增减变动的、与所有者投入资本或者向所有者分配利润无关的利得或损失。

利得和损失可分为两大类:一类是不计入当期损益,而直接计入所有者权益的利得和损失,如接受捐赠、变卖固定资产等,都可直接计入资本公积;另一类是应当直接计入当期损益的利得和损失,如投资收益、投资损失等。这两类都会导致所有者权益发生增减变动。

2. 利润的计算

利润可分为以下三个层次:

(1)营业利润。营业利润是企业利润的主要来源。营业利润按下列公式计算:

营业利润=营业收入-营业成本(或营业费用)-营业税金及附加-销售费用-管理费用-财务费用-资产减值损失+公允价值变动收益(损失为负)+投资收益(损失为负) (3-36)

营业收入是指企业经营业务所确认的收入总额,包括主营业务收入和其他业务收入。其中,主营业务收入是指企业为完成其经营目标而从事的经常性活动所实现的收入,如建筑企业的工程结算收入、工业企业的产品销售收入、商业企业的商品销售收入等。其他业务收入是指企业为完成其经营目标所从事的与经常性活动相关的活动所实现的收入,指企业除主营业务收入以外的其他销售或其他业务的收入,如建筑业企业对外出售不需用的材料的收入、出租投资性房地产的收入、劳务作业收入、多种经营收入和其他收入(技术转让利润、联合承包节省投资分成收入、提前竣工投产利润分成收入等)。

营业成本是指企业经营业务所发生的实际成本总额,包括主营业务成本和其他业务成本。其中,主营业务成本是指企业经营主营业务发生的支出;其他业务成本是指企业除主营业务以外的其他销售或其他业务所发生的支出,包括销售材料、设备出租、出租投资性房地产等发生的相关成本、费用,相关税金及附加等。

营业税金及附加是指企业经营活动产生的营业税、消费税、城市维护建设税、资源税、教育费附加、投资性房地产相关的房产税和土地使用税等。

资产减值损失是指企业计提各项资产减值准备所形成的损失。

公允价值变动收益(或损失)是指企业交易性金融资产等公允价值变动形成的应计入当

期损益的利得(或损失)。

投资收益(或损失)是指企业以各种方式对外投资所取得的投资收益减去投资损失后的净额,即投资净收益。投资收益包括对外投资享有的利润、股利、债券利息、投资到期收回或中途转让取得高于账面价值的差额,以及按照权益法核算的股权投资在被投资单位增加的净资产中所拥有的数额等。如投资净收益为负值,即投资损失。

(2)利润总额。企业的利润总额是指营业利润加上营业外收入,再减去营业外支出后的金额。其计算公式如下:

$$利润总额＝营业利润＋营业外收入－营业外支出 \qquad (3-37)$$

营业外收入(或支出)是指企业发生的与其生产经营活动没有直接关系的各项收入(或支出)。营业外收入包括固定资产盘盈、处置固定资产净收益、处置无形资产净收益、罚款净收入等。营业外支出包括固定资产盘亏、处置固定资产净损失、处置无形资产净损失、债务重组损失、罚款支出、捐赠支出、非常损失等。

(3)净利润。净利润是指企业当期利润总额减去所得税费用后的金额,即企业的税后利润或净利润。其计算公式如下:

$$净利润＝利润总额－所得税费用 \qquad (3-38)$$

这里的所得税费用是指企业应计入当期损益的所得税费用。

3. 税后利润的分配顺序

利润分配是指企业按照国家的有关规定,对当年实现的净利润和以前年度未分配的利润进行的分配。企业董事会或类似机构决议提请股东大会或类似机构批准的年度利润分配方案(除股票股利分配方案外),在股东大会或类似机构召开会议前,应当将其列入报告年度的利润分配表。股东大会或类似机构批准的利润分配方案,与董事会或类似机构提请批准的报告年度利润分配方案不一致时,根据其差额调整报告年度会计报表有关项目的年初数。

按照《中华人民共和国公司法》(以下简称《公司法》),公司税后利润的分配顺序为

(1)弥补公司以前年度亏损。公司的法定公积金不足以弥补以前年度亏损的,在依照规定提取法定公积金之前,应当先用当年利润弥补亏损。

(2)提取法定公积金。我国公司法规定的公积金有两种,即法定公积金和任意公积金。法定公积金又称为强制公积金,是《公司法》规定必须从税后利润中提取的公积金。对于法定公积金,公司既不得以其章程或股东会决议予以取消,也不得削减其法定比例。法定公积金按来源分为法定盈余公积金和资本公积金。法定盈余公积金是按照法定比例从公司税后利润中提取的公积金。《公司法》规定:"公司分配当年税后利润时,应当提取利润的百分之十列入公司法定公积金。公司法定公积金累计额为公司注册资本的百分之五十以上的,可以不再提取。"资本公积金是直接由资本或资产及其他原因所形成的,是公司非营业活动所产生的收益。《公司法》对资本公积金的构成作出了规定:"股份有限公司以超过股票票面金额的发行价格发行股份所得的溢价款以及国务院财政部门规定列入资本公积金的其他收入,应当列为公司资本公积金。"一般来说,公司接受的赠与、公司资产增值所得的财产价额、处置公司资产所得的收入等均属于资本公积金的来源。

法定公积金有专门的用途,一般包括以下三个方面:

1)弥补亏损。公司出现亏损直接影响到公司资本的充实,公司的稳定发展及公司股东、债权人权益的有效保障,因此,我国有关立法历来强调"亏损必弥补"。但是,根据《公司

法》的规定，资本公积金不得用于弥补公司的亏损。这是因为资本公积金不同于盈余公积金，其来源是公司股票发行的溢价款等，而非公司利润，因此从理论上讲，不能用于弥补亏损是正确的。

2)扩大公司生产经营。公司要扩大生产经营规模，必须增加投资。在不可能增加注册资本的情况下，可用公积金追加投资。

3)增加公司注册资本。用公积金增加公司注册资本，既壮大了公司的实力，又无须股东个人追加投资，于公司、于股东都有利。但如果将法定公积金全部转为资本，则有违公积金弥补亏损的效用，因此有必要限制其数额。《公司法》规定："法定公积金转为资本时，所留存的该项公积金不得少于转增前公司注册资本的百分之二十五。"

（3）经股东会或者股东大会决议提取任意公积金。任意公积金是公司在法定公积金之外，经股东大会或者股东大会决议而从税后利润中提取的公积金。任意公积金由于并非法律强制规定要求提取的，所以对其提取比例、用途等，《公司法》均未作出规定，而是交由章程或者股东会决议作出明确规定。

（4）向投资者分配的利润或股利。公司弥补亏损和提取公积金后所余税后利润，有限责任公司依照《公司法》的规定分配；股份有限公司按照股东持有的股份比例分配，但股份有限公司章程规定不按持股比例分配的除外。

可供投资者分配的利润经过上述分配后，所余部分为未分配利润（或未弥补亏损）。未分配利润可留待以后年度进行分配。企业如发生亏损，可以按规定用以后年度利润进行弥补。企业未分配的利润（或未弥补的亏损）应当在资产负债表的所有者权益项目中单独反映。

三、所得税

1. 所得税的概念

所得税是指企业就其生产、经营所得和其他所得按规定交纳的税金，是根据应纳税所得额计算的，包括企业以应纳税所得额为基础的各种境内和境外税额。应纳税所得额是企业年度的收入总额减去准予扣除项目后的余额。

2. 所得税的计税基础

（1）收入总额中，下列收入为不征税收入：

1)财政拨款。

2)依法收取并纳入财政管理的行政事业性收费、政府性基金。

3)国务院规定的其他不征税收入。

（2）在计算应纳税所得额时，下列支出不得扣除：

1)向投资者支付的股息、红利等权益性投资收益款项。

2)企业所得税税款。

3)税收滞纳金。

4)罚金、罚款和被没收财物的损失。

5)《企业所得税法》第九条规定以外的捐赠支出。

6)赞助支出。

7)未经核定的准备金支出。

8)与取得收入无关的其他支出。

3. 所得税费用的确认

《企业所得税法》第二十二条规定的应纳税额的计算公式如下：

$$应纳税额＝应纳税所得额×适用税率－减免税额－抵免税额 \qquad (3-39)$$

公式中的减免税额和抵免税额是指依照企业所得税法和国务院的税收优惠规定减征、免征和抵免的应纳税额。

本章小结

在整个项目期间各时点上实际发生的资金流出或资金流入称为现金流量，其中流出系统的资金称为现金流出；流入系统的资金称为现金流入；现金流入与现金流出之差称为净现金流量。现金流量表是以表格的形式反映项目计算期内现金运动的状况。现金流量图就是表示项目系统在整个寿命周期内各时间点的现金流入和现金流出状况的一种图示。投入要素主要包括投资、成本及费用；产出要素主要包括收入、利润及税金。固定资产是指企业为生产产品、提供劳务、出租或者经营管理而持有的，使用时间超过 12 个月的，价值达到一定标准的非货币性资产，包括房屋，建筑物，机器，机械，运输工具，以及其他与生产经营活动有关的设备、器具、工具等。成本的估算方法总体分为定量法和定性法。其中定量法的主要应用有两种，即概略估算法和详细估算法。

思考与练习

1. 什么是现金流量？什么是现金流量表？
2. 简述工程项目投资的分类。
3. 我国常用的固定资产折旧方法有哪些？
4. 简述费用与成本的区别和联系。
5. 常见的成本有哪些？
6. 为什么计算经营成本时要从总成本费用中剔除折旧费、维简费、摊销费和利息支出？
7. 假定某地拟建一座 2 000 套客房的豪华旅馆，另有一座豪华旅馆最近在该地竣工，且掌握了以下资料：它有 2 500 套客房，总造价为 10 250 万元。试估算新建项目的总投资。

第四章　资金时间价值与等值计算

通过本章的学习，了解名义利率和实际利率的关系；熟悉资金时间价值的概念；掌握资金等值计算所涉及的基本概念与计算公式。

能够运用所学的资金时间价值的相关理论和知识解决实际项目问题。

第一节　资金时间价值和等值的含义

一、资金时间价值的概念

在商品货币经济中，资金是劳动资料、劳动对象和劳动报酬的货币表现。资金运动反映的是物化劳动和活劳动的运动过程。在这个运动过程中，劳动者新创造的价值形成资金增值。这个资金增值采取了随时间推移而增值的外在形式，故称之为资金的时间价值。资金时间价值在商品货币经济中有两种表现形式：利润和利息。

由于资金存在时间价值，致使不同时点发生的现金流量不能直接进行比较，资金必须与时间结合，才能表示出其真正的价值。因此，对项目进行经济评价，首先应对其收益与费用进行时间价值的等值变换，即将不同时点上的资金价值转换为相同时点(一个或多个)上的价值，使之具有时间可比性，这就是所谓的资金时间价值等值变换原理。

二、资金等值的含义

资金时间价值的客观存在表明不同时点上的绝对数值不等的若干资金有可能具有相等的价值。换句话说，可以把任一时点上的资金变化为另一特定时点上的值，这两个时点上的两笔不同数额的资金量在经济方面的作用是相等的。把特定利率下不同时点上绝对数额不等而经济价值相等的若干资金称为等值资金。显然，影响资金等值的因素有：资金额的大小；换算期值；利率的高低。

第二节　利息、利率及计算

利息是占用资金所付的代价或重新使用资金所获的报酬，它是资金时间价值的表现形式之一。通常用利息额的多少作为衡量资金时间价值的绝对尺度，用利息率作为衡量资金时间价值的相对尺度。利息率简称为利率。

利率是各国发展国民经济的重要杠杆之一，利率的高低由以下因素决定：

(1)利率的高低首先取决于社会平均利润率的高低，并随之变动。在通常情况下，社会平均利润率是利率的上限。因为如果利率高于利润率，无利可图就不会去借款。

(2)在社会平均利润率不变的情况下，利率高低取决于金融市场上借贷资本的供求情况。借贷资本供过于求，利率便下降；反之，利率便上升。

(3)借出资本要承担一定的风险，风险越大，利率也就越高。

(4)通货膨胀对利率的波动有直接影响，资金贬值往往会使利息无形中成为负值。

(5)借出资本的期限长短也是影响因素之一。贷款期限长，不可预见因素多，风险大，利率就高；反之利率就低。

$$利息 = 目前应付(应收)总金额 - 原来借(贷)款金额 \qquad (4\text{-}1)$$

$$利率 = \frac{每单位时间增加的利息}{原金额(又称为本金)} \qquad (4\text{-}2)$$

【小提示】 表示利率的时间单位称为利息周期(计息期)，当包括一个以上的计息期时，要考虑"单利"与"复利"的问题。

1. 单利与复利

利息的计算方法分为单利法与复利法两种。

(1)单利法。单利计息是指每期利息的计息基数都是以本金来计算，不把先前计息周期中的利息累加到本金中去，即利息不再计利。因此，每期的利息是固定不变的，其总利息与利息的期数成正比。其计算公式为

$$F = P(1 + in) \qquad (4\text{-}3)$$

式中　F——第 n 期期末的本利和(本金与全部利息之总和)；

　　　P——本金；

　　　i——利率；

　　　n——计息期数(资金占用期内计算利息的次数)。

【小提示】 单利的年利息额仅由本金产生，其新生利息不再加入本金产生利息，这不符合客观的经济发展规律，没有反映资金随时都在"增值"的概念，也即没有完全反映资金的时间价值。因此，在投资分析中单利使用较少，通常只适用于短期投资或短期贷款。

(2)复利法。所谓复利法，即不但对初始本金计算利息，而且对期间产生的利息也计算利息的计息方式，即"利生利""利滚利"。其计算公式为

$$F = P(1 + i)^n \qquad (4\text{-}4)$$

式中符号意义同前。

式(4-3)的推导过程见表 4-1。

表 4-1　采用复利法计算本利和推导的过程

计息期数	期初本金	期末利息	期末本利和
1	P	$P \cdot i$	$F_1 = P + P \cdot i = P(1+i)$
2	$P(1+i)$	$P(1+i) \cdot i$	$F_2 = P(1+i) + P(1+i) \cdot i = P(1+i)^2$
3	$P(1+i)^2$	$P(1+i)^2 \cdot i$	$F_3 = P(1+i)^2 + P(1+i)^2 \cdot i = P(1+i)^3$

计息期数	期初本金	期末利息	期末本利和
...	...		...
$n-1$	$P(1+i)^{n-2}$	$P(1+i)^{n-2}\cdot i$	$F_{n-1}=P(1+i)^{n-2}+P(1+i)^{n-2}\cdot i=P(1+i)^{n-1}$
n	$P(1+i)^{n-1}$	$P(1+i)^{n-1}\cdot i$	$F_n=P(1+i)^{n-1}+P(1+i)^{n-1}\cdot i=P(1+i)^n$

【例 4-1】 张某借款 1 000 元，按 8％的年利率单利计息，计算第四年年末的本金与全部利息之和（即所欠的总金额）。

【解】 (1)按单利法计算：$F=P(1+in)=1\,000\times(1+8\%\times4)=1\,320(元)$

(2)按复利法计算：$F=P(1+i)^n=1\,000\times(1+8\%)^4=1\,360.5(元)$

2. 名义利率与实际利率

通常情况下，复利计算中的利率指年利率，计息期也以年为单位。但在实际工作中，计息周期并不一定总以年为计息周期，可能规定为半年、每季、每月、每周为一个计息周期。由于计息的周期长度不同，同一笔资金在占用的总时间相等的情况下，所付利息有较大差别。

当年利率相同，而计息期不同时，其利息是不同的，因而存在名义利率和实际利率的不同。实际利率即有效利率；名义利率是指非有效利率。名义利率与实际利率间存在下述关系：

(1)当计息周期为一年时，名义利率与实际利率相等，计息周期短于一年时，实际利率大于名义利率。

(2)名义利率不能完全反映资金的时间价值，实际利率才真实反映资金的时间价值。

(3)令 i 为实际利率，r 为名义利率，m 为复利的周期数，则实际利率与名义利率之间存在下述关系：

$$i=\left(1+\frac{r}{m}\right)^m-1 \tag{4-5}$$

(4)每年计息周期 m 越小，也就是复利次数越多，实际利率越高于名义利率，两者差额越大。

表 4-2 列出了当名义利率为 10％，分别按年、半年、季、月、周、日计算复利的相应年有效利率，从该表可以比较各种计息期年有效利率的变化情况。

表 4-2　各种计息期年有效利率($r=10\%$)

计息期	每年计息次数(n)	计息期有效利率($r\cdot n$)	年有效利率
一年	1	10％	10％
半年	2	5％	10.25％
一季度	4	2.5％	10.38％
一月	12	0.833 3％	10.46％
一周	52	0.192 3％	10.506％
一日	365	0.027 4％	10.517％

【例 4-2】 某企业向国外银行贷款 200 万元，借款期为 5 年，年利率为 15％，但每周复

利计算一次。在进行资金运用效果评价时,该企业把年利率(名义利率)误认为有效利率。请问该企业少算多少利息?

【解】 该企业原计算的本利和为

$$F_1 = 200 \times (1 + 0.15)^5 = 402.27(万元)$$

而有效利率应为

$$i = \left(1 + \frac{0.15}{52}\right)^{52} - 1 = 16.16\%$$

这样,实际的本利和应为

$$F_2 = 200 \times (1 + 0.161\ 6)^5 = 422.97(万元)$$

少算的利息为

$$F_2 - F_1 = 422.97 - 402.27 = 20.70(万元)$$

第三节　资金等值计算

一、资金等值计算的相关参数

为了更好地理解和掌握资金等值计算,首先应掌握与资金等值计算有关的名词。

(1)现值(P)。现值表示发生在时间序列起点处的资金价值,或者将未来某时点的价值折算为时间序列起点处的价值,该时点的资金价值称为资金的现值。时间序列的起点通常称为零期或期初,一般是项目进行分析评价时的起点。所以在进行项目评价时,必须将预测的项目在以后建设、生产经营过程中出现的收入与支出的资金值折算为现值,在同一时点上(这时才具有可比性)对该项目的实施方案进行评价,使评价结果更接近实际投资效果。

(2)折现。折现又称为贴现,是指时间序列上某一时点(或一系列时点)的资金价值折算为现值的过程。折现必须以一定的利率(折现率)为条件,利率不同,则折算成的现值的大小不同。某时点的资金折算为现值的大小为该时点(一系列时点)的资金值与相应利息之差。

$$现值=某时点(或一系列时点)的资金值-利息 \tag{4-6}$$

其中利息的计算时段为零点至该时点(或一系列时点)。

(3)年金(A)。年金表示在一段连续的时点上都有等金额的现金流出或流入。在现金流量的构成要素中有一项年经营成本,其中涉及很多类似年金的费用,如利息、租金、保险金、养老金等,在每个核算期内,数额相等,可作年金处理。

(4)终值(F)。终值表示将时间序列上某时点发生的资金换算为时间序列终点时资金的价值,或者本身就发生在时间序列终点的现金流量(属预测价值)。常见的项目寿命期结束时间回收的流动资金、回收的固定资产残值等都发生在时间序列的终点上,所以称之为终值。

(5)计息周期数。计息周期数用 n 表示,是指计算资金利息的次数。在进行项目评价时,一般以其整个寿命周期作为确定计息次数的时间段。具体确定计息次数时还应考虑给定的利率周期,在有些情况下两者可能不一致。

二、常用的资金等值换算公式

不同时间发生的等额资金在价值上是不等的，把一个时点上发生的资金金额折算成另一个时点上的等值金额，称为资金的等值计算。

复利等值计算公式可分为一次支付系列、等额支付系列和等差支付系列三大系列。其包含的各基本公式分别介绍如下。

1. 一次支付系列本利和公式

所谓一次支付，简单地说就是借款在贷款期终时本利一次还清。其现金流量图如图 4-1 所示。其中，图 4-1(a)所示为借方现金流量图；图 4-1(b)所示为贷方现金流量图。

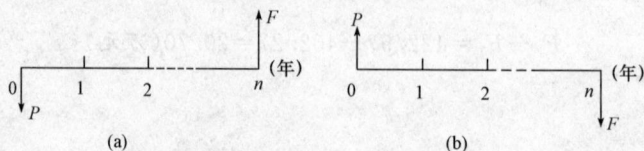

图 4-1 借贷方现金流量图

(a)借方现金流量图；(b)贷方现金流量图

一次支付本利和公式，即前面所介绍的复利计算的求本利和公式。

当投资一笔资金 P，或借入一笔资金 P 时，即已知本金为 P，利率为 i，以复利计息，则 n 期期末的可回收或该偿还的金额，即复利计算的本利和。

$$F = P(1+i)^n \tag{4-7}$$

式中，$(1+i)^n$ 称为一次支付终值系数，通常用符号 $(F/P, i, n)$ 来表示。这样，式(4-7)可以写成

$$F = P(F/P, i, n) \tag{4-8}$$

公式中的系数 $(F/P, i, n)$ 可以在复利系数表(见本书附录)中查出。

【例 4-3】 某建筑公司进行技术改造，于 2012 年年初贷款 100 万元，于 2013 年年初贷款 200 万元，年利率为 8%，于 2015 年年末一次偿还，请问共需还款多少元？

【解】 先画现金流量图，如图 4-2 所示。

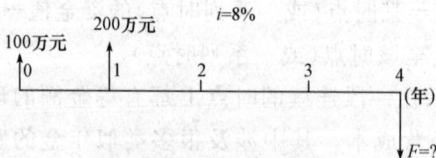

图 4-2 现金流量图

已知 $P_1 = 100$，$P_2 = 200$，$i = 8\%$，$n_1 = 4$，$n_2 = 3$，根据式(4-7)，求 F 得：

$$
\begin{aligned}
F &= F_1 + F_2 \\
&= P_1 \times (F/P, i, n_1) + P_2 \times (F/P, i, n_2) \\
&= 100 \times (F/P, 8\%, 4) + 200 \times (F/P, 8\%, 3) \\
&= 100 \times 1.3605 + 200 \times 1.2597 \\
&= 387.99 (万元)
\end{aligned}
$$

所以，4 年后应还款 387.99 万元。

2. 一次支付系列现值公式

如果计划 n 年后积累一笔资金 F，利率为 i，问现在一次投资 P 应为多少？这个问题相当于已知终值 F、利率 i 和计算期数，求现值 P。

通过对式(4-7)进行变换，得

$$P = F \frac{1}{(1+i)^n} \tag{4-9}$$

式中，$1/(1+i)^n$ 称为一次支付现值系数，并用符号 $(P/F, i, n)$ 表示。这样，式(4-9)可写成

$$P = F(P/F, i, n) \tag{4-10}$$

同理，公式中的系数 $(P/F, i, n)$ 可以在复利系数表(见本书附录)中查出。

【例 4-4】 某公司对收益率为 15% 的项目投资，希望 8 年后能得到 1 000 万元，计算现在需投资多少。

【解】 先画现金流量图，如图 4-3 所示。

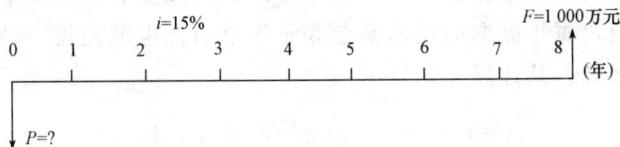

图 4-3　现金流量图

已知 $F = 1\,000$，$i = 15\%$，$n = 8$，根据式(4-9)，求 P 得：

$$P = F \times (P/F, i, n) = 1\,000 \times (P/F, i, n) = 327 (万元)$$

或

$$P = F \frac{1}{(1+i)^n} = 1\,000 \times \frac{1}{(1+15\%)^8} = 327 (万元)$$

所以，现在需投资 327 万元。

3. 等额支付系列

等额支付系列是多次收付形式的一种。

多次收付是指现金流量不是集中在一个时点上发生，而是发生在多个时点上。现金流量的数额大小可以是不等的，也可以是相等的。当现金流量大小相等时，发生时间是连续的，就称为等额支付系列，其现金流量又叫作年金。

年金是指一定时期内每次等额收付的系列款项，通常记作 A。值得注意的是，年金并未强调时间间隔为一年。年金的形式多种多样，如保险费、养老金、折旧、租金、等额分期收款、等额分期付款以及零存整取或整存零取储蓄等，都存在年金问题。年金按其每次收付发生的时点不同，可分为普通年金、即付年金、递延年金、永续年金等。

(1)普通年金终值的计算(已知年金 A，求年金终值 F)。普通年金是指从第一期起，在一定时期内每期期末等额发生的系列收付款项，又称为后付年金。

如果年金相当于零存整取储蓄存款的零存数，那么，年金终值就是零存整取的整取数，年金终值的计算公式为

$$F = A(1+i)^0 + A(1+i)^1 + A(1+i)^2 + \cdots + A(1+i)^{n-2} + A(1+i)^{n-1} \tag{4-11}$$

整理式(4-11)，可得：

$$F = A \times \frac{(1+i)^n - 1}{i} = A(F/A, i, n) \tag{4-12}$$

式(4-12)中的系数$(F/A, i, n)$可从书后附录中查得。

【例4-5】 李某在5年内每年年末在银行存款100万元，存款利率为10％，李某5年后应从银行取出本利和为多少？

【解】 其现金流量图如图4-4所示。

$$\begin{aligned}
F &= 100 \times \frac{(1+10\%)^5 - 1}{10\%} \\
&= 100 \times (F/A, 10\%, 5) \\
&= 100 \times 6.105\,1 \\
&= 610.51(\text{万元})
\end{aligned}$$

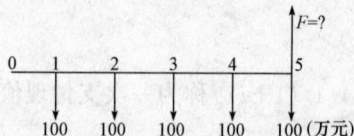

图4-4 李某银行存款的现金流量图

(2)年偿债基金的计算(已知年金终值F，求年金A)。偿债基金是指为了在约定的未来某一时点清偿某笔债务或积聚一定数额的资金而必须分次等额形成的存款准备金。由于每次形成的等额准备金类似年金存款，因而同样可以获得按复利计算的利息，所以债务总额实际上等于年金终值，每年提取的偿债基金等于年金A。也就是说，偿债基金的计算实际上是年金终值的逆运算。其计算公式为

$$A = F \times \frac{i}{(1+i)^n - 1} = F(A/F, i, n) \tag{4-13}$$

式中，$\dfrac{i}{(1+i)^n - 1}$称为"偿债基金系数"，记作$(A/F, i, n)$，它与年金终值系数$(F/A, i, n)$互为倒数。

【例4-6】 张某希望能在10年后得到一笔4 000元的资金，在年利率为5％的条件下，张某需每年均匀地存入银行多少现金？

【解】 其现金流量图如图4-5所示。

根据式(4-13)可求得：

$$\begin{aligned}
A &= F \times \frac{i}{(1+i)^n - 1} = 4\,000 \times \frac{0.05}{(1+0.05)^{10} - 1} \\
&= 4\,000 \times 0.079\,5 = 318.02(\text{元})
\end{aligned}$$

即张某每年应存入银行318.02元。

(3)普通年金现值的计算(已知年金A，求年金现值P)。年金现值是指一定时期内每期期末等额收付款项的复利现值之和。年金现值的计算公式为

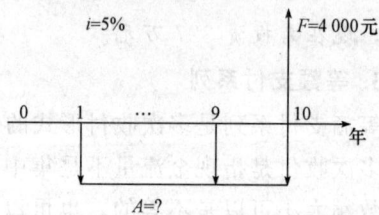

图4-5 已知终值求年金的现金流量图

$$P = A(1+i)^{-1} + A(1+i)^{-2} + \cdots + A(1+i)^{-(n-1)} + A(1+i)^{-n} \tag{4-14}$$

整理式(4-14)，可得：

$$P = A \times \frac{(1+i)^n - 1}{i(1+i)^n} = A(P/A, i, n) \tag{4-15}$$

式中，$\dfrac{(1+i)^n - 1}{i(1+i)^n}$称为"年金现值系数"，记作$(P/A, i, n)$。

【例4-7】 王某为了在未来的10年中，每年年末取回5万元，已知年利率为8％，现需向银行存入多少现金？

【解】 其现金流量图如图4-6所示。

$$P=5\times(P/A,8\%,10)=33.55(万元)$$

即王某现需向银行存入 33.55 万元。

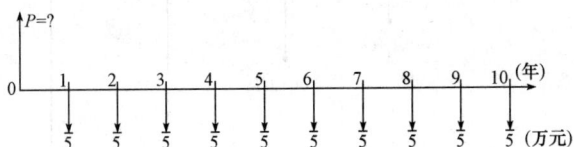

图 4-6 某银行年金现金流量图

(4)年资本回收额的计算(已知年金现值 P，求年金 A)。资本回收是指在给定的年限内等额回收初始投入资本或清偿所欠债务的价值指标。年资本回收额的计算是年金现值的逆运算，资本回收公式可以通过复利终值公式与年金终值公式，以 n 时间点为等值转换点变换求得。其现金流量图如图 4-7 所示。其计算公式为

$$A=P\times\frac{i(1+i)^n}{(1+i)^n-1}=P(A/P,i,n) \tag{4-16}$$

式中，$\dfrac{i(1+i)^n}{(1+i)^n-1}$ 称为"资本回收系数"，记作 $(A/P,i,n)$。

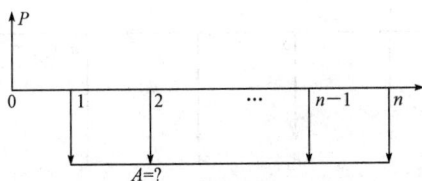

图 4-7 资本回收现金流量图

【**例 4-8**】 某企业现借 100 万元的借款，在 10 年内以年利率 12% 等额偿还，则每年应付金额是多少?

【**解**】 其现金流量图如图 4-8 所示。

$$A=100\times\frac{12\%}{1-(1+12\%)^{-10}}$$

$$=100\times0.1770=17.7(万元)$$

或

$$A=100\times[1/(P/A,12\%,10)]=100\times(1/5.6502)\approx17.7(万元)$$

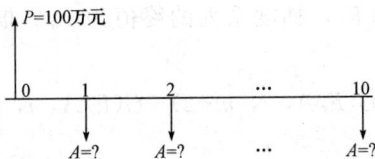

图 4-8 贷款的现金流量图

4. 均匀梯度支付系列

均匀梯度支付系列，即每年以一固定的数值(等差)递增(或递减)的现金支付情况，如由于机械设备老化每年的维修费以固定的增量支付等。这种情况的现金流量图如图 4-9 所示。

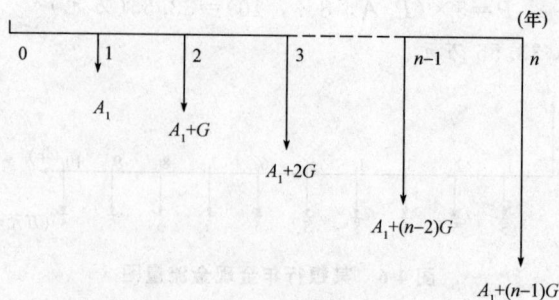

图 4-9　均匀梯度支付系列的现金流量图

第一年年末的现金支付是 A_1，第二年年末的现金支付是 A_1+G（G 为等差值），第三年年末的现金支付是 A_1+2G，……，第 n 年年末的现金支付是 $A_1+(n-1)G$。如果把图 4-9 所示的均匀梯度支付系列的现金流量图分解成由两个系列组成的现金流量图，一个是等额支付系列，年金为 A_1［图 4-10(a)］，另一个是 0，G，$2G$，…，$(n-1)G$ 组成的梯度系列［图 4-10(b)］。其中第一种情况是我们熟悉的，于是，剩下的就是寻求图 4-10(b) 所示梯度系列的解决途径。

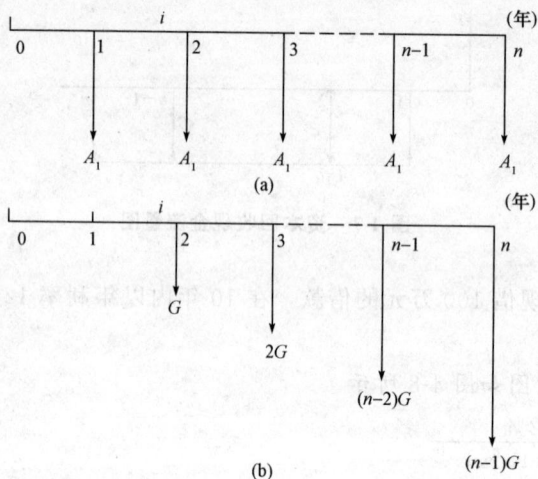

图 4-10　梯度系列现金流量图分解

(a)等额支付系列；(b)梯度系列

设等额支付系列的终值为 F_1，梯度系列的终值为 F_2。根据图 4-10 所示，梯度系列终值 F_2 为

$$F_2 = G(F/A, i, n-1)+G(F/A, i, n-2)+G(F/A, i, n-3)+\cdots+G(F/A, i, 2)+G(F/A, i, 1)$$

$$= G\,\frac{(1+i)^{n-1}-1}{i} + G\,\frac{(1+i)^{n-2}-1}{i} + G\,\frac{(1+i)^{n-3}-1}{i} + \cdots + G\,\frac{(1+i)^{2}-1}{i} + G\,\frac{(1+i)-1}{i}$$

$$= \frac{G}{i}\left[(1+i)^{n-1}+(1+i)^{n-2}+(1+i)^{n-3}+\cdots+(1+i)^{2}+(1+i)-(n-1)\times 1\right]$$

$$= \frac{G}{i}\left[(1+i)^{n-1}+(1+i)^{n-2}+(1+i)^{n-3}+\cdots+(1+i)^2+(1+i)+1\right]-\frac{nG}{i}$$

$$= \frac{G}{i}\left[\frac{(1+i)^n-1}{i}\right]-\frac{nG}{i}$$

$$F=F_1+F_2$$

从而

$$F = A_1\frac{(1+i)^n-1}{i}+\frac{G}{i}\left[\frac{(1+i)^n-1}{i}\right]-\frac{nG}{i} \qquad (4\text{-}17)$$

$$= \left(A_1+\frac{G}{i}\right)\times\frac{(1+i)^n-1}{i}-\frac{nG}{i}$$

用符号表示,式(4-17)还可以写成:

$$F = \left(A_1+\frac{G}{i}\right)(F/A,\ i,\ n)-\frac{nG}{i}=A_1(F/A,\ i,\ n)+G(F/G,\ i,\ n) \qquad (4\text{-}18)$$

式中,$(F/G,\ i,\ n)$为定差(等差)终值系数。

均匀梯度支付系列现值和等值年金的计算公式,可以在式(4-17)的基础上,再按一次支付和等额支付系列的公式进一步求解。

比如,均匀梯度支付现值的计算公式为

$$P = F(P/F,\ i,\ n)=\left(A_1+\frac{G}{i}\right)\frac{(1+i)^n-1}{i}\times\frac{1}{(1+i)^n}-\frac{nG}{i}\times\frac{1}{(1+i)^n}$$

$$= \left(A_1+\frac{G}{i}\right)(P/A,\ i,\ n)-\frac{nG}{i}(P/F,\ i,\ n) \qquad (4\text{-}19)$$

均匀梯度支付等值年金公式为

$$A = A_1+F_2(A/F,\ i,\ n)$$

$$= A_1+\left[\frac{G}{i}\times\frac{(1+i)^n-1}{i}-\frac{nG}{i}\right](A/F,\ i,\ n)$$

$$= A_1+\frac{G}{i}-\frac{nG}{i}(A/F,\ i,\ n) \qquad (4\text{-}20)$$

对于递减支付系列(即第 1 年年末支付 A_1,第 2 年年末支付 A_1-G,……)的情况,只需改变相应项的计算符号,即将其视为每年增加一个负的数额,仍可应用式(4-16)~式(4-20)进行计算。

【例 4-9】 某建筑机械的维修费用,第 1 年为 200 元,以后每年递增 50 元,该机械服务年限为 10 年。问服务期内全部维修费用的现值为多少?($i=10\%$)

【解】 已知 $A_1=200$ 元,$G=50$ 元,$i=10\%$,$n=10$ 年,计算均匀梯度支付现值 P。

由式(4-18)可知:

$$P = \left(A_1+\frac{G}{i}\right)(P/A,\ i,\ n)-\frac{nG}{i}(P/F,\ i,\ n)$$

$$= \left(200+\frac{50}{0.1}\right)(P/A,\ 10\%,\ 10)-\frac{10\times50}{0.1}(P/F,\ 10\%,\ 10)$$

$$= 700\times6.144\ 6-5\ 000\times0.385\ 5$$

$$= 2\ 373.72(元)$$

所以,均匀梯度支付现值为 2 373.72 元。

5. 基本公式小结及注意事项

(1)复利计算的一次支付系列、等额支付系列和均匀梯度支付系列基本公式小结见表4-3。

（2）注意事项。现金流量图上，本年年末即等于下年年初。如 0 点（即 0 年年末）就是第 1 年年初，第 1 年年末（1 点）为第 2 年年初等。

1）当求 F 与 A 之间的等值换算时，现金流量图上最后一个 A 与 F 同时发生。

2）当求 P 与 A 之间的等值换算时，第一个 A 与 P 隔 1 期，即 P 在第一个 A 前期发生。均匀梯度系列中，第 1 个 G 发生在梯度系列的第 2 年年末（图 4-9）。

表 4-3　用复利法计算资金时间价值基本公式汇总表

收付类别	公式名称	已知	求	普通复利公式
一次支付系列	终值公式	P	F	$F=P(1+i)^n,\ F=P\left(\dfrac{F}{P},\ i,\ n\right)$
	现值公式	F	P	$P=F\dfrac{1}{(1+i)^n},\ P=F\left(\dfrac{P}{F},\ i,\ n\right)$
等额支付系列	年金终值公式	A	F	$F=A\dfrac{(1+i)^n-1}{i},\ F=A\left(\dfrac{F}{A},\ i,\ n\right)$
	积累基金公式	F	A	$A=F\dfrac{i}{(1+i)^n-1},\ A=F\left(\dfrac{A}{F},\ i,\ n\right)$
	年金现值公式	P	A	$A=P\dfrac{i(1+i)^n}{(1+i)^n-1},\ A=P\left(\dfrac{A}{P},\ i,\ n\right)$
	资金回收公式	A	P	$P=A\dfrac{(1+i)^n-1}{i(1+i)^n},\ P=A\left(\dfrac{P}{A},\ i,\ n\right)$
均匀梯度支付系列	终值公式	G	F	$F=\left(A_1+\dfrac{G}{i}\right)\times\dfrac{(1+i)^n-1}{i}-\dfrac{nG}{i}$ $=\left(A_1+\dfrac{G}{i}\right)\left(\dfrac{F}{A},\ i,\ n\right)-\dfrac{nG}{i}$
	现值公式	G	P	$P=\left(A_1+\dfrac{G}{i}\right)\dfrac{(1+i)^n-1}{i}\times\dfrac{1}{(1+i)^n}-\dfrac{nG}{i}\times\dfrac{1}{(1+i)^n}$ $=\left(A_1+\dfrac{G}{i}\right)\left(\dfrac{P}{A},\ i,\ n\right)-\dfrac{nG}{i}\left(\dfrac{P}{F},\ i,\ n\right)$
均匀梯度支付系列	等值年金公式	G	A	$A=A_1+\dfrac{G}{i}-\dfrac{nG}{i}\left[\dfrac{i}{(1+i)^n-1}\right]$ $=A_1+\dfrac{G}{i}-\dfrac{nG}{i}\left(\dfrac{A}{F},\ i,\ n\right)$

本章小结

通常用利息额的多少作为衡量资金时间价值的绝对尺度，用利息率作为衡量资金时间价值的相对尺度。特定利率下不同时点上绝对数额不等而经济价值相等的若干资金称为等值资金。不同时间发生的等额资金在价值上是不等的，把一个时点上发生的资金金额折算成另一个时点上的等值金额，称为资金的等值计算。

1. ××希望 3 年后获得 20 000 元的资金，现在 3 年期贷款利率为 5%，那么××现在贷款多少出去才能实现目标？

2. 王明同学于 2010 年 7 月参加工作，为了买房，他从当年 8 月 1 日开始每月存入银行 500 元，以后每月递增存款 20 元，连续存 5 年。若存款月利率为 2%，问：

(1) 王明同学在 2015 年 8 月 1 日可以从银行取出多少钱？

(2) 他每月平均存入银行多少钱？

(3) 所有这些存款相当于王明在 2010 年 8 月 1 日一次性存入银行多少钱？

3. 假如老李现在一次性向老张借款 30 000 元，双方约定在今后的 3 年内每月等额偿还 1 000 元，按月计算利息。问：老李还款的月实际利率、年实际利率和年名义利率各是多少？

4. 某工程项目 5 年前投资 100 万元，第一年年末就投入生产并获利。截至目前每年年收入为 20 万元，每年的维修保养费为 1 万元。预计该工程还能继续使用 5 年，今后 5 年内每年收益为 15 万元，维修费仍为每年 1 万元。5 年后资产全部回收完并报废。试画出该项目的现金流量图。

5. 某人现在向银行借款 5 000 元，约定 3 年后归还。若银行借款利率为 5.5%，试分别按单利和复利计算 3 年后此人应归还银行多少钱。对还款人来说，哪种计算利息的方式合算？

6. 蔡某按单利年利率 6% 借款 20 000 元给胡某，3 年后蔡某收回了借款，又将全部本利和贷款给李某，约定贷款年利率为 5%，期限为 2 年，但按复利计算。问：蔡某最后收回贷款时能收回多少钱？

第五章 投资方案的比较与选择

通过本章的学习，了解投资方案的评价指标的含义、投资方案经济评价指标的类型；熟悉工程项目经济指标体系；掌握工程项目方案的选择。

能够明确投资方案经济效益评价指标和评价原则；能够对工程项目经济效益评价方案进行比较与分析。

第一节 投资方案的评价指标

从统计学上讲，指标是指反映社会经济现象总体数量特征的概念与数值，这个数值既可以是绝对数和相对数，又可以是平均数。工程经济学中的指标则是反映投资项目经济效益的数值标准，是事先确定的目标。指标既可以是"硬指标"，又可以是"软指标"。"硬指标"是指可以用具体数值来表示的指标，"软指标"是不能用具体的、准确的数值来表示，而只能用模糊的概念来表示的指标。在工程经济分析中，两类指标缺一不可。

建设项目经济性的指标反映着项目的经济性。由于工程项目的复杂性和评价目标的多样性，在进行方案的经济性评价时，要做到以下两点：

(1)根据需要，科学恰当地选用具体评价指标，以保证准确衡量方案的经济效益状况；

(2)把多个指标结合起来使用，从而使不同指标可取长补短，达到全面评价的目的。

一、经济评价指标的分类

经济评价指标可以按不同标准进行分类。

(1)按是否考虑时间因素，经济评价指标分为静态评价指标和动态评价指标。静态评价指标不考虑时间因素，忽略资金运动中的增值作用；动态评价指标则考虑时间因素，在评价指标的计算过程中必须把资金的时间价值计算进去。静态评价指标计算简单，但其忽略了资金的时间价值，所以反映方案的经济效益不准确，因而一般只作为辅助指标使用；动态评价指标虽计算烦琐，但其体现了资金的增值规律，准确反映了方案的经济效益状况，是目前常用的评价指标。

(2)按评价指标的性质，经济评价指标分为盈利能力分析指标、清偿能力分析指标和财务生存能力分析指标。

(3)按经济性质，经济评价指标分为时间性指标、价值性指标和比率性指标。时间性指标以时间衡量方案的经济效益状况；价值性指标以货币量（价值量）为衡量方案经济效益的尺度；比率性指标反映方案消耗或占用资源的使用效率。

二、经济评价指标体系

单个评价指标只能说明评价对象某一个方面的特征，具有片面性。评价一个工程项目需要很多指标，但这些指标不是孤立的，是相互联系的。因此，必须把反映经济效益数值特征的诸指标结合起来，形成一系列相互联系的指标体系，即经济评价指标体系。

所谓经济评价指标体系，是指从不同的角度、不同的侧面，全面反映、评价、说明工程项目或技术方案的经济效果的一系列相互联系、相互配合、相互补充的整体性指标。经济效果评价指标体系主要包括反映劳动成果（或收益）类指标、反映劳动耗费类指标及同时反映劳动成果（或收益）类和劳动耗费类指标。

（一）反映劳动成果（或收益）类指标

反映劳动成果（或收益）类指标是指反映工程项目或技术方案的有用成果指标，主要包括产品数量指标、产品品种指标、产品质量指标和产品利润指标等。

1. 产品数量指标

产品数量指标是指反映工程项目或技术方案所产生的满足要求的直接有用成果数量的大小的指标，既可用实物量表示，又可用价值量表示。用实物量表示如台、套、吨、件等；用价值量表示主要是指用货币资金表示，包括商品产值、总产值和净产值。

（1）商品产值。商品产值是指在一定时期内，工程项目或技术方案所产生的以货币资金表示的可供销售的产品产量和工业性作业的数量，它包括自备原材料生产的成品价值、外销半成品价值、订货者来料加工生产的产品的加工价值、对外承接的工业性作业的价值等，但不包括生产自己使用的产品的价值、出售废品的价值、出售不成套产品的价值、非工业产品和非工业性作业的价值，也不包括转手销售商品、半成品和原材料的价值及销售来料加工的来料与工业性作业原材料的价值。

【小提示】 企业作为商品的生产者和经营者，只有把生产的产品提供给社会，才能加速资金的周转，提高自身的经济效益。

（2）总产值是指在一定时期内，工程项目或技术方案所产生的以货币资金表示的工作总量，包括项目企业生产的符合产量标准的入库成品价值（包括自备原材料的价值和来料加工的材料的价值）、对外承接的工业性作业价值、自产自用的产品价值、半成品价值和在制品期末与期初结存量差额的价值等。

（3）净产值。净产值是指在一定时期内，从总产值中扣除了各种物资消耗的价值以后的余额。它是工程项目或技术方案在计算期内新创造的价值，包括劳动者为自己创造的价值和为社会创造的价值，而不包括生产资料的转移价值。

2. 产品品种指标

产品品种指标是指经济用途相同而实际使用价值有差异的同种产品。品种指标是衡量一个国家技术水平高低的重要指标，品种越多，要求的技术水平越高。品种指标包括品种数、新产品增加数、新品种代替老产品的百分比、产品配套率、产品自给率等。

3. 产品质量指标

产品质量指标是指产品所具有的特性和满足使用者要求的程度。产品的特性包括产品的性能、寿命、可靠性、安全性和经济性。通常反映产品质量的指标大致可以分为反映产品本身内在特性的指标和反映产品生产过程中的工作质量的统计指标两类。

反映产品本身内在特性的指标包括产品的性能、寿命、可靠性、安全性和经济性等指标(表5-1)。

表 5-1 反映产品本身内在特性的指标

序　号	项　　目	内　　容
1	性能	性能是指产品满足用户使用目的所具备的技术性能和功能,包括产品的加工精度、自动化程度、操作方便性、工艺性能、造型、色彩和包装等。如电冰箱可以制冷,灯泡可以发光,钢卷尺的丈量误差不超过±0.01 cm等都是产品的性能
2	寿命	寿命是指产品按照使用要求使用时,经济有效地使用的年限。如一台电视机在正常情况下可以观看1万小时,一辆汽车在正常环境下可以运行30万千米等就是产品的寿命
3	可靠性	可靠性是指产品在规定的条件和规定时间内完成规定功能的能力。可靠性一般包括耐久性、易维修性和设计可靠性。如汽车运行20万千米内不大修就是产品的可靠性
4	安全性	安全性是指产品在正常的操作过程中,不发生人身伤害和危害环境的保证程度。如电视机不发生爆炸就是产品的安全性
5	经济性	经济性是指产品的制造成本和使用成本之和在保证上述4项特性的基础上,总成本最低。如购买价格低,使用中耗水、耗电、耗油最少,维修费用最少等都属于产品的经济性

反映产品生产过程中的工作质量的统计指标,包括产品合格率、等级品率、废品率、产品返修品率等指标(表5-2)。

表 5-2 反映产品生产过程中的工作质量的统计指标

序　号	项　　目	内　　容
1	产品合格率	产品合格率是指合格产品数量与检验产品数量(包括合格品、等外品、废品)的比率
2	等级品率	等级品率是指不同等级的产品在总产量中所占的比重
3	废品率	废品率是指不满足产品质量要求的且不可修复的废品的数量与产品总产量之比
4	产品返修品率	产品返修品率是指不能满足产品质量要求,但又可以修复,并进行了返修的产品的数量占总产品量的比重

4. 产品利润指标

产品利润指标是反映工程项目或技术方案经济成果的综合性指标,包括利润总额和利润率指标。

(1)利润总额指投资项目或技术方案在一定时期内获得的全部生产经营成果。其可以用销售利润、投资收益和营业外支出净额表示。

(2)利润率指标是利润总额与对应资金总额之比,包括资本金利润率、销售收入利润率和成本费用利润率等指标(表5-3)。

表 5-3 利润率指标

序 号	项 目	内 容
1	资本金利润率	资本金利润率是指投资项目或技术方案的利润总额与资本金总额的比率，资本金利润率是衡量投资者投入项目资本金的获利能力，还是向投资者分配股利的重要参考依据
2	销售收入利润率	销售收入利润率是指工程项目或技术方案的利润总额与销售收入净额的比率。 所谓销售收入净额，是指企业销售收入减去当期销售收入中扣除的项目，如销售折扣、销售折让和销售退货等。 销售收入利润率反映企业每百元销售收入所创造的利润
3	成本费用利润率	成本费用利润率指工程项目或技术方案的利润总额与成本费用总额的比率。它反映项目的投入与产出的比例关系

【小提示】 反映劳动成果（或收益）类指标的描述要结合实际工程项目来确定，对于不同的工程项目，这些指标的表示方式不同。

(二)反映劳动耗费类指标

反映劳动耗费类指标主要有年总成本费用指标、投资指标和时间指标。

1. 年总成本费用指标

年总成本费用是指项目在一定时期内（一年内）为生产和销售产品而花费的全部成本费用，包括生产成本、管理费用、财务费用和销售费用。生产成本包括直接材料费用、直接人工费用、其他直接费用和分摊的制造费用。

2. 投资指标

投资指标是指人们在社会经济活动中为实现某种预定的生产、经营目标而预先垫付的资金。根据投资后形成资产的形态，投资可以分为固定资产投资和流动资产投资。投资既可以用总投资额表示，又可以用单位产品投资额表示。

总投资额指实现方案的固定资产投资、建设期贷款利息和流动资金投资的总和。总投资额表示项目或方案全部投资的多少，也表示建设规模和施工工作量的大小，同时它也是投资计划拨款和项目经济核算的依据。从工程造价的不同阶段来看，投资总额可分为投资估算、投资概算和投资预算。一般投资估算是在项目前期决策阶段很粗略地进行，准确度只有 20% 左右。投资概算是在项目初步设计阶段完成的，比估算深入。投资预算是在施工图设计阶段很细致地进行的，可以作为工程价款结算的依据和项目考核的依据。

【小提示】 总投资额只能反映总的投资规模，对不同产量的工程项目或方案，难以反映其劳动耗费，不能进行劳动耗费的比较，所以还是要用单位产品投资额表示。

3. 时间指标

时间指标是指实现项目或技术方案所需要耗费的时间，如产品研制时间，项目寿命周期，工程项目建设周期，产品生产周期，新建或扩建、改建项目达到设计生产能力需要的时间，项目的投资回收期等。

(三)反映劳动成果（或收益）类和劳动耗费类指标

反映劳动成果（或收益）类和劳动耗费类指标分为绝对经济效益指标和相对经济效益指标。

1. 绝对经济效益指标

绝对经济效益指标是反映工程项目或技术方案本身经济效益的大小的指标，包括劳动生产率、材料利用率、设备利用率、固定资产盈利率和流动资金周转次数，具体内容见表5-4。

表5-4　绝对经济效益指标

序　号	项　目	内　容
1	劳动生产率	劳动生产率是指人们在单位时间内的劳动效果和能力或者指平均每人的劳动生产成果
2	材料利用率	材料利用率是一种物化劳动消耗指标
3	设备利用率	设备利用率是指企业实际使用的设备台数与企业拥有的全部设备数的比值，也可以指企业实际使用的设备时间数与设备台账时间数之比
4	固定资产盈利率	固定资产盈利率是指企业在一定时期内的盈利额与占用的固定资产数量之比
5	流动资金周转次数	流动资金周转次数是综合反映流动资金在一定时期内周转速度的指标

2. 相对经济效益指标

相对经济效益指标是反映一个方案相对于另一个方案的经济效益指标，是比较两个方案相对优劣的指标。这些指标有差额投资回收期、差额净现值、差额投资收益率、差额内部收益率、计算费用等。

三、反映劳动成果(或收益)类指标的计算

(一)产品数量指标的计算

产品数量指标的大小反映了项目向社会提供的产品数量及其价值，一般用现行价格(报告期内的实际出厂价格，包括产品的成本、税金和利润)计算，是项目企业计算销售收入、进行产销平衡和计算利润的重要依据。

下面主要介绍商品产值的计算。

商品产值的计算可用下式表示：

$$商品产值＝(成为商品的成品数量＋半成品数量)×出厂价格＋$$
$$来料加工价值＋工业性作业收入\qquad(5-1)$$

(1)总产值。总产值的大小反映了项目企业的生产水平和规模，由消耗生产资料而转移得到的价值和劳动者创造出的价值之和组成。总产值的计算一般采用不变价格(为了统计计算方便，把历史上某一年的产品出厂价格固定下来，在相当长的一段时间内，作为全国的统一计算价格)。总产值只能反映项目企业生产经营成果的一个方面，不宜单独用作衡量和考核企业生产经营效果的依据。总产值可用下式表示：

$$总产值＝商品产值＋来料加工的材料的价值＋自产自用的产品和半成品的价值＋$$
$$(期末在制品价值－期初在制品价值)\qquad(5-2)$$

(2)净产值。净产值指标能准确反映项目在一定时期内的生产成果，它反映了企业增产与降耗的水平，是衡量企业经济效益的重要指标。其计算公式为

$$净产值＝总产值－生产资料的转移价值 \tag{5-3}$$

【小提示】 在产品价格不变的情况下，净产值与产品产量成正比，与物资消耗成反比，即产品产量越大，净产值越大；产品产量越小，净产值越小。物资消耗越少，净产值越大；物资消耗越多，净产值越小。因为净产值采用现行价格计算，新创造的价值仍受价格的影响，所以对不同时期的净产值难以进行比较。

（二）产品质量指标的计算

反映产品生产过程中的工作质量指标（产品合格率、等级品率、废品率、产品返修品率）的计算公式如下：

$$产品合格率＝\frac{合格产品数量}{合格产品数量＋等外品数量＋废品数量}×100\% \tag{5-4}$$

$$等级品率＝\frac{某等级产品的产量}{某产品的总产量}×100\% \tag{5-5}$$

$$废品率＝\frac{不可修复的废品数量}{产品总产量}×100\% \tag{5-6}$$

$$产品返修品率＝\frac{返修产品数量}{产品总产量}×100\% \tag{5-7}$$

（三）产品利润指标的计算

1. 利润总额的计算

利润总额是项目产品的销售收入与总成本费用、产品销售税金及附加的差额，即

$$利润总额＝销售利润＋投资净收益＋营业外收入－营业外支出 \tag{5-8}$$

2. 利润率指标的计算

利润率指标（资本金利润率、销售收入利润率、成本费用利润率）的计算公式如下：

$$资本金利润率＝\frac{利润总额}{资本金总额}×100\% \tag{5-9}$$

$$销售收入利润率＝\frac{利润总额}{销售收入净额}×100\% \tag{5-10}$$

$$成本费用利润率＝\frac{利润总额}{成本费用总额}×100\% \tag{5-11}$$

【小提示】 一般情况下，资本金利润率指标越高，反映投资者资本的获利能力越大，反之越小；销售收入利润率越高越好；项目在一定时期内的成本费用水平越低，利润总额越高，项目的投入产出效果越好。

四、单位产品投资额的计算

单位产品投资额是指项目或技术方案的投资总额与其生产产品的总量之比。它反映了项目或技术方案的投资水平，使不同产量的方案可以进行劳动耗费的比较。单位产品投资额的计算公式为

$$单位产品投资额＝\frac{投资总额}{产品产量} \tag{5-12}$$

【小提示】 单位产品投资额的比率越小，说明劳动耗费越少；反之，劳动耗费越大。

五、绝对经济效益指标的计算

1. 劳动生产率

劳动生产率有两种表示方法，即劳动生产率和全员劳动生产率。

$$劳动生产率 = \frac{产品数量}{劳动时间} \tag{5-13}$$

式中，产品数量既可以是实物数量，又可以是货币数量；劳动时间一般用工时或年表示。

此时，劳动生产率表示人们在单位时间内生产的产品数量，反映劳动的效率。

$$全员劳动生产率 = \frac{总产量}{全部职工人数} \tag{5-14}$$

【小提示】 劳动生产率指标越大，说明经济效益越好。

全员劳动生产率反映了每个员工对项目或技术方案所做的贡献的大小。

2. 材料利用率

材料利用率有两种表示方法：一种是用单位材料制造的产品数量来表示材料的利用程度，另一种是用产品中的原材料数量与原材料总消耗量的对比来表示材料利用程度。其计算公式为

$$材料利用率 = \frac{产品产量}{材料总消耗量} \times 100\% \tag{5-15}$$

$$材料利用率 = \frac{产品中的原材料数量}{原材料总消耗量} \times 100\% \tag{5-16}$$

【小提示】 材料利用率指标越大，说明原材料利用程度越高，经济效益越好。

3. 设备利用率

设备利用率反映了企业生产用固定资产的实际运用情况，有两个计算式。

一个计算式为

$$设备利用率 = \frac{生产中实际使用的机器设备数}{企业拥有的全部机器设备数} \times 100\% \tag{5-17}$$

【小提示】 设备利用率越高，生产能力发挥越充分，说明企业的经济效益越好。

用式(5-17)计算的指标反映了企业固定资产在数量上的利用程度，即有多少在生产过程中发挥作用，有多少处于闲置状态。

另一个计算式为

$$设备利用率 = \frac{机器设备实际运转时数}{机器设备日历时数} \times 100\% \tag{5-18}$$

用式(5-18)计算的指标反映了设备在时间上的利用情况。

4. 固定资产盈利率

固定资产盈利率的计算公式为

$$固定资产盈利率 = \frac{企业全年盈利总额}{企业全年平均占用固定资产总额} \times 100\% \tag{5-19}$$

【小提示】 固定资产盈利率可以说明每百元固定资产产生的利润、税金。该指标越大，说明固定资产的产出率越高，经济效益越好。

5. 流动资金周转次数

流动资金周转次数的计算公式为

$$流动资金周转次数 = \frac{全年商品销售收入}{全年流动资金平均占用额} \times 100\% \qquad (5\text{-}20)$$

【小提示】 流动资金周转次数越多，说明企业流动资金周转速度越快，其利用效果越好，企业的经济效益也越好；反之，企业的经济效益越差。

第二节　投资方案的关系与分类

同一个目标可以通过多个方案实现，由于各个方案存在社会、技术、经济和环境的差异，它们实施后的效果不同。进行工程经济分析的实质，就是对可实现某一预定目标的多种方案进行分析、评价和比较，并从中选择一种最优方案。然而，进行比较的方案一方面必须能够可比，另一方面必须使用各种评价方法，否则就无法选择。所谓可比性，是指要进行比较，必须建立共同的比较基础和条件。可比性关系到评价结果的准确性，只有各比较的方案在相同的条件和基础上，才能进行比较和选择；否则，选择的结果可能是错误的。

要想正确评价工程项目方案的经济性，仅凭对评价指标的计算及判别是不够的，还必须了解工程项目方案所属的类型，从而按照方案的类型确定合适的评价指标，最终为作出正确的投资决策提供科学依据。

根据备选方案之间不同的关系，可将备选方案划分为不同的类型，所谓工程项目方案类型，是指一组备选方案之间所具有的相互关系。这种关系类型一般有单一方案（又称独立型方案）和多方案两类，而多方案又分为互斥型、互补型、现金流量相关型、组合-互斥型和混合相关型五种类型，如图 5-1 所示。

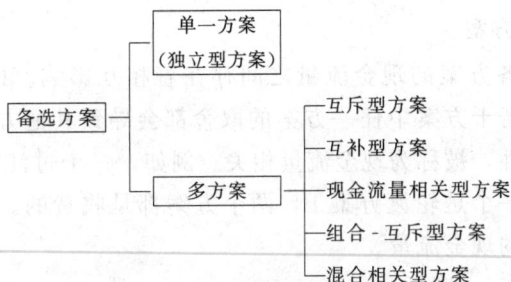

图 5-1　备选方案的类型

1. 独立型方案

独立型方案是指方案间互不干扰，即一个方案的选择不影响另一个方案的选择，在选择方案时可以任意组合，直到资源得到充分运用为止。例如，交通部门面临着在全国多省市修建若干条高速公路的提案，如果这些方案不存在资本、资源的限制，它们就是相互独立的，其中每一个方案称为独立方案。

2. 互斥型方案（又称排他型方案）

在若干备选方案中，各个方案彼此可以相互代替，因此方案具有排他性，若选择其中任何一个方案，则其他方案必须被排斥。这种择此就不能择彼的方案，就叫互斥型方案或排他型方案。在工程建设中，互斥型方案的类型见表 5-5。

表 5-5　互斥型方案的类型

评价标准	类 型	内 容
按服务寿命的长短不同分类	相同服务寿命的方案	参与对比或评价的方案的服务寿命均相同
	不同服务寿命的方案	参与对比或评价的方案的服务寿命均不相同
	无限寿命的方案	在工程建设中永久性工程即可视为无限寿命的工程，如大型水坝、运河工程等，其评价方案服务寿命为无限
按规模不同分类	相同规模的方案	参与对比或评价的方案具有相同的产出量或容量，在满足相同功能的数量方面具有一致性和可比性
	不同规模的方案	参与评价的方案具有不同的产出量或容量，在满足相同功能的数量方面不具有一致性和可比性

项目互斥型方案比较是工程经济评价工作的重要组成部分，也是寻求合理决策的必要手段。

3. 互补型方案

在多方案中，出现技术经济互补的方案称为互补型方案。根据互补方案之间相互依存的关系，互补方案可能是对称的，如建设一个大型非坑口电站，必须同时建设铁路、电厂，它们无论在建成时间、建设规模上都要彼此适应，缺少其中任何一个项目，其他项目就不能正常运行，它们之间既是互补的，又是对称的。此外还存在着大量不对称的经济互补，如建造一座建筑物 A 和增加一个空调系统 B，建筑物 A 本身是有用的，增加空调系统 B 使建筑物 A 更有用，但不能说在采用方案 A 的同时一定要采用方案 B。

4. 现金流量相关型方案

现金流量相关是指各方案的现金流量之间存在着相互影响。即使方案间不完全互斥，也不完全互补，但如果若干方案中任一方案的取舍都会导致其他方案现金流量的变化，这些方案之间也具有相关性，被称为现金流量相关。例如，一个过江项目，有两个考虑方案，一个是建桥方案 A，另一个是轮渡方案 B，两个方案都是收费的。此时任一方案的实施或放弃都会影响另一方案的现金流量。

5. 组合-互斥型方案

在若干可采用的独立型方案中，如果有资源约束条件，如受资金、劳动力、材料、设备及其他资源拥有量的限制，则只能从中选择一部分方案实施。例如，现有独立型方案 A、B、C、D，它们所需的投资分别为 10 000 元、6 000 元、4 000 元、3 000 元。若资金总额限量为 10 000 元，除方案 A 具有完全的排他性外，其他方案由于所需金额不大，可以互相组合，这样，可能选择的方案共有 A、B、C、D、B+C、B+D、C+D 七个组合方案。因此，当受某种资源约束时，独立型方案可以组成多种组合方案，这些组合方案之间是互斥或排他的。本例在资金总额为 10 000 元的条件下，七个组合方案就变成了互斥型方案。

6. 混合相关型方案

混合相关型方案是指项目方案群有两个层次：高层次是若干个相互独立型方案，其中每个独立型方案中又存在若干个互斥型方案；或者高层次是若干个互斥型方案，其中每个互斥型方案中又存在若干个独立型方案。例如，某公司的下属子公司分别进行新建、扩建和更新改造的三个相互独立的项目 A、B、C，而新建 A 项目有 A_1、A_2 两个互斥型方案，扩建 B 项目有 B_1、B_2 两个互斥型方案，更新改造 C 项目有 C_1、C_2、C_3 三个互斥型方案。那么，A_1、B_2、C_1 就是其中一个混合相关型方案。

第三节　独立型方案和互斥型方案的选择

一、独立型方案的选择

独立型方案经济评价选择的实质是在"做"与"不做"之间进行选择。因此，独立型方案在经济上是否可接受，取决于方案自身的经济性，即方案的经济效果是否达到或超过了预定的评价标准或水平。欲知这一点，只需通过计算方案的经济效果指标，并按照指标的判别准则加以检验就可做到。这种对方案自身经济性的检验叫作"绝对经济效果检验"。若方案通过了绝对经济效果检验，就认为方案在经济上是可行的，否则应予以拒绝。

1. 独立型方案静态选择

对独立型方案进行经济效果静态选择，主要是对投资方案的投资收益率或静态投资回收期 P_t 指标进行计算，并与确定的行业平均投资收益率或基准投资回收期 P_c 进行比较，以此判断方案经济效果的优劣，如图 5-2 所示。若方案的投资收益率大于行业平均投资收益率，则方案是可行的；或者投资方案的投资回收期 $P_t \leqslant P_c$，表明方案投资能在规定的时间内收回，方案是可以考虑接受的。

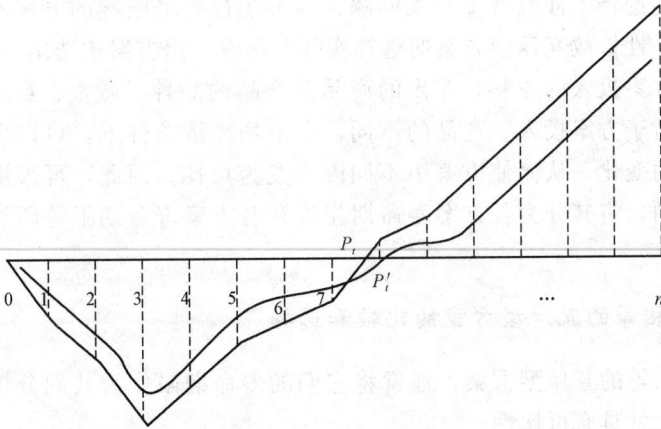

图 5-2　投资回收期示意

2. 独立型方案动态选择

对独立型方案进行经济效果动态选择，主要是应用净现值 NPV 和内部收益率 IRR 指标进行评价。

应用净现值 NPV 评价时，首先依据现金流量表和确定的基准收益率计算方案的净现值 NPV，根据净现值 NPV 的评价准则，当 $NPV \geqslant 0$ 时，方案在经济上是可行的。

应用内部收益率 IRR 评价时，首先依据现金流量表求出 IRR，然后与基准收益率 i_c 进行比较，最后评价选择方案。项目的内部收益率越大，显示投资方案的经济效果越好。

对常规投资项目，从图 5-3 所示的净现值函数图形可知：当 $IRR > i_1 = i_c$ 时，根据 IRR 的原理，方案可以接受；从图中可见，i_1 对应的 $NPV(i_1 = i_c) > 0$，根据 NPV 原理，方案也可接受。当 $IRR < i_2 = i_c$ 时，根据 IRR 原理，方案不能接受；i_2 对应的 $NPV(i_2 = i_c) < 0$，根据 NPV 原理，方案也不能接受。

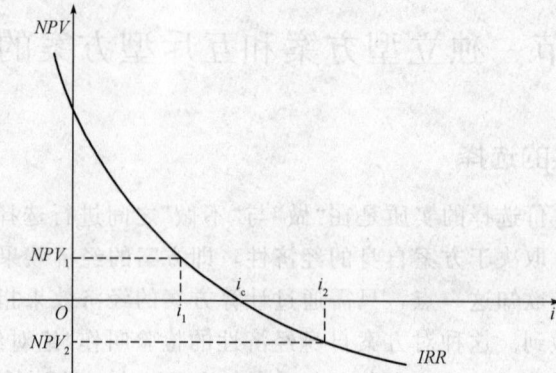

图 5-2　投资回收期示意

由此可见，对常规投资项目来说，用 NPV、IRR 分别评价独立型方案，其评价选择结论是一致的。

二、互斥型方案的选择

互斥型方案的选择不涉及资金约束问题，因为超过投资限额的方案不能参选，又因为方案之间具有互斥性，故互斥型方案的选择实际上是在一组方案中选出一个最优方案。

各个互斥型方案投入的原料，产出的产品及产品的品种、质量、数量，方案的寿命期限都不尽相同。对于方案投入、产品的不同，在市场经济条件下，可以表现为方案投入和产出在货币量上的变化，从而使方案中不同因素变为可比。因此，可采用根据互斥型方案寿命期限是否相同，将其分为各方案寿命期相等和各方案寿命期不等两类进行讨论的相对局部比较法。

（一）寿命期相等的互斥型方案的比较和选择

对于寿命期相等的互斥型方案，通常将它们的寿命期限作为共同分析期或计算期。这样，方案在时间上就具有可比性。

1. 净现值法

用净现值法对寿命相等的互斥型方案进行经济效益比选，按前述比较内容，需遵循如下步骤：

（1）绝对效益检验。备选方案需满足 $NPV \geqslant 0$ 的检验标准。备选方案只有满足 $NPV \geqslant 0$ 的标准，才表明其达到了行业基本经济要求，在经济上具有合理性。

（2）相对效益检验。需通过计算方案之间的追加投资额净现值（或称增量净现值、相对净现值）指标来判断方案的相对效益。具体过程如下：

1)将通过绝对效益检验的方案按投资额大小顺序排列。

2)构造投资额次小方案 A_2 相对于投资额最小方案 A_1 的追加投资方案(A_2-A_1)(或称相对投资方案、增量投资方案)。其年净现金流为

$$\Delta NCF_j = NCF_{2j} - NCF_{1j} \qquad (5\text{-}21)$$

式中　ΔNCF_j——追加投资方案(A_2-A_1)第 j 年的净现金流量。

3)计算追加投资方案的净现值,即追加投资净现值 ΔNPV_{2-1},并检验追加投资方案的经济性。

4)判断方案的相对效益。若 $\Delta NPV_{2-1} \geqslant 0$,则表明投资大的方案($A_2$ 方案)除了能达到投资小的方案(A_1 方案)的收益水平外,追加投资(或称相对投资、增量投资)也达到了经济性要求,因此,投资大的方案优。从经济上应选择投资大的方案为实施方案;反之,若 $\Delta NPV_{2-1} < 0$,则表明投资大的方案没能达到投资小的方案的收益水平,或追加投资没能达到最低经济要求,因此,投资小的方案优。从经济上应选择投资小的方案为实施方案。

5)用下一方案再与较优方案比较,重复步骤 2)~4),直至全部方案比较完毕。

(3)方案优选。根据相对效益比较,选择出最优方案。

【例 5-1】　方案 A、B、C 是互斥型方案,其净现金流量表见表 5-6。设基准折现率 $i_c = 10\%$,试进行方案评选。

表 5-6　互斥型方案 A、B、C 的净现金流量表　　　　　　　　　　万元

年末\方案	0	1~10	年末\方案	0	1~10
A	-200	39	C	-150	24
B	-100	20	追加投资方案(A—B)	-100	19

【解】　(1)方案绝对效益检验。

$NPV_A = -200 + 39(P/A, 10\%, 10) = -200 + 39 \times 6.144\,6 = 39.64$(万元)

$NPV_B = -100 + 20(P/A, 10\%, 10) = -100 + 20 \times 6.144\,6 = 22.89$(万元)

$NPV_C = -150 + 24(P/A, 10\%, 10) = -150 + 24 \times 6.144\,6 = -2.53$(万元)

$NPV_A > 0$,$NPV_B > 0$,方案 A、方案 B 均通过绝对效益检验。

$NPV_C < 0$,方案 C 不满足经济性要求,应舍弃。

(2)方案 A、方案 B 相对效益检验。构造追加投资方案(A—B),则

$\Delta NPV_{A-B} = -100 + 19(P/A, 10\%, 10) = -100 + 19 \times 6.144\,6 = 16.75$(万元)

由于 $\Delta NPV_{A-B} > 0$,故方案 A 优于方案 B。

(3)方案优选。由于相对效益检验结果方案 A 优于方案 B,所以选择方案 A 为实施方案。

从理论上讲,用净现值法比选互斥型方案,应遵循例 5-1 中的三个基本步骤。由于 $\Delta NPV_{2-1} = NPV_2 - NPV_1$,因此,在实践中,上述三个基本步骤可简化为:

1)绝对效益检验,需满足 $\Delta NPV \geqslant 0$ 的标准;

2)相对效益检验并优选,需满足 $\max\{NPV_i\}$ 标准。

综合以上分析可得出结论:在众多互斥型方案中只有通过绝对经济效益检验的相对最优方案,才是唯一可被接受的方案。

【小提示】 对于净现值法而言，最优方案的判断准则是：净现值大于或等于零且净现值最大的方案是最优可行方案。这个准则可以推广到与净现值等效的其他价值性标准——净年值和净终值，即净年值（或净终值）大于或等于零且净年值（或净终值）最大的方案为最优可行方案。

2. 内部收益率法

采用内部收益率法评价互斥型方案，同样应当按绝对经济效益检验和相对经济效益检验两步进行，那么，是否有与净现值法类似的内部收益率最大的判别准则呢？

首先看由例 5-1 资料计算得出的结果。

由方程式

$$-200+39(P/A，IRR_A，10)=0$$
$$-100+20(P/A，IRR_B，10)=0$$
$$-150+24(P/A，IRR_C，10)=0$$

求得 $IRR_A=14.5\%$，$IRR_B=15.1\%$，$IRR_C=9.6\%$。

由于 $IRR_A>i_c$，$IRR_B>i_c$，故方案 A、方案 B 均通过绝对经济效益检验；而 $IRR_C<i_c$，方案 C 没通过绝对经济效益检验，应舍弃。

由以上计算结果可知，按内部收益率最大准则判别最优可行方案 $\max\{IRR_j\}=IRR_B$ 与用净现值法判别得出的结论是矛盾的。这是由于 $\max\{IRR_j\}$ 标准追求的是方案内资金的使用效率最高，而因为方案的不可分性，资金使用效率最高未必意味着方案的总量经济效益最大。一般的，用内部收益率标准比较方案，对投资少且内部收益率大的方案有利。因此，不能简单地用内部收益率最大化作为比选方案的标准。

因此，用内部收益率法进行方案比选必须遵循以下步骤：

(1)绝对效益检验。备选方案须通过评价标准 $IRR \geqslant i_c$ 的检验，以满足其行业经济合理性要求。

(2)相对效益检验。计算追加投资（或称增量投资、相对投资）方案的内部收益率，即追加投资（或称增量投资、相对投资）内部收益率 ΔIRR。若 $\Delta IRR \geqslant i_c$，表明投资大的方案除了具有与投资小的方案相同的收益能力外，追加投资也达到了起码的经济要求，因此，投资大的方案相对优，应以其为实施方案；反之，若 $\Delta IRR < i_c$，则表明投资大的方案达不到投资小的方案的收益水平或追加投资在经济上不合理，因此，投资小的方案相对优，应以其为实施方案。

追加投资内部收益率的判断准则如图 5-4 所示。

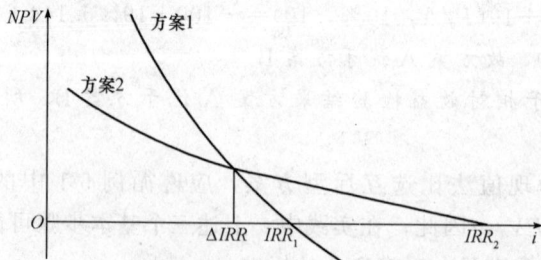

图 5-4　用于两方案相对比较的增量投资内部收益率

【例 5-2】 仍用例 5-1 的资料，试用追加投资内部收益率指标判断方案的相对优劣。

【解】 根据前面的分析已知，投资最小的方案B是可行方案（$IRR_B=15.1\%$），取其为基础方案。然后采用环比法，将投资大的方案与基础方案比较，依次类推。

首先取方案C与方案B比较，增量投资的净现金流量表见表5-7。增量投资的内部收益率可由下式求得：

$$-50+4(P/A，\Delta IRR_{C-B}，10)=0$$

表 5-7　增量投资净的现金流量表　　　　　　　　　　　　　　万元

年末 方案	0	1~10	年末 方案	0	1~10
C—B	—50	4	A—B	—100	19

可知 $\Delta IRR_{C-B}\approx0<i_c$，说明方案C相对于方案B的追加投资50万元不经济，因此，应舍弃方案C。以方案B作为下一轮比较的基础方案。

将方案A与方案B比较，增量投资净现金流量表见表5-7，增量投资内部收益率 ΔIRR_{A-B} 由下式求得：

$$-100+19(P/A，\Delta IRR_{A-B}，10)=0$$

可知 $\Delta IRR_{A-B}=13.8\%>i_c$，说明方案A相对于方案B的增量投资100万元是合理的，故方案A优于方案B，应确定方案A为实施方案。其结论与用净现值指标评价的结论一致。

比率性指标一般不能直接用于互斥型方案的相对效益比较，而必须采用增量投资指标进行方案比选，其做法是首先把各个备选方案按投资额由小到大排列，然后再用环比法进行比较。

可以证明，时间性指标也不能直接用于互斥型方案的相对比较，而必须采用增量投资的时间性指标（如增量投资回收期）评选方案。

用增量投资内部收益率指标评选互斥型方案，其优点是经济概念清楚，但计算比较烦琐。

【小提示】 特别需要指出的是，若增量投资方案的净现金流量符号变化超过一次，则可能出现内部收益率方程无解或多解的情况，此时内部收益率指标可能失效。因此，在采用内部收益率指标时，要特别注意增量投资净现金流量符号多次变化的情况。

（二）寿命期不等的互斥型方案的比较和选择

当几个互斥型方案的寿命期不等时，方案之间不能直接比较。这时必须对方案的寿命期作适当处理，以保证时间上的可比性。其方法有方案重复法、年等值法、年费用法和研究期法。

1. 方案重复法

方案重复法也叫作最小公倍数法。这种方法是将相比较的各方案重复执行若干次，直到彼此期限相等为止，即以各备选方案计算期的最小公倍数为各方案的共同计算期，假设各个方案均在这样一个共同的计算期内重复进行，对各方案在计算期内各年的净现金流量进行重复计算，直至与共同的计算期相等，以净现值较大的方案为优。显然这一相等的期限就是各方案寿命期的最小公倍数。

【例 5-3】 某项目有 A、B 两个方案，方案 A 的初始投资为 900 万元，寿命期为 4 年，每年年末净收益为 330 万元；方案 B 的对应数据为 1 400 万元、8 年、400 万元。两方案均无残值，若基准收益率为 12%，试对比两方案。

【解】 两方案寿命期的最小公倍数为 8 年，故可画出两可比方案的现金流量，如图 5-5 所示。

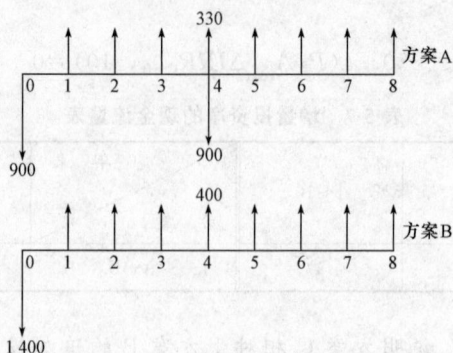

图 5-5 两可比方案的现金流量

由图 5-5 可得

$$NPV(12)_A = 330(P/A, 12\%, 8) - 900(P/F, 12\%, 4) - 900 = 167.36(万元)$$
$$NPV(12)_B = 400(P/A, 12\%, 8) - 1\,400 = 587.0(万元)$$

因为 $NPV(12)_B > NPV(12)_A$，故方案 B 最优。

2. 年等值法和年费用法

寿命不等的方案比较也可用年等值法。年等值法实际上也采用了方案重复法对寿命期的处理方法。只是由于无论方案重复多少次，所形成的寿命期相等的可比方案的年等值都与原始方案的年等值相同。从各原始方案年等值的大小即可判断方案效益的大小。年等值法对重复次数较多、计算复杂的方案尤为适用。

【例 5-4】 若在例 5-3 中尚有方案 C，其初始投资为 1 800 万元，寿命期为 11 年，每年年末净收益为 390 万元，寿命期末残值为 770 万元，试比较三个方案。

【解】 若采用方案重复法计算，寿命期的最小公倍数为 88 年，方案 A 需重复执行 22 次，计算复杂，故采用年等值法。

$$AE(12)_A = 330 - 900(A/P, 12\%, 4) = 33.72(万元)$$
$$AE(12)_B = 400 - 1\,400(A/P, 12\%, 8) = 118.18(万元)$$
$$AE(12)_C = 390 - 1\,800(A/P, 12\%, 11) + 770(A/F, 12, 11) = 124.15(万元)$$

因 $AE(12)_C > AE(12)_B > AE(12)_A$，故方案 C 为最优方案。

对于寿命期不同的互斥型方案，若其年效益相同，仅方案初始投资和经常性支出不同，可用年费用法对方案进行局部比较。在此对方案寿命期的处理方法与年等值法相同，而具体比较方式与寿命期相等方案局部比较法中的年费用法相同，故不赘述。

3. 研究期法

方案重复法、年等值法和年费用法都以假设方案能够重复执行至达到可比要求为前提。这种假设通常被认为是合理的，但在某些情况下并不符合实际，尤其在重复期数多、重复期限长的情况下更是如此。因为技术是不断进步的，完全相同的方案不可能反复实施很多次。因此，这类方法带有夸大方案之间区别的倾向。

针对上述问题，一种比较可行的办法是研究期法。研究期法就是通过研究分析，直接选取一个适当的计算期作为各个方案共同的计算期，计算各个方案在该计算期内的净现值，以净现值较大的为优。在实际应用中，为方便起见，往往直接选取诸方案中最短的计算期作为各方案的共同计算期，所以研究期法也可以称为最小计算期法。方案比选中经济评价指标的应用范围见表 5-8。

表 5-8　方案比选中经济评价指标的应用范围

用　途　指标	净　现　值	内　部　收　益　率
方案比选（互斥型方案选优）	无资金限制时，可选择 NPV 较大者	一般不直接用，可计算差额投资内部收益率（ΔIRR），当 $\Delta IRR \geqslant i_c(i_s)$ 时，以投资较大的方案为优
项目排队（独立项目按优劣排序的最优组合）	不单独排序	一般不采用（可用于排除项目）

根据对方案的了解程度，通常可采用两种方法。

(1)预测未来价值法。当对寿命期长的方案在研究期末的价值有所估计时，宜采用此法。

如重估值有困难，一般可用回收固定资产余值。

【例 5-5】　两方案的数据见表 5-9，基准贴现率为 15%，研究期定为 3 年，方案 A 在研究期末可回收资金估计为 140 万元。试比较两方案。

表 5-9　某投资两方案的基本数据　　　　　　　　　万元

年　　末	A	B
0	−300	−240
1	100	110
2	110	110
3	130	110
4	100	—
5	80	—

【解】　两方案的现金流量如图 5-6 所示。

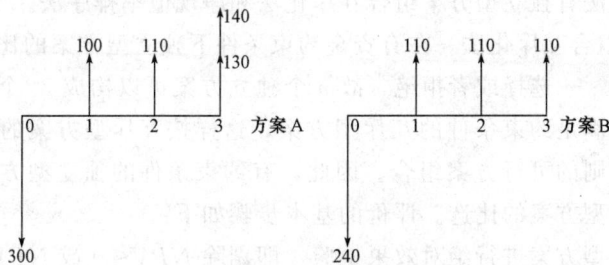

图 5-6　两方案的现金流量

$NPV(15)_A = 100(P/F, 15\%, 1) + 110(P/F, 15\%, 2) + (130+140)(P/F, 15\%, 3) - 300 = 100 \times 0.869\ 6 + 110 \times 0.756\ 1 + (130+140) \times 0.657\ 5 - 300 = 47.656$（万元）

$NPV(15)_B = 110(P/A, 15\%, 3) - 240 = 110 \times 2.283 - 240 = 11.13$（万元）

47.656＞11.13，由此得出方案 A 较优。

【小提示】 预测未来价值法判断得是否准确，与方案在研究期末处理回收价值的准确性有关。

（2）承认未使用价值法。将寿命期长于研究期的方案的初始投资依等值原理变换为年金计入寿命期各年，然后计算研究期内各方案的净现值加以比较。

三、其他多方案的选择

其他多方案评价，包括互补型方案、现金流量相关型方案、组合-互斥型方案和混合相关型方案等方案类型的评价。

1. 互补型方案的选择

经济上互补而又对称的方案可以结合在一起作为一个"综合体"来考虑；经济上互补而不对称的方案，如建筑物 A 和空调 B，则可把问题转化为对有空调的建筑物方案 C 和没有空调的建筑物方案 A 这两个互斥型方案的经济比较。

2. 现金流量相关型方案的选择

对现金流量相关型方案，不能简单地按照独立型方案或互斥型方案的评价方法来分析，而应首先确定方案之间的相关性，对其现金流量之间的相互影响作出准确的估计，然后根据方案之间的关系，把方案组合成互斥型组合方案（如跨江收费项目的建桥方案 A 或轮渡方案 B，可以考虑的方案组合是方案 A、方案 B 和混合方案 AB。在混合方案 AB 中，方案 A 的收入将因另一方案 B 的存在而受到影响），最后按照互斥型方案的评价方法对组合方案进行比选。

3. 组合-互斥型方案（有资金限制的独立型方案）的选择

在若干独立型方案的比较和选优过程中，最常见的约束是资金的约束。对于独立型方案的比选，如果没有资金的限制，只要方案本身的 $NPV \geqslant 0$ 或 $IRR \geqslant i_c$，方案就可行。在有明确的资金限制时，受资金总拥有量的约束，不可能采用所有经济上合理的方案，只能从中选择一个方案实施，这就出现了资金合理分配问题。此时独立型方案在约束条件下成为相关型方案。几个独立型方案组合之间就变成了互斥的关系。

有资金约束条件下的独立型方案的选择，其根本原则在于使有限的资金获得最大的经济利益。具体评价方法有独立型方案组合互斥化法和净现值率排序法。

（1）独立型方案组合互斥化法。在有资金约束条件下独立型方案的比选，由于每个独立型方案都有两种可能——选择或者拒绝，故 n 个独立方案可以构成 2^n 个组合方案。每个方案组合可以看成一个满足约束条件的互斥型方案，这样按互斥型方案的经济评价方法可以选择一个符合评价准则的可行方案组合。因此，有约束条件的独立型方案的选择可以通过方案组合转化为互斥型方案的比选。评价的基本步骤如下：

1）分别对各独立型方案进行绝对效果检验，即剔除 $NPV＜0$ 或 $NPV＜i_c$ 的方案。

2）对通过绝对效果检验的方案，列出不超过总投资限额的所有组合投资方案，则这些组合方案之间具有互斥的关系。

3）将各组合方案按初始投资额大小顺序排列，按互斥型方案的比选原则选择最优的方案组合，即分别计算各组合方案的净现值或增量投资内部收益率，以净现值最大的组合方案为最佳方案组合，或者以增量投资内部收益率判断准则选择最佳方案组合。由于增量投资内部收益率与净现值计价结论是一致的，为简化有资金约束的独立型方案的选择，一般仅用净现值最大作为最优的方案组合选择准则。

在有资金约束条件下运用独立型方案互斥化法进行比选，其优点是在各种情况下均能保证获得最佳组合方案，其缺点是在方案数目较多时，计算比较烦琐。

(2)净现值率排序法。净现值率的大小说明了该方案单位投资所获得的超额净效益的大小。应用 $NPVR$ 评价方案时，将净现值率大于或等于零的各个方案按净现值率的大小依次排序，并以此次序选取方案，直至所选取的方案组合的投资总额最大限度地接近或等于投资限额为止。

按净现值率排序原则选择项目方案，其基本思想是单位投资的净现值越大，在一定投资限额内所能获得的净现值总额就越大。

在有明显的资金总量限制且各项目占用资金远小于资金总拥有量时，适宜用净现值率进行方案选优。

净现值率排序法的优点是计算简便，其缺点是由于投资方案的不可分性，即一个方案只能作为一个整体被接受或放弃，经常会出现资金没有被充分利用的情况，因而不一定能保证获得最佳组合方案。

【例 5-6】 现有八个独立型方案，其投资额、NPV、$NPVR$ 的计算结果已列入表 5-10，试在投资预算限额为 12 000 万元内，用净现值率排序法确定其投资方案的最优组合。

表 5-10　某投资的有关数据

方　案	A	B	C	D	E	F	G	H
投资额/万元	4 000	2 400	800	1 800	2 600	7 200	600	3 000
NPV/万元	2 400	1 080	100	450	572	1 296	84	1 140
$NPVR$	0.6	0.45	0.13	0.25	0.22	0.18	0.14	0.38
$NPVR$ 大小排序	1	2	8	4	5	6	7	3

【解】 最优组合为方案 A＋方案 B＋方案 H＋方案 D，投资额＝4 000＋2 400＋3 000＋1 800＝11 200(万元)。

4. 混合相关型方案的选择

对混合相关型方案的选择，不管项目间是独立的、互斥的还是有约束的，它们的解法都一样，即把所有的投资方案的组合排列出来，然后进行排序和取舍。

综上分析，进行多方案经济比选的基本思路就是先变相关为互斥，再用互斥型方案的评价方法来选择。选择时应注意以下问题：

(1)方案经济比选可按各方案所含的全部因素计算的效益与费用进行全面对比，也可就选定的因素计算相应的效益和费用进行局部对比，应遵循效益与费用计算口径对应一致的原则，注意各方案的可比性。

(2)在方案不受资金约束的情况下，一般采用增量内部收益率、净现值和净年值等指标评价方案，且比较的结论也总是一致的。当有明显资金限制且各方案占用资金远低于资金总拥有量时，一般宜采用净现值率评价方案。由于项目的不可分性(一个项目只能作为一个整体而被接受或放弃)，决策不能严格按方案 $NPVR$ 从大到小的次序来考虑取舍。

(3)对计算期不同的方案进行比选时，宜采用净年值和年费用等指标。如果采用增量内部收益率、净现值率等方法进行比较，则应对各方案的计算期进行适当处理。

（4）对效益相同或效益基本相同，但难以具体估算的方案进行比较时，可采用最小费用法，包括费用现值比较法和年费用比较法。

本章小结

经济评价指标体系主要包括反映劳动成果（或收益）类指标、反映劳动耗费类指标及同时反映劳动成果（或收益）类和劳动耗费类指标。反映劳动成果（或收益）类指标是指反映工程项目或技术方案的有用成果指标，主要包括产品数量指标、产品品种指标、产品质量指标和产品利润指标等。反映劳动耗费类指标主要有年总成本费用指标、投资指标和时间指标。反映劳动成果（或收益）类和劳动耗费类指标分为绝对经济效益指标和相对经济效益指标。静态评价方法是指在评价和选择方案时，不考虑资金时间价值因素对投资效果产生影响的一种分析方法。考虑资金与时间关系的评价方法，称为动态评价法。所谓工程项目方案类型，是指一组备选方案之间所具有的相互关系。这种关系类型一般有单一方案（又称独立型方案）和多方案两类，而多方案又分为互斥型、互补型、现金流量相关型、组合-互斥型和混合相关型五种类型。

思考与练习

1. 投资方案的指标包括哪些内容？

2. 在某河上建桥，有 A、B 两处地点可选择。在 A 地建桥，投资为 1 200 万元，年维护费为 2 万元，水泥桥面每 10 年翻修一次需 5 万元；在 B 地建桥，投资为 1 100 万元，年维护费为 8 万元，每 3 年粉刷一次需 3 万元，每 10 年整修一次需 4 万元。若基准折现率为 10%，试确定最优方案。

3. 某项目有 6 个方案，其数据见表 5-11，设定资金限额为 30 万元，基准收益率为 10%，寿命期为 5 年。现已知 A_1、A_2 互斥，B_1、B_2 互斥，C_1、C_2 互斥；B_1、B_2 从属于 A_1，C_1 从属于 A_2，C_2 从属于 B_1。试选择最优的投资组合方案。

表 5-11 备选方案　　　　　　　　　　　　　　　　　　万元

方案	A_1	A_2	B_1	B_2	C_1	C_2
初始投资	12	16	9	7	8	7
年净收益	4	5	3	2.5	3	2.5

第六章 建设项目资金筹措

通过本章的学习，熟悉项目资金筹措的概念和方式，掌握资金成本的计算方法。

能够根据项目的具体情况选择相应的资金筹措方式；能够正确计算筹集资金的成本并进行融资方案选择。

第一节 建设项目资金筹措渠道与方式

一、项目资金筹措的概念

项目资金筹措又称为融资，是以一定渠道为某种特定活动筹集所需资金的各种活动的总称。在项目经济分析中，融资是为项目投资而进行的资金筹措行为。融资方案一般是在投资估算的基础上，研究拟建项目所需要资金的获得渠道、融资形式、融资结构、融资成本、融资风险，比选、推荐项目的融资方案，作为资金筹措和财务评价的依据。

一个项目的资金总额一般由自有资金、赠款和借入资金三部分组成，如图 6-1 所示。

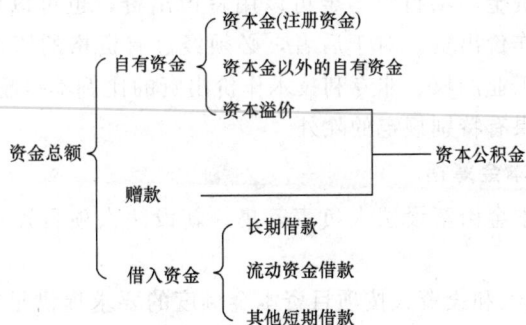

图 6-1 资金总额的构成

二、项目资本金的筹措

资本金是指项目总投资中由权益投资者提供的资金，对投资项目来说是非债务资金。项目法人不承担这部分资金的任何利息和债务。资本金是确定项目产权关系的依据，也是获得债务基金的基础。国家对经营性项目实行资本金制度，规定了经营性项目的建设都要有一定数额的资本金，并提出了各行业的项目资本金的最低比例要求。

投资者可按其出资的比例依法享有所有者权益，也可以转让其出资，但不得以任何方式抽回。

项目资本金可以用货币出资，也可以用实物、工业产权、非专利技术、土地使用权作价出资。对于后者，必须经过有资格的资产评估机构依照法律法规评估作价，同时，以工业产权、非专利技术作价出资的比例不得超过资本金总额的20%，国家对采用高新技术成果有特别规定的除外。

1. 既有项目法人项目资本金筹措

既有项目法人项目的资本金由既有法人负责筹集，资金来源分为内、外两个部分：

(1)内部资金来源。内部资金是既有项目法人的自有资金，主要来源于以下几个方面：

1)企业的货币资金。其包括库存现金和银行贷款，扣除日常经营所需的货币资金额，其余部分可用于项目建设。

2)企业公积金。按规定，企业所有者权益中的公积金可用于转增资本金。

3)企业未来经营活动中获得的可用于项目建设的部分盈余资金。

4)企业资金变现。企业可将现有资产，包括流动资产、长期投资、固定资产和无形资产转让变现，将取得的现金用于新项目投资。

5)资产经营权变现。企业可将资产经营权变现，将获得的资金用于新项目投资。

(2)外部资金来源。

1)企业增资扩股。企业可以通过原有股东增资以及吸收新股东增资扩股，包括国家股、企业法人股、外资股的增资扩股。

2)发行优先股。优先股是一种介于股本资金与负债之间的融资方式，优先股股东不参与公司的经营管理，没有公司的控制权发行优先股通常不需要还本，但要支付固定的股息。优先股相对于其他借款融资通常处于较后的受尝顺序，对于项目公司的其他债权人来说可以视为项目的资本金。

3)各级政府财政性资金。项目资本金可以用货币出资，也可以用实物、工业产权、非专利技术、土地使用权作价出资。对于后者，必须经过有资格的资产评估机构依照法律法规评估作价，同时，以工业产权、非专利技术作价出资的比例不得超过资本金总额的20%，国家对采用高新技术成果有特别规定的除外。

2. 新设法人项目资本金筹措

新设法人项目的资本金由新设法人负责筹集。新设法人项目资本金的来源主要包括以下内容：

(1)新设法人的发起人和投资人按项目资本金额度的要求提供足额资金，通常以注册资本的方式投入。不同的项目发起人和投资人其资金来源不同，主要有以下方式：

1)股东直接投资。股东直接投资包括政府授权投资机构入股资金、国内外企业入股资金、社会团体和个人入股资金以及基金投资公司入股的资金。

2)各级政府财政性资金。

(2)在资本市场筹集资金。当项目最初的投资人或项目发起人对项目资本金没有安排到位时，可以在资本市场筹集资金，主要有以下方式：

1)通过发行股票在资本市场募集股本资金。股票是股份有限公司发放给股东作为已投资入股的证书和索股取息的凭证，是可作为买卖对象或质押品的有价证券，发行股票融资可以采取公募与私募两种形式。

2）合资合作。项目法人设立初期，通过在资本投资市场寻求新的投资者，由项目法人与新投资者或以合资合作形式，或进行资本整合，重新组建新的法人，使重新设立的法人拥有的资本达到或满足项目资本金额度的要求。

3. 政府投资资金

政府投资资金包括各级政府的财政预算内资金、国家批准的各种专项建设基金、统借国外贷款、土地批租收入、地方政府按规定收取的各种费用及其他预算外资金等。政府投资主要用于关系国家安全和市场不能有效配置资源的经济和社会领域，包括加强公益性和公共基础设施建设，保护和改善生态环境，促进欠发达地区的经济和社会发展，推进科技进步和高新技术产业化。

对政府投资资金，国家根据资金来源、项目性质和调控需要，分别采取直接投资、资本金注入、投资补助、转贷和贷款贴息等方式，并按项目安排使用。

三、项目债务资金筹措

债务资金是项目总投资中除资本金外从金融市场借入的资金。债务资金的来源主要有以下几种渠道。

1. 信贷融资

信贷融资主要包括国内政策性银行和商业银行等提供的贷款；世界银行、亚洲开发银行等国际金融机构提供的贷款；外国政府提供的贷款；出口信贷以及信托投资公司等非银行金融机构提供的贷款。进行信贷融资应说明拟提供贷款的机构及其贷款条件，包括支付方式、贷款期限、贷款利率、还本付息方式及其他附加条件。

2. 债券融资

债券融资是指项目法人以其自身的盈利能力和信用条件为基础，通过发行银行债券等筹集资金，并将其用于项目建设的融资方式。除一般债券融资外，还有可转换债券融资，这种债券在有效期限内只需支付利息，债券持有人有权将债券按规定价格转换成公司的普通股，如果债券持有人放弃这一选择，融资单位需要在债券到期日兑现本金。可转换债券的发行无须项目资产或其他公司的资产作为担保。在可行性研究阶段，采用债券融资方式时，应对其可行性进行分析。可行性研究报告中应附有国家证券监管部门的意向文件。

3. 融资租赁

融资租赁是资产拥有者将资产租给承租人在一定时期内使用，由承租人支付租赁费的融资方式。采用这种方式，一般是由承租人选定设备，由出租人购置后租给承租人使用，承租人分期交付租金，租赁期满，设备归承租人所有。

从资金的运作角度看，出租人通过购买指定的出租设备给承租人使用，等于发放了一笔贷款，并通过收取租金的方式逐步收回贷款本息；承租人租用设备等于借款买设备，然后以分期付款支付资金的方式偿还借款本息。

融资租赁主要有直接购买租赁、转租赁、售后租回租赁、衡平租赁、服务性租赁等几种形式。

第二节 项目资金结构分析

一、融资结构分析

融资结构是项目资金筹措方案中各种资金来源的构成及其比例关系。与其相对应的概念是企业的资金结构，即企业的各种资金的构成及其比例关系，是针对整个企业而言的。由于项目建设阶段所筹集的资金最终要形成企业的各项资产，因此在项目的筹建阶段，就要系统研究并合理选择融资方案的融资结构，以便项目投产运营后，为企业保持比较理想的资产负债结构和资金结构打好基础。

项目的融资结构，应该包括各种融资方式的结构分析、长期融资和短期融资的结构比例，以及负债融资和权益融资的结构比例。其中最关键的是负债融资和权益融资的结构比例，以及项目的资本金比例。它直接影响到项目投产运营后企业的资产负债比例、项目还本付息能力及投资回收情况，因此，习惯上将负债融资和权益融资的结构比例称为融资结构。融资结构分析主要分析资本金与债务资金的比例、股本结构比例、债务结构比例。

1. 分析资本金与债务资金的比例

这主要是指分析项目的资本金比例是否达到国家规定的行业最低资本金比例的要求，中外合资项目的注册资本是否达到国家规定的要求。

2. 分析股本结构比例

这主要是指分析股东各方参股的比例，中外合资项目应特别分析中外各方出资比例的合理性。

3. 分析债务结构比例

这主要是指分析各种负债融资方式的融资金额比例的合理性。

二、融资风险分析

融资方案的实施经常受到各种风险的影响。为了使融资方案更加稳妥可靠，需要对可能发生的风险因素进行识别、预测。

1. 融资风险的来源

(1)资金供应风险。其是指融资方案发生变化，资金不落实导致建设工期拖长，工程造价升高，影响原定投资效益目标实现的风险。其主要包括以下风险：

1)原定筹资额全部或部分落空。拟议中投资者和承诺出资的投资者中途变故，不能兑现承诺。

2)原定发行股票、债券的计划不能实现。

3)既有项目法人因企业经营状况恶化，无力支付原定出资额。

4)各种来源的资金不能按建设进度足额、及时到位。

(2)利率风险。在负债融资的情况下，利率水平随着金融市场的情况而变动。如果融资方案中采用浮动利率计算，则应分析贷款利率变动的可能性及其对项目造成的损失。

(3)汇率风险。其是指国际金融市场外汇交易结算产生的风险，主要是人民币对各外币币种币值的变动和各种外币币种之间币值的变动。利用外资数额较大的投资项目应对外汇汇率的走势进行分析，估测可能出现的较大变动对项目造成的损失。

（4）现金性融资风险和收支性融资风险。现金性融资风险是指企业在特定时点上，现金流出量超过现金流入量而产生的到期不能偿付债务本息的风险。现金性融资风险是由现金短缺、债务的期限结构与现金流的时间结构不配套引起的，它是一种支付风险。收支性融资风险是指企业在收不抵支的情况下出现的不能偿还到期债务本息的风险。

2. 融资风险的规避

（1）对于现金性融资风险的规避，应注重资产占用与资金来源间的合理期限搭配，搞好现金流量的安排。为了避免企业因负债筹资而产生的到期不能支付的偿债风险并提高资本利润率，理论上认为，如果借款期限与借款周期能与生产经营周期匹配，则企业总能利用借款来源满足其资金需要。

（2）对于收支性融资风险，可从以下几个方面进行规避：

1）优化资本结构，从总体上减少收支风险。收支风险大，很大程度上是由于资本结构安排不当形成的，如在资产利润率较低时安排较高的负债结构。因此，优化资本结构可以从两方面入手：一方面，从静态上优化资本结构，增加企业受益资本的比重，降低总体上的债务风险；另一方面，在动态上，从资产利润率与负债利润率的比较入手，根据需要与负债的可能，自动调节其债务结构，加强财务杠杆对企业筹资的自我约束，在资本利润率下降的情况下，自动降低负债比例，从而减小财务杠杆系数，降低财务风险。反之，自动调高负债比例，从而提高财务杠杆系数，提高资本利润率。

2）实施债务重组，降低收支性融资风险。当出现严重的经营亏损、收不抵支而处于破产清算边界时，可与债权人协商，实施债务重组，包括将部分债券转化为普通股、部分豁免、降低债息率等，以使企业在新的资本结构的基础上起死回生。

3）在融资上通过合理的利率调控，减少资本成本，减轻其利息支付的压力。

第三节　项目资金成本分析

一、资金成本的含义

资金成本是指项目为筹集和使用资金而支付的费用，包括资金筹集费和资金占用费两部分。按资金构成性质，融资成本分析可以分为债务资金融资成本分析和资本金融资成本分析。

资金筹集费是指资金筹集过程中支付的一次性费用，如发行股票、债券所支付的印刷费、发行手续费、律师费、自信评估费、公证费、担保费、广告费等；资金占用费是指占用资金所支付的费用，如股票的分红派息、银行借款、发行债券的利息等。资金筹集费通常是在资金筹集时一次性发生的，在计算资金成本时可作为融资金额的一项扣除，资本金占用费是融资企业中经常发生的。资本金占用费一般应按机会成本的原则计算，当机会成本难以计算时，可参照银行存款利率计算。

资金成本是选择资金来源、确定融资方案的重要依据，是评价投资项目、决定投资取舍的重要标准，也是衡量企业经营成果的重要尺度。

项目资金成本一般采用相对数来表示，称为资金成本率，是企业资金占用费与筹集资金的净额之比，即

$$K=\frac{R}{P-F}=\frac{R}{P(1-f)} \tag{6-1}$$

式中　K——资金成本；

　　　R——资金占用费；

　　　P——筹集资金总额；

　　　F——资金筹集费；

　　　f——筹集费用率，即资金筹集费与筹集资金总额之比。

【小提示】　由于在实际工作中，不同的融资方式的融资成本各不相同，因此，在对融资方案比选分析时，首先应分别计算各种融资方式的融资成本，然后以各种融资方式的融资规模占项目总融资额的比重为权重，计算融资方案的加权平均成本为项目的综合资金成本。通过分析比较各种方案的资金成本，合理调整资本结构，就可以达到以最低的综合资金成本筹集到项目所需要的资金的目的，从而找到最佳融资方案。

二、各种融资方式资金成本的计算

各种融资方式资金成本的计算，是指发行股票、债券、银行贷款融资等资金成本的计算。企业融资有多种方式可供选择，它们的资金筹集和使用费用各不相同，通过资金成本的计算与比较，能够按照成本高低进行比较选择各种融资方式。

1. 银行借款的资金成本

在考虑筹资费用的情况下，借款资金成本是指借款利息和筹资费用。由于借款利息计入税前成本费用，可以起到抵税的作用。因此，借款资金成本用下式计算：

$$K_d=\frac{R_1(1-T)}{1-F_1} \tag{6-2}$$

式中　K_d——银行借款成本；

　　　T——所得税税率；

　　　R_1——长期借款利率；

　　　F_1——资金筹集费用率。

【例6-1】　某企业向银行按年利率8％借入的资金总额为20 000元，在借款期内每年支付利息4次，筹集费用率为2％，假设实际所得税率为25％，该公司向银行借入资金的成本是多少？

【解】　$K_d=\dfrac{(1+8\%/4)^4-1}{1-2\%}\times(1-25\%)=6.31\%$

因此，该公司借入银行的资金成本为6.31％。

2. 债券融资的资金成本

发行债券的资金成本主要是债券利息和融资费用。债券利息应按税后成本计算。债券的融资费用一般比较高，不可在计算资金成本时省略。其计算公式为

$$K_b=\frac{I_b(1-T)}{B(1-F_b)} \tag{6-3}$$

式中　K_b——债券资金成本；

I_b——债券年利息；

T——所得税率；

B——债券融资额；

F_b——债券融资费用率。

【例6-2】 某企业发行面值为1 000元的债券10 000张，发行价为每张1 050元，期限为10年，票面利率为7%，每年付息一次，发行费费率为3%，所得税税率为25%，计算该债券的资金成本。

【解】 $K_b = \dfrac{1\ 000 \times 7\%}{1\ 050 \times (1-3\%)} \times (1-25\%) = 5.15\%$

因此，该企业发行债券的资金成本为5.15%。

3. 普通股资金成本

普通股资金成本属于权益资金成本。权益资金的资金占用费是向股东分派的股利，而股利是以扣除所得税后的净利支付的，不能抵减所得税。其计算公式为

$$K_c = \frac{D_c}{P_c(1-f_c)} + G \tag{6-4}$$

式中 K_c——普通股资金成本；

D_c——预期年股利额；

P_c——普通股融资额；

f_c——普通股融资费用率；

G——普通股利年增长率。

【例6-3】 某公司普通股发行价为每股20元，第一年预期股利1.5元，发行费费率为5%，预计股利增长率为4%，计算该普通股的资金成本。

【解】 $K_c = \dfrac{1.5}{20 \times (1-5\%)} + 4\% = 11.89\%$

因此，该公司发行的普通股成本为11.89%。

4. 优先股资金成本

优先股的优先权是相对于普通股而言的，是指公司在融资时，对优先股认购人给予某些优惠条件的承诺。优先股的优先权利最主要的是优先于普通股分得股利。与负债利息的支付不同，优先股的股利不能在税前扣除，因而在计算优先股资金成本时无须经过所得税的调整。优先股资金成本的计算公式为

$$K_p = \frac{D}{P_p(1-f_p)} \tag{6-5}$$

式中 K_p——优先股资金成本；

D——年支付优先股股利；

P_p——优先股筹资额(票面价值)；

f_p——优先股融资费用率，即手续费费率。

【例6-4】 某公司发行优先股股票，票面额按正常市价计算为200万元。融资费用率为4%，股息年率为14%。试计算该优先股的资金成本。

【解】 $K_p = \dfrac{200 \times 14\%}{200(1-4\%)} = \dfrac{14\%}{1-4\%} = 14.58\%$

由于优先股的股息在税后支付，而债券利息在税前支付，且当公司破产清算时，优先

股持有人的求偿权在债券持有人之后，因此，其风险更大，其资金成本也高于债券成本。

5. 保留利润(留存盈余)资金成本

保留利润是指企业从税后利润总额中扣除股利之后保留在企业的剩余盈利，包括盈余公积金和未分配利润。它是未以股利的形式发放而保留在企业的资金，属于企业主或股东所有，可留存充作股东再投资。留存盈余的资金成本要根据机会成本原理计算，其表达式为

$$K_r = \frac{D_c}{P_c} + G \qquad (6\text{-}6)$$

式中　K_r——保留利润的资金成本；

　　　D_c——股东使用保留利润向外投资预计可获取的利润；

　　　P_c——保留利润资金额；

　　　G——普通股利年增长率。

6. 综合资金成本

为了反映整个融资方案的资金成本情况，在计算各种个别资金成本的基础上，还要计算综合资金成本，它是企业比较各融资组合方案、进行资本结构决策的重要依据。

综合资金成本一般是以各种资金占全部资金的比重为权数，对个别资金成本进行加权平均确定的，计算公式为

$$K_w = \sum_{j=1}^{n} K_j W_j \qquad (6\text{-}7)$$

式中　K_w——综合资金成本；

　　　K_j——第 j 种单项筹资方式的资金成本；

　　　W_j——第 j 种个筹资金额占全部筹资资金总额的比重(权数)；

　　　n——筹资方式的种类。

从以上公式可以看出，在个别资金成本一定的情况下，企业加权平均资金成本的高低取决于资本结构。

【例 6-5】　某施工企业公司拟投资金 9 500 万元，新建一环境保护项目；经主管部门批准，企业采用股份制形式。除发行企业债券集资外，该企业还向社会公开发行人民币个人股，项目长期投资资金构成情况如下：

(1)向银行申请固定资产贷款 2 500 万元，年贷款利率为 10.8%，并采取担保方式，担保费总额为 100 万元，担保期限为 4 年。

(2)发行一次还本付息单利企业债券 1 900 万元，委托某证券公司代理发行，发行费用总额为 40 万元，期限为 5 年，年利率为 15.5%。

(3)向社会发行个人普通股 300 万股，每股发行价格为 12 元，每股股利为 0.90 元，每年预期增长 5%。

(4)接受海外某慈善机构捐赠的现金 100 万美元，折合成人民币总额为 500 万元。

(5)企业保留盈余资金 1 000 万元，企业建成投产后的所得税税率为 25%。

问该项目的综合资金成本是多少？

【解】　第一步，根据上述筹资方案提供的资料，各来源渠道的资金成本如下：

$$K_1 = \left(10.8\% + \frac{100}{4 \times 2\,500} \times 100\%\right) \times (1 - 25\%) = 8.1\%$$

$$K_2 = \left(15.5\% + \frac{40}{5 \times 1\,900} \times 100\%\right) \times (1 - 25\%) = 11.94\%$$

$$K_3 = \frac{0.9}{12} \times 100\% + 5\% = 12.5\%$$

接受捐赠现金的资金成本，采用债务资金成本法确定。按该项目债务资金成本计算得：$K_4 = 11.94\%$。

企业保留盈余资金成本采用普通股成本法计算得：$K_5 = 12.5\%$。

第二步，通过分析计算，各项资金占项目长期投资总额的比重分别为

$$W_1 = \frac{2\,500}{9\,500} \times 100\% = 26.3\% \qquad W_2 = \frac{1\,900}{9\,500} \times 100\% = 20\%$$

$$W_3 = \frac{300 \times 12}{9\,500} \times 100\% = 37\% \qquad W_4 = \frac{500}{9\,500} \times 100\% = 5.3\%$$

$$W_5 = \frac{1\,000}{9\,500} \times 100\% = 10.5\%$$

第三步，项目加权平均综合资金成本为

$$K_w = \sum_{i=1}^{n} K_i W_i = 8.10\% \times 26.3\% + 11.94\% \times 20\% + 12.5\% \times 37.9\% +$$
$$11.94\% \times 5.3\% + 12.5\% \times 10.5\% = 11.21\%$$

因此，该公司综合资金成本为 11.21%。

个别筹资资金占全部筹资资金的比重，还可以按市场价值或目标价值确定，分别称为市场价值权数和目标价值权数。市场价值权数指债券、股票以市场价格确定权数。这样计算的加权平均资金成本能反映目前企业的实际状况。目标价值权数是指债券、股票以未来预计的目标市场价值确定权数。这种权数能体现期望的资本结构，而不是像账面价值权数和市场价值权数那样只反映过去和现在的资本结构。所以，按目标价值权数计算的加权平均资金成本更适用于企业筹措新资金。

三、影响资金成本的因素及对策

1. 影响资金成本的因素

影响资金成本的因素很多，归纳起来，主要包括以下几点：

（1）融资期限。融资期限越长，未来的不确定性因素越多，风险也越大，投资者要求的报酬率也越高，从而其成本也越高。权益资本是无期限的（除非企业破产），因而其成本比负债基金成本要高。

（2）市场利率。市场利率是资金市场供求关系变动的结果，它是资金的"商品"价格。作为各类融资方式的基准利率，市场利率提高时，会相应提高各融资方式的成本；反之，当市场利率下降时，会相应降低各融资方式的成本。

（3）企业信用等级。企业的信用等级决定了企业在资本市场中的地位，从而对各种方式产生重大影响。一般认为，企业的信用等级越高，信誉越好，投资者投资于企业的风险越小，其要求的风险报酬越小，从而融资成本也越低。

（4）抵押担保能力。如果企业能够为债务资金提供足够的抵押或担保，则债权人投资的安全系数也大大提高，从而要求的报酬率相对较低，资本成本也相应降低。

（5）融资工作效率。工作效率决定融资费用的多少。融资效率越高，则花费的资金筹集

费用越低，资金成本也相应降低。

（6）通货膨胀率。从投资者的角度看，通货膨胀率实质上是名义收益率与实际收益率之间的差异，是对货币购买力风险进行的一种价值补偿。因此，它作为系统性风险，对所有的收益项目都产生影响。一般情况下，通货膨胀率越高，则融资成本也越高。

（7）政策因素。能够获得国家支持的产业，该产业内的企业能够获得优惠贷款利率，从而降低融资成本。

（8）资本结构。在融资总量一定的情况下，各种融资方式的组合比例不同，即资本结构不同，其加权平均成本也不同。

2. 降低融资成本的对策

企业降低成本，既取决于企业自身的融资决策，如融资期限安排是否合理、融资效率的高低、企业的信用等级、资产抵押或担保情况等，同时也取决于市场环境，特别是通货膨胀状况、市场利率变动趋势等。

（1）合理安排融资期限。资金的筹集主要是用于长期投资，融资期限要服从项目的建设年限，服从资金需求量预算，按照投资的进度合理安排筹资期限，以降低资金成本，减少不必要的资金闲置。

（2）合理预测未来利率。根据未来利率预测情况，合理安排负债融资期限，节约资金成本。

（3）提高企业信誉，重视信用评级工作。

（4）善于利用负债经营。在投资收益率大于债务成本率的前提下，积极利用负债经营，取得财务杠杆效益，可以降低资金成本，提高投资效益。

（5）提高投资效率。其包括正确制订融资计划，从总体上对企业在一定时期内的融资数量、资金需要的时间等进行周密安排；充分掌握各种融资方式的基本程序，理顺融资程序中各步骤之间的关系，并制定具体的实施步骤，以便于各步骤之间的衔接与协调，节约时间与费用；在人员的组织安排上，组织人员负责融资计划的具体实施，保证融资工作的顺利开展。

（6）积极利用股票增值机制，降低股票融资成本。这主要是通过提高企业的经营实力和竞争能力、扩大市场份额等措施，采用多种方式转移投资者对股利的注意力，降低股票分红压力，使投资者转向市场实现其投资价值，通过股票增值机制来降低企业实际融资成本。

第四节　特许经营项目融资

近年来国家加大了基础设施投融资领域的改革，探索了新的投融资机制，借鉴了国外的一些融资经验和模式，在基础设施建设领域涌现了很多新兴的项目运作和融资模式，为加快基础设施建设发挥了重要作用。其中表现较突出的为以特许经营的方式引入非国有的其他投资人投资。所谓基础设施特许经营，就是由国家或地方政府将基础设施的投资和经营权通过法定的程序，有偿或者无偿地交给选定的投资人投资经营。特许经营既是一种项目运作（包括建设、运营、移交等）方式，也是一种融资方式。典型的基础设施特许经营项目在融资本质上都属于项目融资的范畴，具体方式如 BOT、TOT、PPP、PFI、ABS 等。

一、BOT 融资模式

（一）**BOT** 融资模式的概念

BOT，即 Build-Operate-Transfer(建造—经营—移交)，是相对比较简单和典型的特许经营项目融资模式。BOT 融资模式是指政府通过特许权协议，授权外商或私营商进行项目的融资、设计、建造、经营和维护，在规定的特许期(通常为 10～30 年)内向项目的使用者收取费用，由此回收项目的投资、经营和维护成本，并获得合理的回报，特许期满后项目将移交(一般是免费)给政府。

BOT 融资模式自 1984 年土耳其首相 Turgut Ozal 首次应用于土耳其公共基础设施的私有化过程中后，引起了世界各国，尤其是发展中国家的广泛关注和应用，成为大型项目融资的一种流行方式。在我国，BOT 融资模式是政府通过与外商或私营商签订特许权协议吸引外资或民间资本加快国内基础设施建设的一种手段，故也常称作"特许权或特许经营招标"或"法人招标"。

（二）**BOT** 融资模式的形式

BOT 融资模式共有以下 3 种最基本的形式：

(1)BOT(Build-Operate-Transfer，建造—经营—移交)：这是最经典的 BOT 形式，项目公司没有项目的所有权，只有建设和经营权。

(2)BOOT(Build-Own-Operate-Transfer，建造—拥有—经营—移交)：它与基本的 BOT 的主要不同之处是，项目公司既有经营权又有所有权，政府允许项目公司在一定范围和一定时期内(一定条件下)将项目资产抵押给银行，以便获得更优惠的贷款条件，从而使项目产品或服务价格降低。但特许期一般比基本的 BOT 稍长。

(3)BOO(Build-Own-Operate，建造—拥有—经营)：它与前两种形式不同之处在于项目公司不必将项目移交给政府(即永久私有化)，其目的主要是鼓励项目公司从项目全寿命期的角度经营设施，提高项目产品或服务的质量，追求全寿命期的总成本降低和效率的提高，使项目产品或服务价格更低。

除了上述三种基本形式之外，在各国应用 BOT 的过程中，出现了很多演变形式，以反映项目的主要特点，例如：BT(Build-transfer，建造—移交)、BOOST(Build-Own-Operate-Subsidy-Transfer，建造—拥有—经营—补贴—移交)、TOT(Transfer-Operate-Transfer，移交—经营—移交)、DBOT(Design-build-Operate-transfer，设计—建造—经营—移交)等。其中 BT 方式是指政府在项目建成后从民营机构中购回项目(可一次支付，也可分期支付)；与政府投资建造项目不同的是，政府用于购回项目的资金往往是事后支付(可通过财政拨款，但更多的是通过运营项目来支付)；民营机构是投资者或项目法人，必须出一定的资本金。用于建设项目的其他资金可以自己出，但更多的是以期望的政府支付款(如可兑信用证)来获取银行的有限追索权贷款。

TOT 方式特别受投资者青睐，在发展中国家得到了越来越多的应用。其具体是指用民营资金购买某个项目资产(一般是公益性资产)的经营权，购买者在约定的时间内通过经营该资产收回全部投资和得到合理的回报后，再将项目无偿移交给原产权所有人(一般为政府或国有企业)。TOT 方式对项目的发展具有 BOT 方式所不具备的优势："为拟建项目引进资金，为建成项目引进管理"，如果运作得好，可以实现基础设施建设和运营的良性循环；TOT方式只涉及转让经营权，不存在产权、股权问题，避免了许多争议；TOT方式的风险比BOT方式小，金融机构、基金组织、私人资本等都有机会参与且更愿意投资，增加了项目的资金来源。

二、PPP融资模式

(一)PPP融资模式的概念

PPP，即Public-Private Partnership的缩写，通常译为"公司合伙/合营"，但在我国，因为国有企业虽然是公有的，但都是按独立法人以企业的形式参与PPP的，因此，PPP译成"政企合伙/合营"更为准确。由于不同国家和地区的经济形态不完全一样，PPP的发展程度不同，PPP有着不同的定义，对于PPP的分类也未能达成一致。

广义的PPP融资模式泛指公共部门与私营部门为提供公共产品或服务而建立的合作关系，而狭义的PPP融资模式可以理解为项目融资一系列方式的总称，包含BOT、DBFO等多种方式。狭义的PPP融资模式更加强调政府在项目中的所有权(有股份)，以及与企业合作过程中的风险分担和利益共享。PPP融资模式本质上是公共和私营部门为基础设施的建设和管理而达成长期合作关系，公共部门由在传统方式下公共设施和服务的提供者变为监督者和合作者，它强调的是优势的互补、风险的分担和利益的共享。

(二)PPP融资模式的分类

根据不同的分类方式，PPP融资模式会有不同的分类结果。

(1)根据私营部门的投资不同，可以将PPP项目分为外包类、特许经营类和私有化类三大类。外包类指由政府投资，私营部门承包项目中的一项或者多项任务；特许经营类指需要私营部门参与部分或者全部投资，通过一定的合作机制与公共部门分担项目风险，共享项目收益；私有化类项目的所有权永久归私营部门所有，私营部门承担的风险最大。

(2)根据私营部门在项目中的参与程度可以将PPP项目分为五种模式：服务合同、租赁、合资公司、特许权授予和私有化。

(3)根据公共部门和私营部门之间的合作关系可以将PPP项目分为横向和纵向合作关系两种类型。

值得注意的是，并不存在一个可以适用于所有或者大多数PPP项目的最佳固定模式。每个PPP项目都应该根据自身特点和参与者的管理、技术、资金实力，对所采取的PPP融资模式进行优化调整，以争取获得更大的投资效益。在基础设施项目中选择PPP融资模式应遵循的主要原则是发挥政府和企业各自的优势，私营机构做不了的或不愿做的由政府做，其余由私营机构做，但政府要监管(主要是价格、质量、服务)，要合理分担项目风险和收益，而且这种监管是根据统一的法规和政策(如公司法、环保法、劳工法等)来进行的，并不因融资模式的不同而有原则性的区别。

三、PFI融资模式

PFI(Private Finance Initiative)即"私人主动融资"，是指由私营企业进行项目的建设与运营，从政府方或接受服务方收取费用以回收成本。在这种方式下，政府并未采取传统的由政府负责提供公共项目产出的方式，而是采取促进私人企业有机会参与基础设施和公共物品的生产及提供公共服务的一种全新的公共项目产出方式。在 PFI 模式下，政府部门发起项目，由私人企业负责项目的建设和运营，并按事先的规定提供所需的服务；政府部门以购买私营企业所提供的产品/服务，或给予私营企业以收费特许权，或政府与私营企业以合伙/共同营运等方式，实现政府公共物品产出中的资源配置最优化、效率和产出的最大化。

PFI 融资模式是传递某种公共项目的服务，而不是提供某个具体项目的构筑物。政府采用 PFI 融资模式的目的在于获得有效的服务，而并非旨在最终取得建筑的所有权。在 PFI 合同结束时，有关资产的所有权或者留给私人企业，或者交还政府公共部门，这取决于原始合同的条款规定。私人企业的目的在于通过提供服务来获得政府或公共的付费，实现收入和完成利润目标。

四、ABS 融资模式

ABS(Asset-Backed/Based Securitization，基于资产的证券化)融资模式是指将缺乏流动性，但能产生可预见的、稳定的现金流量的资产归集起来，通过一定的安排，对资产中的风险与收益要素进行分离与重组，进而将之转换为在金融市场上可以出售和流通的证券的过程。ABS 融资模式是 20 世纪 80 年代首先在美国兴起的一种新型的资产变现方式，根据资产类型的不同，主要有信贷资产证券化(以信贷资产为基础资产的证券化)和不动产证券化(以不动产如基础设施、房地产等为基础资产的证券化)两种。

ABS 融资模式是通过项目收益资产证券化来为项目融资，即以项目所拥有的资产为基础，以项目资产可以带来的预期收益为保证，通过在资本市场发行债券来募集资金的一种证券化融资方式。其具体做法是项目发起人将项目资产出售给特设机构(Special Purpose Vehicle，SPV)，SPV 凭借项目未来可预见的稳定现金流，并通过寻求担保等信用提高手段，在国际资本市场上发行具有投资价值的高级债券，一次性地为项目进行融资，还本付息主要依靠项目的未来收益。

五、各种融资模式的比较

BOT、PPP、PFI 本质上都是项目融资，而 PPP 概念更为广泛，反映了更为广义的公私合营长期关系(如共享收益、共担风险和社会责任)，特别是在基础设施和公共服务(如医院、监狱、学校等)方面；PFI 更强调私营企业在融资中的主动性和主导性。相对而言，PFI、BOT 的概念更强调政府发包(采购)项目的方式，而 PPP 则更强调政府在项目公司中的所有权。

📺 ➤ 本章小结

项目资金筹措又称为融资，是以一定渠道为某种特定活动筹集所需资金的各种活动的总称。新设法人项目融资和既有项目法人项目融资的形式、特点各有不同。债务资金是项目总投资中除资本金外从金融市场借入的资金。资金成本是指项目为筹集和使用资金而支付的费用，包括资金筹集费和资金占用费两部分。按资金构成性质，融资成本分析可以分为债务资金融资成本分析和资本金融资成本分析。项目的融资结构，应该包括各种融资方式的结构分析，主要是负债融资和权益融资的结构比例。特许经营既是一种项目运作方式，也是一种融资方式。其具体方式有BOT、PPP、PFI、ABS等。

思考与练习

1. 什么是项目资金的筹措？项目资金的来源主要有哪些？

2. 什么是资金成本？如何计算各类资金的成本？

3. 影响资金成本的主要因素有哪些？如何降低项目的资金成本？

4. 对项目融资结构进行分析的原因有哪些？

5. 设某项目向银行借款的年利率为10％，企业应缴所得税税率为25％，筹资费用率为2％。试计算该项目向银行借款的资金成本。

6. 某企业发行长期债券，票面价值为400万元，实际发行价为380万元，筹资费用率为2％，债券利息率为8％，所得税税率为55％。试计算该债券的资金成本。

7. 公司发行普通股正常市价为300万元，筹资费用率为4％，第一年的股利率为10％，以后每年增长5％。试计算该普通股的资金成本。

8. 简述常用的特许经营项目融资模式的概念、特点及分类。

第七章 设备更新经济分析

学习目标

通过本章的学习，掌握设备损耗的类型及补偿方式、经济寿命的估算，掌握设备更新的经济分析。

能力目标

能运用所学的设备更新经济分析的相关理论知识进行设备更新方案的比选。

第一节 概 述

随着新工艺、新技术、新机具、新材料的不断涌现，工程施工在更大的深度和广度上实现了机械化。施工机械设备已成为施工企业生产力不可缺少的重要组成部分。因此，建筑施工企业都存在着如何使企业的技术结构合理化，如何使企业设备利用率、机械效率和设备运营成本等指标保持在良好状态的问题，这就必须对设备损耗的类型及补偿方式、设备更新方案的比选进行科学的技术经济分析。

更新是指用技术性能更完善、经济效益更显著的新型设备来替换原有技术上不能继续使用或经济上不宜继续使用的设备。由于现代科学技术日新月异，机器设备的陈旧化越来越快，更新的周期越来越短，为了适应现代化的要求，充分发挥企业的技术优势，对现有设备进行更新具有重要的意义。

设备更新有以下两种方式：

(1)设备原型更新，即用相同的设备去更换不能继续使用的旧设备。这种更新只是解决设备损耗且不能通过修理获得改善并继续使用的，或即使能通过维修获得改善并能继续使用，但修理费用高于购置新设备所采用的方式。这种方式不具有技术更新的性质，不能促进技术的进步。

(2)通过购置或对原有设备进行技术改造，用技术更先进、结构更完善、效率更高、性能更好、耗费能源和原材料更少的新型设备来替换那些在物理上不能继续使用或在经济上不宜继续使用的旧设备。针对这种方式进行设备更新经济分析就是确定一个最佳的设备更新时间，也就是在什么时间更新现在的设备在经济上最为有利。

设备更新同技术方案选择一样，应遵循有关的技术政策，进行技术论证和经济分析，做出最佳的选择。如果因设备暂时故障而草率作出报废的决定，或者片面追求现代化，一味购买最新式设备，都会造成资本的流失；而如果延缓设备更新，失去设备更新的最佳时机，同时竞争对手又积极利用现代化设备降低产品成本和提高产品质量，则企业必定会丧失竞争力。因此，识别设备在什么时间不能再有效地使用、应该怎样更新和何时更新等，是工程经济学要解决的重要问题。

第二节　设备损耗与补偿

一、设备损耗的类型

设备是企业生产的重要物质条件，企业进行生产，必须花费一定的投资，用以购置各种设备。设备购置后，无论是使用还是闲置，都会发生损耗，从而降低其使用效能，也降低其价值，这就是设备的损耗。设备的损耗分为两大类、四种形式。

(1)有形损耗（又称为物质损耗）。它包括使用损耗和自然损耗。

1)使用损耗是指机械设备在使用过程中的慢性磨损和损伤（包括机械损伤和化学损伤）引起的损耗。这是机械设备损耗的主要部分。机械设备的使用损耗主要与以下因素有关：负荷程度、机械设备的质量和耐磨程度、机械设备装配和安装的准确性、机械设备的固定程度、设备使用过程中防避外界（如粉尘、水汽、高温等）影响的程度、设备的维修情况、工人操作的熟练程度。

2)自然损耗是指在自然力的作用下，大气中的水分、粉尘和污染物等产生的锈蚀、腐蚀造成的有形损耗。

对于机械设备的有形损耗，可以通过维修工作，使一部分损耗得到修复和补偿。因此，机械设备的有形损耗又可分为可消除的有形损耗与不可消除的有形损耗。

(2)无形损耗（又称为精神损耗、经济损耗）。设备的无形磨损不是由生产过程中的使用或自然力的作用造成的，而是由社会经济环境变化造成的设备价值贬值，是技术进步的结果。无形损耗又有两种形式。

1)设备的技术结构和性能并没有变化，但由于技术进步，设备制造工艺不断改进，社会劳动生产率水平提高，同类设备的再生产价值降低，因而设备的市场价格也降低了，致使原设备相对贬值。这种损耗称为第一种无形损耗。这种无形损耗的后果只是现有设备的原始价值部分贬值，设备本身的技术特性和功能即使用价值并未发生变化，故其不会影响现有设备的使用。因此，不产生提前更换现有设备的问题。

2)第二种无形损耗是指科学技术的进步不断创新出结构更先进、性能更完善、效率更高、耗费原材料和能源更少的新型设备，使原有设备相对陈旧落后，其经济效益相对降低而发生贬值。第二种无形损耗不仅使原有设备价值降低，而且由于技术上更先进的新设备的发明和应用会使原有设备的使用价值局部或全部丧失，这就产生了是否用新设备代替现有陈旧落后设备的问题。

有形和无形两种损耗都引起设备原始价值的贬值，这一点两者是相同的。不同的是，遭受有形损耗的设备，特别是有形损耗严重的设备，在修理之前，常常不能工作；而遭受无形损耗的设备，并不表现为设备实体的变化和损坏，即使无形损耗很严重，其固定资产物质形态却可能没有损耗，仍然可以使用，只不过继续使用它在经济上是否合算，需要分析研究。

(3)设备的综合损耗。设备的综合损耗是指同时存在有形损耗和无形损耗的损坏和贬值的综合情况。对任何特定的设备来说，这两种损耗必然同时发生和同时互相影响。某些方面的技术要求可能加快设备有形损耗的速度，例如高强度、高速度、大负荷技术的发展，必然使设备的物质损耗加剧。同时，某些方面的技术进步又可提供耐热、耐磨、耐腐蚀、耐振动、耐冲击的新材料，使设备的有形磨损减缓，但使其无形损耗加快。

二、设备损耗的补偿方式

设备发生损耗后，需要进行补偿，以恢复设备的生产能力。针对机械设备损耗的不同形式，应采取不同的措施加以补偿，即进行维修、改造和更新。补偿分局部补偿和完全补偿。设备有形损耗的局部补偿是修理，设备无形损耗的局部补偿是现代化改装。设备有形损耗和无形损耗的完全补偿是更新，如图7-1所示。设备大修理是更换部分已损耗的结构作局部的改进和技术上的革新，如增添新的、必需的零部件，以增加设备的生产功能和效率为主；更新是对整个设备进行更换。

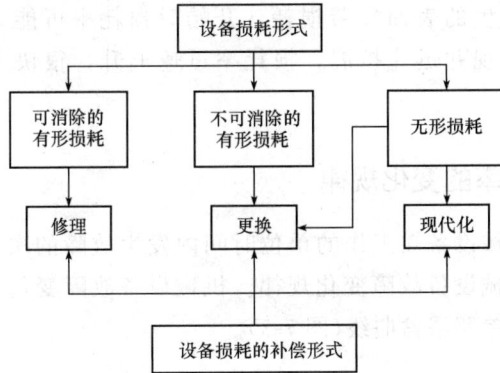

图 7-1　设备损耗与补偿之间的关系

由于设备总是同时遭受到有形损耗和无形损耗，因此，对其综合损耗后的补偿形式应进行更深入的研究，以确定恰当的补偿方式。对于陈旧落后的设备，即消耗高、性能差、使用操作条件不好、对环境污染严重的设备，应当用较先进的设备尽早替代；对整机性能尚可，有局部缺陷，个别技术经济指标落后的设备，应适应技术进步发展的需要，吸收国内外的新技术，不断地加以改造和现代化改装。在设备损耗补偿工作中，最好的方案是有形损耗期和无形损耗期相互接近，这是一种理想的"无维修设计"（也就是说，当设备需要进行大修理时，恰好到了更换的时刻）。但是大多数的设备，通常通过修理可以使有形损耗期达到20～30年甚至更长，但无形损耗期却比较短。在这种情况下，就存在如何对待已经无形损耗但物质上还可使用的设备的问题。此外还应看到，第二种无形损耗虽使设备贬值，但它是社会生产力发展的反映，这种损耗越大，表示社会技术进步越快，因此应该充分重视对设备损耗规律性的研究，加速技术进步的步伐。

三、机械设备的损耗规律

机械设备的损耗规律，是指机械设备从投入使用以后，机械设备损耗量随时间变化的关系。这里的损耗是指有形损耗的使用损耗，机械零件的损耗过程通常经历不同的损耗阶段，直至失效。图 7-2 所示为典型的有形损耗特性曲线。

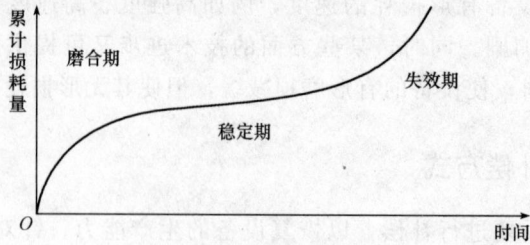

图 7-2　有形损耗特性曲线

图 7-2 中的纵坐标表示累计损耗量。单位时间的损耗量，称为损耗率。通常在磨合期内，损耗率比较大，并且是递减的。然后进入一个较长时间的稳定期，损耗率较小。直至某一点，斜率陡升，这意味着损耗急剧增大，失效即将发生。对于一些损耗过程，例如滚动轴承或齿轮中发生的表面疲劳损耗，开始时损耗率可能为零，当工作时间达到一定数值后，点蚀开始出现并迅速扩展，损耗率迅速上升，很快发展为大面积剥落和完全失效。

四、机械设备故障率的变化规律

所谓故障率，就是机械设备在工作的单位时间内发生故障的次数。了解机械设备的损耗规律后，也就好理解机械设备故障变化规律。机械设备故障变化规律和设备损耗规律一样有三个阶段，示意图可参照浴盆曲线（图 7-3）。

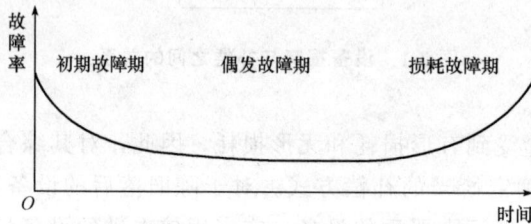

图 7-3　设备故障率变化

（1）初期故障期。此阶段内故障发生的原因多数是设计、制造上的缺陷，零部件磨合关系不好，搬运、拆卸、安装时的缺陷，操作人员不适应。特别对于进口机械设备，操作人员的不熟练造成初期故障率较高，对于使用单位来说，要慎重地进行搬迁、拆卸，严格地进行验收、试运转，以及培训好操作人员等。

（2）偶发故障期。此阶段设备处于正常运转时期，故障率最低，故障的发生主要是由操作人员的疏忽与错误造成的。因此，此时期的工作重点应是落实正确的操作规范，做好日常维护和保养工作。机械设备的寿命在很大程度上取决于正确操作和日常维护。

（3）损耗故障期。由于损耗严重，此阶段机械设备性能劣化而造成故障。为了防止其故障发生，就要在零部件达到极限损耗前加以更换。

第三节 设备更新方案的比选方法

一、设备寿命的概念

设备寿命在不同需要的情况下有不同的内涵和意义。现代设备的寿命，不仅要考虑自然寿命，而且还要考虑设备的技术寿命和经济寿命。

1. 设备的自然寿命

设备的自然寿命又称为物质寿命，是由物质损耗的原因所决定的设备的使用寿命，即设备从开始投入使用，因物质损耗使设备老化、坏损，直至报废为止所经历的时间。一般来说，设备的物质寿命较长，是由设备的有形损耗决定的。

2. 设备的技术寿命

由于科学技术的迅速发展，在设备使用过程中出现了技术上更先进、经济上更合理的新型设备，而使现有设备在物质寿命尚未结束前被逐渐淘汰为止所经历的时间叫作设备的技术寿命，有时也叫作设备的技术老化周期或有效寿命。技术寿命主要是由设备的无形损耗所决定的，它一般比自然寿命要短，而且科学技术进步越快，技术寿命越短。

3. 设备的经济寿命

经济寿命是指设备从投入使用开始，到继续使用至在经济上不合理而被更新所经历的时间。它是由设备维修费用的提高和使用价值的降低决定的。设备使用年限越长，所分摊的设备年资产消耗成本越少。超过了经济寿命而勉强继续使用，在经济上往往是不合理的。有人把这个阶段叫作"恶性使用阶段"。随着设备使用年限的增加，一方面需要更多的维修费维持原有功能；另一方面设备的操作成本及原材料、能源耗费也会增加，年运行时间、生产效率、质量将下降。因此，年资产消耗成本的降低，会被年度运行成本的增加或收益的下降所抵消。在整个变化过程中存在着某一年份，设备年平均使用成本最低，经济效益最好，如图 7-4 所示，在 N_0 年时，设备年平均使用成本达到最低值。称设备从开始使用到其年平均使用成本最小（或年盈利最高）的使用年限 N_0 为设备的经济寿命。所以，设备的经济寿命就是从经济观点（即成本观点或收益观点）确定的设备更新的最佳时刻。

4. 设备寿命期限的影响因素

影响设备寿命期限的因素较多，其中主要有：

(1)设备的技术构成，包括设备的结构及工艺性，技术进步；

(2)设备成本；

(3)加工对象；

(4)生产类型；

(5)工作班次；

(6)操作水平；

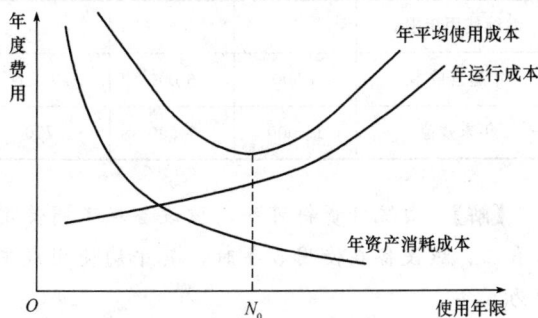

图 7-4 设备年度费用曲线

(7)产品质量;

(8)维护质量;

(9)环境要求。

二、设备经济寿命的估算

1. 设备经济寿命的确定原则

(1)使设备经济寿命内平均每年净收益(纯利润)达到最大;

(2)使设备在经济寿命内一次性投资和各种经营费总和达到最小。

2. 设备经济寿命的确定方法

确定设备经济寿命的方法可以分为静态模式和动态模式两种。

静态模式下设备经济寿命的确定方法,就是在不考虑资金时间价值的基础上计算设备年平均使用成本 $\bar{C}_N$。使 $\bar{C}_N$ 为最小的 N_0 就是设备的经济寿命。

$$\bar{C}_N = \frac{P - L_N}{N} + \frac{1}{N}\sum_{t=1}^{N} C_t \tag{7-1}$$

式中 $\bar{C}_N$——N 年内设备的年平均使用成本;

P——设备目前的实际价值,如果是新设备则包括购置费和安装费,如果是旧设备则包括旧设备现在的市场价值和继续使用旧设备追加的投资;

C_t——第 t 年的设备运行成本,包括人工费、材料费、能源费、维修费、停工损失、废次品损失等;

L_N——第 N 年年末的设备净残值。

在式(7-1)中,$\dfrac{P - L_N}{N}$ 为设备的平均年度资产消耗成本,而 $\dfrac{1}{N}\sum_{t=1}^{N} C_t$ 为设备的平均年度运行成本。

在式(7-1)中,如果使用年限 N 为变量,则当 $N_0(0 < N_0 < N)$ 为经济寿命时,应使 $\bar{C}_N$ 最小。

【例 7-1】 某设备目前的实际价值为 30 000 元,有关统计资料见表 7-1,求其经济寿命。

表 7-1　某设备的有关统计资料　　　　　　　　　　　　　　　　元

继续使用年限 t	1	2	3	4	5	6	7
年运营成本	5 000	6 000	7 000	9 000	11 500	14 000	17 000
年末残值	15 000	7 500	3 750	1 875	1 000	1 000	1 000

【解】 由统计资料可知,该设备在不同使用年限的年平均成本见表 7-2。由计算结果可以看出,该设备在使用 5 年时,其平均使用成本 13 500 元为最低。因此,该设备的经济寿命为 5 年。

表 7-2　某设备在不同使用年限时的静态年平均成本　　　　　　　　　　　　　　　元

使用年限 N	资产消耗成本 $(P-L_N)$	平均年资产消耗成本 (3)=(2)/(1)	年度运行成本 C_t	运行成本累计 $\sum C_t$	平均年度运行成本 (6)=(5)/(1)	年平均使用成本 $\overline{C}_N$ (7)=(3)+(6)
(1)	(2)	(3)	(4)	(5)	(6)	(7)
1	15 000	15 000	5 000	5 000	5 000	20 000
2	22 500	11 250	6 000	11 000	5 500	16 750
3	26 250	8 750	7 000	18 000	6 000	14 750
4	28 125	7 031	9 000	27 000	6 750	13 781
5	29 000	5 800	11 500	38 500	7 700	13 500
6	29 000	4 833	14 000	52 500	8 750	13 583
7	29 000	4 143	17 000	69 500	9 929	14 072

由式(7-1)和表 7-2 可以看到，用设备的年平均使用成本 $\overline{C}_N$ 估算设备的经济寿命的过程是：在已知设备现金流量的情况下，逐年计算出从寿命 1 年到 N 年全部使用期的年平均使用成本 $\overline{C}_N$，从中找出年平均使用成本 $\overline{C}_N$ 的最小值及其所对应的年限，从而确定设备的经济寿命。

由于设备使用时间越长，设备的有形损耗和无形损耗越加剧，从而导致设备的维护修理费用增加越多，这种逐年递增的费用 ΔC_t 称为设备低劣化，用低劣化数值表示设备损耗的方法称为低劣化数值法。如果每年设备的低劣化增量是均等的，即 $\Delta C_t = \lambda$，每年低劣化呈线性增长。假设评价基准年(即评价第一年)设备的运行成本为 C_1，则平均每年的设备使用成本 $\overline{C}_N$ 可用下式表示：

$$\overline{C}_N = \frac{P-L_N}{N} + \frac{1}{N}\sum_{t=1}^{N} C_t$$

$$= \frac{P-L_N}{N} + C_1 + \frac{1}{N}[\lambda + 2\lambda + 3\lambda + \cdots + (N-1)\lambda]$$

$$= \frac{P-L_N}{N} + C_1 + \frac{1}{2N}[N(N-1)\lambda]$$

$$= \frac{P-L_N}{N} + C_0 + \frac{1}{N}[(N-1)\lambda]$$

要使 $\overline{C}_N$ 为最小，设 L_N 为一常数(如果 L_N 不为常数且无规律可循时，需用列表法计算)，对上式的 N 进行一阶求导，并令其导数为零，据此，可以简化经济寿命的计算，即

$$N_0 = \sqrt{\frac{2(P-L_N)}{\lambda}} \tag{7-2}$$

式中　N_0——设备的经济寿命；

　　　λ——设备的低劣化值。

【例 7-2】　设有一台设备，目前实际价值 $P = 8\ 000$ 元，预计残值 $L_N = 800$ 元，第一年的设备运行成本 $Q = 600$ 元，每年设备的低劣化增量是均等的，每年低劣化值 $\lambda = 300$ 元，

求该设备的经济寿命。

【解】 设备的经济寿命 $N_0=\sqrt{\dfrac{2\times(8\,000-800)}{300}}=7$ (年)

将各年的计算结果列表(表 7-3)进行比较后,也可得到同样的结果。

表 7-3　用低劣化数值法计算设备最优更新期　　　　　　　　　　　　元

使用年限 N	平均年资产消耗成本 $(P-L_N)/N$	年度运行成本 C_t	运行成本累计 $\sum C_t$	平均年度运行成本 $(5)=(4)/(1)$	年平均使用成本 $\overline{C}_N$ $(6)=(2)+(5)$
(1)	(2)	(3)	(4)	(5)	(6)
1	7 200	600	600	600	7 800
2	3 600	900	1 500	750	4 350
3	2 400	1 200	2 700	900	3 300
4	1 800	1 500	4 200	1 050	2 850
5	1 440	1 800	6 000	1 200	2 640
6	1 200	2 100	8 100	1 350	2 550
7	1 029	2 400	10 500	1 500	2 529
8	900	2 700	13 200	1 650	2 550
9	800	3 000	16 200	1 800	2 600

三、设备更新方案的比选

设备更新方案的比选就是对新设备方案与旧设备方案进行比较分析,也就是决定现在马上购置新设备、淘汰旧设备,还是至少保留使用旧设备一段时间,再用新设备替换旧设备。新设备原始费用高,营运费和维修费低;旧设备目前净残值低,营运费和维修费高。必须进行权衡判断,才能作出正确的选择,一般情况下要进行逐年比较。

在静态模式下进行设备更新方案比选时,可按如下步骤进行:

(1)计算新、旧设备方案不同使用年限的静态年平均使用成本和经济寿命。

(2)确定设备更新时机。

设备更新即便在经济上是有利的,也未必应该立即进行。换言之,设备更新分析还包括更新时机选择的问题。现有已用过一段时间的旧设备,究竟在什么时机更新最经济?

(1)如果旧设备继续使用 1 年的年平均使用成本低于新设备的年平均使用成本,即

$$\overline{C}_N(旧)<\overline{C}_N(新)$$

此时,不更新设备,继续使用旧设备 1 年。

(2)当新、旧设备方案出现:

$$\overline{C}_N(旧)>\overline{C}_N(新)$$

此时,应更新现有设备,此即设备更新的时机。

总之,以经济寿命为依据的更新方案比较,应使设备都使用到最有利的年限。

▶ 本章小结

更新是指用技术性能更完善、经济效益更显著的新型设备来替换原有技术上不能继续使用或经济上不宜继续使用的设备。设备的损耗分为有形损耗、无形损耗两大类和四种形式。设备从开始使用到其年平均使用成本最小(或年盈利最高)的使用年限 N_0 为设备的经济寿命。静态模式下设备经济寿命的确定方法，就是在不考虑资金时间价值的基础上计算设备年平均使用成本 $\bar{C}_N$。使 $\bar{C}_N$ 为最小的 N_0 就是设备的经济寿命。计算新、旧设备方案不同使用年限的静态年平均使用成本和经济寿命以及确定设备更新时机，是设备更新方案比选的两个基本步骤。

▶ 思考与练习

1. 设备更新的两个方式是什么？

2. 简述设备的有形损耗和无形损耗。

3. 设备损耗的补偿方式有哪些？

4. 什么是设备的经济寿命？影响设备经济寿命的因素有哪些？

5. 简述设备经济寿命的估算方法。

6. 假设某设备的原始价值为 20 000 元，$\lambda = 300$ 元/年，残值 P_t 不随使用年限变化，均为 600 元，求该设备的最佳使用期。

第八章　建设项目经济评价

通过本章的学习，了解建设项目经济评价的基本概念，财务评价的基本概念；熟悉财务评价的价格体系、国民经济费用效益分析、社会评价与环境评价；掌握工程项目财务效益与费用分析、财务评价基本数据和基本财务报表、国民经济分析参数、影子价格的确定及国民经济评价报价表。

能够估算财务效益和费用，确定工程项目寿命周期，计算运营期借款利息，并能够进行所得税前和所得税后分析；能够识别国民经济费用与效益，进行国民经济评价；能够计算财务评价指标和编制财务评价报表。

第一节　概　述

一、建设项目经济评价的基本概念

建设项目的经济评价是指项目可行性研究中，对拟建项目方案计算期内有关技术经济因素和项目投入与产出的有关财务、经济资料进行调查、分析、预测，对项目的财务、经济、社会效益进行计算、评价，分析比较各个项目建设方案的优劣，从而确定和推荐最佳项目方案。经济评价是项目可行性研究的核心内容，其目的在于避免或最大限度地降低项目投资的风险，明确项目投资的财务效益水平和项目对国民经济发展及社会福利的贡献大小，最大限度地提高项目投资的综合经济效益，为项目的投资决策提供科学依据。

建设项目经济评价的任务是在完成项目相关的市场需求预测、拟建规模、技术设计方案、环境保护、投资估算与资金筹措等的基础上，在遵循动态分析与静态分析相结合、定量分析与定性分析相结合、宏观效益分析与微观效益分析相结合、价值量分析与实物量分析相结合、预测分析与统计分析相结合的原则下，计算项目建设所需投入的费用，对项目建成投产后的经济效益进行分析，对项目在经济上的可行性、合理性进行分析论证，选出经济效益最优的投资方案，并提出结论性意见或建议，为决策者提供投资决策的依据。

二、建设项目经济评价的两个层次

1. 建设项目经济评价两个层次的含义

建设项目的经济评价，分为财务评价和国民经济评价两个层次。

(1)财务评价是从企业的角度，根据国家现行财政、税收制度和现行市场价格，计算项目的投资、费用、产品成本与产品营业收入、税金等财务数据，进而据此计算、分析项目的盈利状况、收益水平及清偿能力、贷款偿还能力等财务状况，据此分析建设项目的财务可行性，并得出财务评价的结论。财务评价是建设项目经济评价中的微观层次，它主要从微观投资主体的角度分析项目可以给投资主体带来的效益以及投资风险。作为市场经济微观主体的企业进行投资时，一般都进行项目财务评价。

(2)国民经济评价是从国家和社会的角度，采用影子价格、影子工资、影子汇率、社会折现率等经济参数，计算项目需要国家付出的代价和项目对促进和实现国家经济发展的战略目标和对社会效益的贡献大小，对增加国民收入、增强国民经济实力、创收外汇、充分合理地利用国家资源、提供就业机会、促进科学技术进步等方面的贡献程度，即从国民经济的角度来判别建设项目的经济效果。国民经济评价的目的，在于寻求用尽可能少的社会费用，取得尽可能大的社会效益的最佳方案。对于财务现金流量不能全面、真实地反映其经济价值，需要进行费用效益分析的项目，应将国民经济评价的结论作为项目决策的主要依据之一。

2. 建设项目经济评价两个层次的异同

(1)建设项目的财务评价和国民经济评价是互相联系的，它们之间有若干相同之处，表现在以下几个方面：

1)两者的评价目的相同。它们都要寻求以最小的投入获得最大的产出。

2)两者的评价基础相同。它们都是在完成市场需求预测、工程技术方案、资金筹措等的基础上进行评价。

3)两者的计算期相同。它们都要通过计算包括项目的建设期、生产期全过程的费用和效益来评价项目方案的优劣，从而得出项目方案是否可行的结论。

(2)国民经济评价与财务评价虽然联系密切，但二者也有不同，表现在以下几个方面：

1)评价的角度不同。财务评价是站在项目自身的立场上，从财务的角度考察项目的货币收支和财务盈利水平，以及借款偿还能力，以确定投资行为的财务可行性。它是以企业净收入最大化为目标的盈利性评价，属于微观经济评价。国民经济评价是站在国民经济综合平衡的立场上，考察项目需要国家付出的代价和对实现国家经济发展的战略目标以及对社会福利的贡献大小，即考察项目方案的国民经济效益，以确定投资行为的宏观可行性。它是以全社会的资源获得最优配置，从而使国民收入最大化为目标的盈利性评价，属于宏观经济评价。

2)费用和收益的范围不同。财务评价中的费用和收益，由财务评价的目标所决定，是根据企业直接发生的财务收支，计算项目的费用和收益，即只考虑项目的直接货币效益。凡是增加企业收入的就是财务收益，凡是减少企业收入的就是财务费用。国民经济评价中的费用和收益，是由国民经济评价的目标所决定的，凡是增加国民收入的就是国民经济收益，凡是减少国民收入的就是国民经济费用。它根据项目所消耗的全社会有用资源和对社会提供的有用产品(包括劳务)来考察项目的费用和收益，即除了考虑项目的直接经济效果之外，还要考虑项目的间接效果(包括定量效果和定性效果)，考虑项目对全社会的全面的费用与收益状况。

3)费用和收益的划分不同。财务评价根据项目的实际收支确定项目的费用和收益，项目的收益仅包括净利润和折旧，而利息、税金则作为项目的费用支出。进行国民经济评价时，税金、国内借款利息视为国民经济内部转移支付，不列入项目的费用或收益。

4)采用的价格不同。财务评价对投入物和产出物采用现行的市场实际价格。国民经济评价则采用根据机会成本和供求关系确定的影子价格。

5)采用的折现率不同。财务评价采用因行业而异的基准收益率作为折现率。国民经济评价采用国家统一测定的社会折现率。

6)采用的汇率不同。财务评价采用官方汇率。国民经济评价采用国家统一测定的影子汇率。

7)采用的工资不同。财务评价采用当地通常的工资水平。国民经济评价采用影子工资。

第二节　建设项目财务评价

一、财务评价概述

1. 财务评价的内容

项目决策可分为投资决策和融资决策两个层次。投资决策重在考察项目净现金流是否大于其投资成本；融资决策重在考察资金筹措方案能否满足要求。从严格意义上说，投资决策在先，融资决策在后。根据不同决策的需要，财务评价可分为融资前财务评价和融资后财务评价。财务评价的内容主要包括：财务盈利能力分析、清偿能力分析、外汇效果分析、风险分析和财务状况分析。

财务评价应该按《建设项目经济评价方法与参数》执行，基本程序如下：

(1)收集、整理和计算有关基础财务数据资料。根据项目市场研究和技术研究的结果，现行价格体系及现行财税制度进行财务预测，获得项目投资支出、投资进度、营业收入、生产成本、利润、税金及项目计算期等一系列财务基础数据，并将所得数据编制成辅助财务报表。

(2)编制基本财务报表。其一般包括现金流量表、损益表、资金来源与运用表、资产负债表及外汇平衡表。

(3)进行财务评价指标的计算与分析。根据基本财务报表进行项目盈利能力指标、清偿能力指标分析，并与其对应的评价标准或基准值进行对比分析，从而对项目的财务状况作出评价，得出结论。

(4)进行不确定性分析。通过盈亏平衡分析、敏感性分析、概率分析等，预测项目可能遇到的风险及项目的抗风险能力。

(5)结论。作出项目财务评价的最终结论，对该项目在财务上是否可行作出判断。

财务评价的程序如图 8-1 所示。

2. 财务评价的作用

建设项目的财务评价无论是对投资主体，还是对为项目建设和生产经营提供资金的其他机构或个人，均具有十分重要的作用，主要表现在以下几个方面：

(1)财务评价是建设项目可行性研究报告和经济评价的重要组成部分，是投资者进行投资决策的主要依据。比如，通过比较项目的财务盈利能力能否达到国家规定的基准收益率，

项目方案设计　　返回　　　放弃

不可行

融资前分析

基础数据
建设投资（不含建设期利息）
营业收入
经营成本
流动资金

项目投资现金流量分析

基准收益率

编制项目投资现金流量表
计算相应财务评价指标：项目投资 IRR、NPV、P_t、P_t'

可行

基础数据
资金成本

融资方案

不可行

计算建设期利息
编制借款还本付息计划表、编制总成本费用表

融资后分析

基础数据

利润与利润分配表　　资产负债表　　财务计划现金流量表　　资本金现金流量分析：资本金现金流量表

静态盈利能力分析：
总投资收益率（ROI）
资本金净利润率（ROE）

清偿能力分析：
偿债备付率
利息备付率
资产负债率
借款偿还期（辅助）

财务生存能力分析

动态盈利能力分析：
资本金 IRR

最低期望收益率

投资各方现金流量分析：
投资各方现金流量表
投资各方 IRR

不确定性分析

盈亏平衡分析　　　敏感性分析

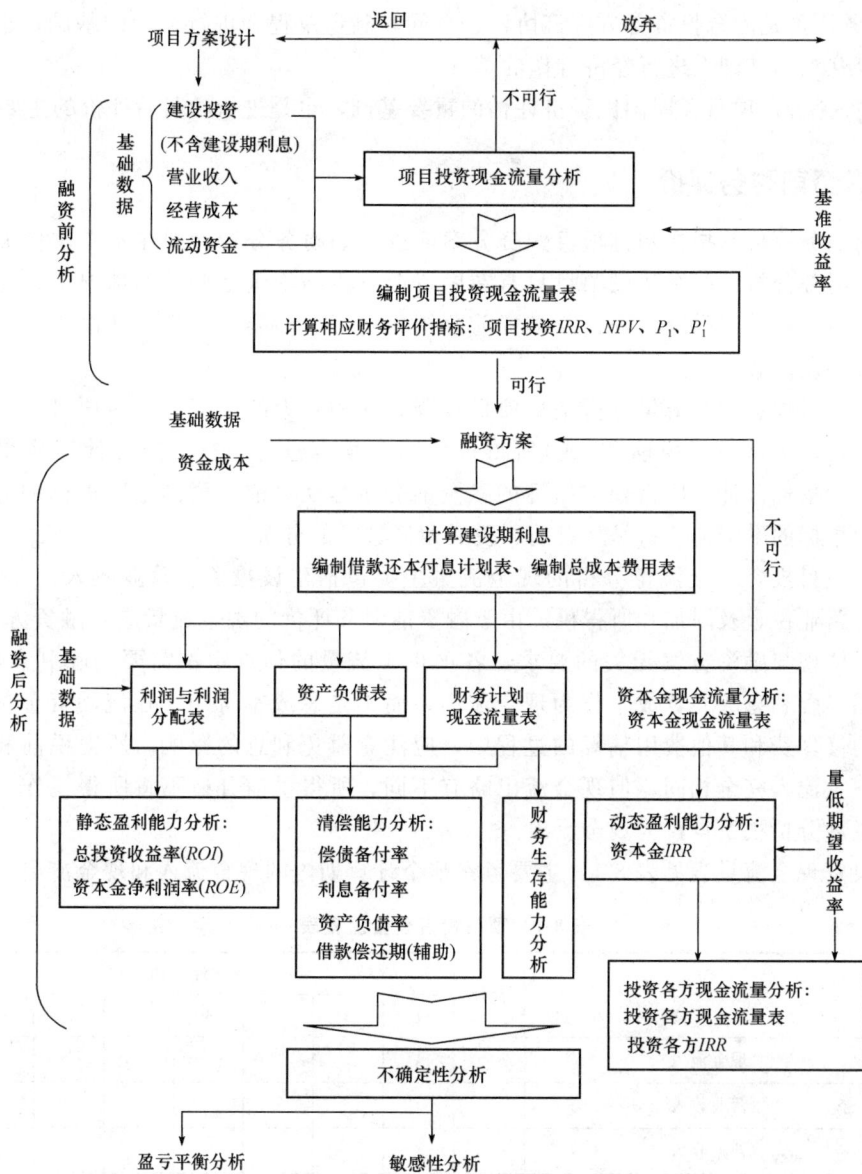

图 8-1　财务评价程序

可以分析预测项目投资主体能否取得预期的投资效益。因此，财务评价是项目投资主体、债权人、决策部门共同关心的问题。判断一个项目是否值得建设，首先要进行财务评价。特别是在市场经济条件下，财务状况不佳或财务评价不可行的项目，除非国民经济特殊需要，否则是不可能进行投资建设的。

（2）财务评价是制订适宜的资金规划，进行项目筹资决策的直接依据。通过对建设项目的投资估算，可以确定项目实施所需资金数额，进而根据资金的可能来源及资金的使用效益，安排恰当的用款计划及选择适宜的筹资方案。

（3）财务评价能为协调国家利益和企业利益提供依据。对某些国民经济评价结论好，财务评价不可行，但又为国计民生所急需的项目，必要时可向国家提出采用经济优惠措施的建议，使项目具有财务上的生存能力。

(4)财务评价是配合投资各方签订协议、合同，制定章程和进行谈判的基础，也是促进各方在平等互利的基础上进行经济合作的基础。

(5)财务评价是项目开展国民经济评估的重要基础，也是进行项目后评价的主要参照。

二、融资前财务评价

融资前财务评价是指在制订项目融资方案前进行的财务分析，即在不考虑债务融资条件下进行的财务分析。一个建设项目只有在融资前分析结论满足要求的情况下，才能初步设定融资方案，再进行融资后分析。融资前分析只进行盈利能力分析，并以投资现金流量分析为主要手段。

融资前项目投资现金流量分析是从项目投资总获利能力的角度，考察项目方案的合理性。根据需要，可从所得税前和(或)所得税后两个角度进行考察，选择计算所得税前和(或)所得税后指标。计算所得税前指标的融资前分析是从息前、税前角度进行的分析。计算所得税后指标的融资前分析是从息前、税后角度进行的分析。

融资前项目投资现金流量分析的现金流量主要包括建设投资、营业收入、经营成本、流动资金、营业税金及附加和所得税。由于融资前财务评价的现金流量应与融资方案无关，因此，为了体现与融资方案无关的要求，各项现金流量的估算中都需要剔除利息的影响。例如，采用不含利息的经营成本作为现金流出，而不是总成本费用。在流动资金估算、经营成本中的修理费和其他费用估算的过程中，应注意避免利息的影响。所得税前和所得税后分析的现金流入完全相同，但现金流出略有不同，所得税前分析不将所得税作为现金流出，所得税后分析视所得税为现金流出。

项目投资现金流量表见表 8-1，主要考察整个计算期内的现金流入和现金流出。

表 8-1　项目投资现金流量表

序号	项　　目	合计	计算期							
			1	2	3	4	5	6	…	n
1	现金流入									
1.1	营业收入									
1.2	补贴收入									
1.3	回收固定资产余值									
1.4	回收流动资金									
2	现金流出									
2.1	建设投资									
2.2	流动资金									
2.3	经营成本									
2.4	营业税金及附加									
2.5	维持运营投资									
3	所得税前净现金流量(1-2)									
4	累计所得税前净现金流量									
5	调整所得税									

序号	项目	合计	计算期							
			1	2	3	4	5	6	⋯	n
6	所得税后净现金流量（3－5）									
7	累计所得税后净现金流量									

计算指标：所得税前	所得税后
项目投资财务内部收益率（$FIRR$）：　　　　％	项目投资财务内部收益率（$FIRR$）：　　　　％
项目投资财务净现值（$FNPV$）（$i_c=$）：　　万元	项目投资财务净现值（$FNPV$）（$i_c=$）：　　万元
项目投资回收期（P_t）：　　　　年	项目投资回收期（P_t）：　　　　年

表中计算期的年序为 1，2，⋯，n，建设开始年作为计算期的第一年，年序为 1。当项目建设期以前所发生的费用占总费用的比例不大时，为简化计算，这部分费用可列入年序 1。若需单独列出，可在年序 1 以前另加一栏"建设起点"，年序填零，将建设期以前发生的现金流出填入该栏。

（1）现金流入为营业收入、回收固定资产余值、回收流动资金，还可能包括补贴收入。营业收入的各年数据取自营业收入、营业税金及附加和增值税估算表。固定资产余值和流动资金均在计算期最后一年回收。固定资产余值回收额为固定资产折旧费估算表中固定资产期末净值合计。其计算方法分两种情况：

若固定资产使用年限＝项目计算期，此时折旧已经提完，则：

固定资产余值回收＝原值×净残值率；

若固定资产使用年限＞项目计算期，此时折旧尚未提完，则：

固定资产余值回收＝（使用年限－运营期）×年折旧费＋残值。

流动资金回收额为项目全部流动资金。

（2）现金流出主要包括建设投资、流动资金、经营成本、营业税金及附加。固定资产投资和流动资金的数额取自项目总投资使用计划与资金筹措表。流动资金投资为各年流动资金增加额。经营成本取自总成本费用估算表。营业税金及附加包括营业税、消费税、资源税、城市维护建设税和教育费附加，它们取自营业收入、营业税金及附加和增值税估算表。调整所得税应根据息税前利润乘以所得税率计算。原则上，息税前利润的计算应完全不受融资方案变动的影响，即不受利息多少的影响，包括建设期利息对折旧的影响。但如此将会出现两个折旧和两个息税前利润（用于计算融资前所得税的息税前利润和利润表中的息税前利润）。为简化起见，当建设期利息占总投资比例不是很大时，也可按利润表中的息税前利润计算、调整所得税。

（3）项目计算期各年的净现金流量为各年现金流量减对应年份的现金流出量，各年累计净现金流量为本年及以前各年净现金流量之和。

（4）按所得税前的净现金流量计算的相关指标即所得税前指标，它是投资盈利能力的体现，用以考察项目方案设计本身所决定的财务盈利能力。它不受融资方案和所得税政策变化的影响，仅仅体现项目方案本身的合理性。所得税前指标可以作为初步投资决策的主要指标，用于考察项目是否可行，是否值得为之融资。

【例 8-1】　某建设项目的建设期为 1 年，运营期为 6 年，项目建成当年投产，当地政府给予启动经费 100 万元（免税）。其他基本数据如下：

(1)建设投资 1 000 万元。预计全部形成固定资产，固定资产使用年限为 10 年，按直线法折旧，期末残值为 100 万元。投产当年又投入资本金 200 万元作为运营期的流动资金。

(2)正常年份年营业收入为 800 万元，经营成本为 300 万元，产品营业税及附加税税率为 6%，所得税税率为 25%，行业基准收益率为 10%，基准投资回收期为 6 年。

(3)投产第一年仅达到设计生产能力的 80%，这一年的营业收入、经营成本和总成本均按正常年份的 80% 计算，以后各年均达到设计生产能力。

(4)运营 3 年后，预计需更新新型自动控制设备配件购置费 20 万元才能维持以后的正常运营需要，该维持运营投资按当期费用计入年度总成本。

试编制项目投资现金流量表。

【解】(1)固定资产折旧费：

$$固定资产折旧费 = \frac{1\ 000 - 100}{10} = 90(万元)$$

(2)运营期末固定资产余值：

$$固定资产余值 = 90 \times 4 + 100 = 460(万元)$$

(3)调整所得税：

调整所得税 = (营业收入 − 营业税金及附加 − 息税前成本) × 25%

第二年息税前成本 = 经营成本 + 折旧费 = 240 + 90 = 330(万元)

第三、四、六、七年息税前成本 = 300 + 90 = 390(万元)

第五年息税前成本 = 经营成本 + 折旧费 + 维持运营成本 = 300 + 90 + 20 = 410(万元)

第二年调整所得税 = (640 − 38.4 − 330) × 25% = 67.9(万元)

第三、四、六、七年调整所得税 = (800 − 48 − 390) × 25% = 90.5(万元)

第五年调整所得税 = (800 − 48 − 410) × 25% = 85.5(万元)

项目投资现金流量表见表 8-2。

表 8-2 项目投资现金流量表　　　　　　　　　　　　　　万元

序号	项　目	计算期						
		1	2	3	4	5	6	7
1	现金流入	0	740	800	800	800	800	1 460
1.1	营业收入	0	640	800	800	800	800	800
1.2	补贴收入		100					
1.3	回收固定资产余值							460
1.4	回收流动资金							200
2	现金流出	1 000	478.4	348	348	368	348	348
2.1	建设投资	1 000						
2.2	流动资金		200					
2.3	经营成本		240	300	300	300	300	300
2.4	营业税金及附加		38.40	48.00	48.00	48.00	48.00	48.00
2.5	维持运营投资					20.00		
3	所得税前净现金流量(1−2)	−1 000	261.6	452	452	432	452	1 112
4	累计所得税前净现金流量	−1 000	−738.4	−286.4	165.6	597.6	1 049.6	2 161.6

序号	项　目	计算期						
		1	2	3	4	5	6	7
5	调整所得税		67.9	90.5	90.5	85.5	90.5	90.5
6	所得税后净现金流量(3－5)	－1 000	193.7	361.5	361.5	346.5	361.5	1 021.5
7	累计所得税后净现金流量	－1 000	－806.3	－444.8	－83.3	263.2	624.7	1 646.2

三、融资后财务评价

融资后财务评价包括项目的盈利能力分析、偿债能力分析以及财务生存能力分析，据以判断项目方案在融资条件下的合理性。融资后财务评价是比选融资方案，进行融资决策和最终决定是否投资的依据。融资后财务评价的报表包括项目资本金现金流量表、投资各方现金流量表、利润与利润分配表、财务计划现金流量表、资产负债表。辅助报表有借款还本付息估算表、总成本费用估算表。

盈利能力分析包括动态分析和静态分析两种方法。动态分析是通过编制财务现金流量表，根据资金时间价值原理，计算财务内部收益率、财务净现值等指标，分析项目的获利能力。融资后的动态分析可分为项目资本金现金流量分析和投资各方现金流量分析。静态分析则是通过编制利润与利润分配表，选择一些静态指标，分析非折现盈利能力。

偿债能力则是考察项目按期偿还借款的能力。根据借款还本付息计划表、利润和利润分配表以及总成本费用表的有关数据，通过计算利息备付率、偿债备付率指标，判断项目的偿债能力。如果能够得知或根据经验设定所要求的借款偿还期，可以直接计算利息备付率、偿债备付率指标。如果借款偿还期难以设定，也可以先将其大致估算出，再采用适宜的方法计算出每年需要还本和付息的金额，计算利息备付率、偿债备付率指标。

财务生存能力是根据财务计划现金流量表，分析考察项目在整个计算期内的资金充裕程度，分析财务可持续性，判断项目在财务上的生存能力。

1. 借款还本付息计划表的编制

借款还本付息计划表反映了项目计算期内各年借款本金偿还和利息支付情况，用于计算偿债备付率和利息备付率指标。根据与贷款银行商定的条件，建设期贷款的本息将在生产期内分年偿还。偿还的方式有多种，一般采用生产期在规定年限内等额偿还方式，如等额本金偿还和等额本息偿还，在财务评价中常采用借款还本付息表的形式来计算。在计算中要注意，生产期初应偿还贷款本息总额等于建设期内贷款本金与贷款利息的总和；在生产期内当到某年仍不能还清全部贷款时，还应计算利息；另外，每年贷款的偿还均发生在年末(表8-3)。

表8-3　借款还本付息计划表

序号	项目	合计	计算期					
			1	2	3	4	⋯	n
1	借款1							
1.1	期初累计借款							

序号	项目	合计	计算期					
			1	2	3	4	…	n
1.2	当期应还本息							
	其中：本金							
	付息							
1.3	期末借款余额							
2	借款2							
	…							
3	债券							
	…							
4	借款和债券合计							
	…							
计算指标	利息备付率/%							
	偿债备付率/%							

根据国家现行财税制度的规定，贷款还本的资金来源主要包括可用于归还借款的利润、固定资产折旧、无形资产和其他资产摊销费和其他还款资金。

(1)利润。用于归还贷款的利润，一般应是经过利润分配程序后的未分配利润。如果是股份制企业，需要向股东支付股利，应先从未分配利润中扣除分配给投资者的利润，然后用来归还贷款。项目投产初期，如果用规定的资金来源归还贷款的缺口较大，也可暂不提取公积金。

(2)固定资产折旧。鉴于项目投产初期尚未面临固定资产更新的问题，作为固定资产重置准备金性质的折旧，在被提取以后暂时处于闲置状态。因此，为了有效地利用一切可能的资金来源以缩短还贷期限，加强项目的偿债能力，可以使用部分新增折旧基金作为偿还贷款的来源之一。

(3)摊销费。摊销费是指按现行的财务制度计入项目的总成本费用，但是项目在提取摊销费后，这笔资金并没有具体的用途规定，具有沉淀性质，因此可以用来归还贷款。

(4)其他还款资金。其他还款资金是指按有关规定可以用减免的营业税金偿还贷款的资金来源。

在生产期内，建设投资和流动资金的借款利息按现行的财务制度，均应计入项目总生产成本费用中的财务费用。

建设投资借款可分别采用等额还本付息法或等额还本利息照付法两种还款方法来计算。

(1)等额还本付息法：这种方法是指在还款期内每年偿付的本息之和是相等的，但每年支付的本金数和利息数不相等。

1)计算建设期末的累计借款本金与利息之和 I_c。

2)根据等额支付系列资金恢复公式，计算每年等值的还本付息额度 A：

$$A = I_c \frac{i(1+i)^n}{(1+i)^n - 1} \tag{8-1}$$

3)每年应还利息＝年初借款余额×年利率

其中：年初借款余额＝I_c－本年前各年偿还的本金累计。

4)每年应还本金＝A－每年应还利息。

【例8-2】 某建设项目的建设期为2年，向银行贷款总额为1 250万元。贷款比例为：第一年55％，第二年45％。银行贷款利率为8％（按季结息）。建设期贷款按照每年等额还本付息法，在生产期的前5年内偿还。试计算每年应还本金、利息和本息各为多少。

解：各年银行贷款额：

第一年银行贷款＝1 250×55％＝687.5（万元）

第二年银行贷款＝1 250×45％＝562.5（万元）

$$银行贷款实际利率＝\left(1＋\frac{名义利率}{年计息次数}\right)^{年计息次数}－1＝\left(1＋\frac{8\%}{4}\right)^4－1＝8.24\%$$

建设期2年内各年的银行贷款利息：

第一年银行贷款利息＝687.5×8.24％÷2＝28.33（万元）

第二年银行贷款利息＝（687.5＋28.33＋562.5÷2）×8.24％＝82.16（万元）

生产期初应还银行本息＝1 250＋28.33＋82.16＝1 360.49（万元）

$$还款期内每年应还银行本息＝1 360.49×\frac{8.24\%×(1＋8.24\%)^5}{(1＋8.24\%)^5－1}＝342.90（万元）$$

借款还本付息表详见表8-4。

表8-4 借款还本付息表（一） 万元

序号	年序	1	2	3	4	5	6	7
1	年初累计借款		715.83	1 360.49	1 129.69	879.87	609.48	316.80
2	本年新增借款	687.5	562.5	0	0	0	0	0
3	本年应计利息	28.33	82.16	112.10	93.09	72.50	50.22	26.10
4	本年应还本息	0	0	342.90	342.90	342.90	342.90	342.90
4.1	其中：还本金	0	0	230.80	249.81	270.40	292.68	316.80
4.2	还利息	0	0	112.10	93.09	72.50	50.22	26.10
5	年末借款余额		1 129.69	879.87	609.48	316.80	0

（2）等额还本利息照付法：这种方法是指在还款期内每年等额偿还本金，而利息按年初借款余额和利率的乘积计算。每年偿还的利息及本利和均不等。

1)计算建设期末累计借款本金与利息之和 I_c。

2)在指定偿还期内，每年应偿还的本金 A：

$$A＝\frac{I_c}{n} \tag{8-2}$$

式中 n——贷款偿还期。

3)每年应还利息＝年初借款余额×年利率：

$$第 t 年还的利息＝I_c×\left(1－\frac{t-1}{n}\right)×i \tag{8-3}$$

4)每年应还本息总额＝每年应还的本金 A＋每年应还利息：

$$第 t 年还的本息额 A_t＝\frac{I_c}{n}＋I_c×\left(1－\frac{t-1}{n}\right)×i \tag{8-4}$$

【例8-3】 根据例8-2的数据，建设期贷款采用等额还本利息照付法，在生产期的前5年内偿还。试计算每年应还本金、利息和本息各为多少。

【解】 每年应还本金＝1 360.49÷5＝272.10（万元）。其他数据见表8-5。

表8-5 借款还本付息表（二）　　　　　　　　万元

序号	年序	1	2	3	4	5	6	7
1	年初累计借款		715.83	1 360.49	1 088.39	816.29	544.19	272.09
2	本年新增借款	687.5	562.5					
3	本年应计利息	28.33	82.16	112.10	89.68	67.26	44.84	22.42
4	本年应还本息			384.20	361.78	339.36	316.94	294.52
4.1	其中：还本金			272.1	272.1	272.1	272.1	272.1
4.2	还利息			112.10	89.68	67.26	44.84	22.42
5	年末借款余额			1 088.39	816.29	544.19	272.09	0

2. 总成本费用表的编制

总成本费用表是在还本付息计划表、固定资产折旧费用估算表、流动资产及其他资产摊销估算表、营业收入和营业税金及附加估算表编制完成后，通过对项目经营成本的计算，汇总编制而成的报表。用生产要素法估算的总成本费用表的格式见表8-6。另外，总成本费用也可以采用生产成本加期间费用的方式估算。

表8-6 总成本费用表（生产要素法）

序号	年份／项目	计算期					
		1	2	3	4	…	n
1	外购原材料费						
2	外购燃料及动力费						
3	工资及福利费						
4	修理费						
5	其他费用						
6	经营成本（1＋2＋3＋4＋5）						
7	折旧费						
8	摊销费						
9	利息支出						
10	总成本费用合计（6＋7＋8＋9）						
	其中：可变成本						
	固定成本						

3. 利润与利润分配表的编制

利润与利润分配表反映出项目计算期内各年营业收入、总成本费用、利润总额等情况，以及所得税后利润的分配，用于计算总投资收益率、项目资本金净利润率等指标。其报表格式见表8-7。

表 8-7　利润与利润分配表

序号	项　目	合计	计算期						
			1	2	3	4	5	…	n
1	营业收入								
2	营业税金及附加								
3	总成本及费用								
4	补贴收入								
5	利润总额(1−2−3+4)								
6	弥补前年度亏损								
7	应纳税所得额(5−6)								
8	所得税(7×所得税税率)								
9	净利润(5−8)								
10	期初未分配利润								
11	可供分配利润(9+10−6)								
12	提取法定盈余公积金								
13	可供投资者分配的利润(11−12)								
14	应付优先股利								
15	提取任意盈余公积金								
16	应付普通股利(13−14−15)								
17	各投资方利润分配								
	其中：××方								
	××方								
18	未分配利润(13−14−15−17)								
19	息税前利润(利润总额+利息支出)								
20	息税折旧摊销前利润 (息税前利润+折旧+摊销)								

表 8-7 中：

(1)营业收入、营业税金及附加的各年度数据取自营业收入、营业税金及附加和增值税估算表，总成本费用取自总成本费用估算表。

(2)利润总额=营业收入−营业税金及附加−总成本费用+补贴收入。

(3)所得税=应纳税所得额×所得税税率，应纳税所得额=利润总额−上年度亏损。

【小提示】　应纳税所得额为利润总额根据国家有关规定进行调整后的数额。在建设项目财务评价中，主要是按减免所得税及用税前利润弥补上年度亏损的有关规定进行的调整。财政部颁发的《工业企业财务制度》的规定，企业发生的年亏损，可以用下一年度的税前利润等弥补，下一年利润不足以弥补的可以在 5 年内延续弥补，5 年内不足以弥补的，用税后利润等弥补。

(4)净利润=利润总额−所得税。

(5)可供分配利润=净利润+期初未分配利润−上年度亏损。

(6)法定盈余公积金=净利润×10%

（7）可供投资者分配利润＝可供分配利润－法定盈余公积金。可供投资者分配利润可能出现两种情况：

1）可供投资者分配利润＋折旧费＋摊销费≤该年应还本金，则该年的可供投资者分配利润全部转为未分配利润用于还款，不足部分为该年资金亏损，不提取应付投资者各方的股利，并需要临时借款弥补还本资金的不足。

2）可供投资者分配利润＋折旧费＋摊销费＞该年应还本金，则该年为盈余年份，还款未分配利润按以下公式计算：

该年还款未分配利润＝（该年应还本金＋上年度亏损）－折旧费－摊销费

（8）应付各投资方股利＝可供投资者分配利润×约定的分配利率

4. 项目资本金现金流量表的编制

在对项目整体获利能力有所判断的基础上，项目资本金盈利能力指标是投资者最终决定是否投资的最重要的指标，也是比较和取舍融资方案的重要依据。项目资本金现金流量分析，应在拟订的融资方案下，从项目资本金出资者的角度，确定其现金流入和现金流出，编制项目资本金现金流量表。

项目资本金现金流量表以投资者的出资额作为计算基础，将借款本金的偿还及利息支付计入现金流出，用以计算项目的资本金内部收益率、财务净现值等评价指标，考察项目的盈利能力。其报表格式见表8-8。

表8-8　项目资本金现金流量表

序号	项　　目	合计	计算期							
			1	2	3	4	5	6	…	n
1	现金流入									
1.1	营业收入									
1.2	补贴收入									
1.3	回收固定资产余值									
1.4	回收流动资金									
2	现金流出									
2.1	项目资本金									
2.2	借款本金偿还									
2.3	借款利息支付									
2.4	经营成本									
2.5	营业税金及附加									
2.6	所得税									
2.7	维持运营投资									
3	净现金流量（1－2）									

计算指标：

资本金财务内部收益率（$FIRR$）＝　　　％

表 8-8 中：

（1）现金流入：各项数据来源与全部投资现金流量表相同。

（2）现金流出：

1）项目资本金取自项目总投资计划与资金筹措表中资金筹措项下的自有资金分项；

2）借款本金偿还包括借款还本付息计划表中的本年还本金额与流动资金借款本金偿还之和，其中流动资金借款本金偿还一般发生在计算期最后一年；

3）借款利息支付数额来自总成本费用估算表中的利息支出项；

4）现金流出中其他各项与全部投资现金表相同。

5. 投资各方现金流量表的编制

为了考察投资各方的具体收益，还应从投资各方实际收入和支出的角度，确定其现金流入和现金流出，分别编制投资各方现金流量表，计算投资各方的内部收益率。其报表格式见表 8-9。

表 8-9　投资各方现金流量表

序号	项　　目	合计	计算期							
			1	2	3	4	5	6	…	n
1	现金流入									
1.1	实分利润									
1.2	资产处置收益分配									
1.3	租赁费收入									
1.4	技术转让或使用收入									
1.5	其他现金流入									
2	现金流出									
2.1	实缴资本									
2.2	租赁资产支出									
2.3	其他现金流出									
3	净现金流量（1－2）									

计算指标：

投资各方财务内部收益率（$FIRR$）＝　　　％

投资各方现金流量表中的现金流入是指出资方因该项目的实施将实际获得的各种收入。现金流出是指出资方因该项目的实施将实际投入的各种支出。

（1）实分利润是指投资者由项目获取的利润。

（2）资产处置收益分配是指对有明确的合营期限或合资期限的项目，在期满时对资产余值按股比或约定比例的分配。

（3）租赁费收入是指出资方将自己的资产租赁给项目使用所获得的收入，此时应将资产价值作为现金流出，列为租赁资产支出科目。

（4）技术转让或使用收入是指出资方将专利或专有技术转让或允许该项目使用所获得的收入。

6. 项目财务计划现金流量表的编制

项目财务计划现金流量表，反映项目计算期各年的投资、融资及经营活动的现金流入和流出，计算累计盈余资金，分析项目的财务生存能力。该表用于选择资金筹措方案，制订适宜的借款及偿还计划，并为编制资产负债表提供依据。其报表格式见表 8-10。

表 8-10　项目财务计划现金流量表

序号	项　目	合计	计算期							
			1	2	3	4	5	6	···	n
1	经营活动净现金流量(1.1−1.2)									
1.1	现金流入									
1.1.1	营业收入									
1.1.2	增值税销项税额									
1.1.3	补贴收入									
1.1.4	其他流入									
1.2	现金流出									
1.2.1	经营成本									
1.2.2	增值税进项税额									
1.2.3	营业税金及附加									
1.2.4	增值税									
1.2.5	所得税									
1.2.6	其他流出									
2	投资活动净现金流量(2.1−2.2)									
2.1	现金流入									
2.2	现金流出									
2.2.1	建设投资									
2.2.2	维持运营投资									
2.2.3	流动资金									
2.2.4	其他流出									
3	筹资活动净现金流量(3.1−3.2)									
3.1	现金流入									
3.1.1	项目资本金投入									
3.1.2	建设投资借款									
3.1.3	流动资金借款									
3.1.4	债券									
3.1.5	短期借款									
3.1.6	其他流入									
3.2	现金流出									
3.2.1	各种利息支出									
3.2.2	偿还债务本金									
3.2.3	应付利润(股利分配)									

序号	项　　目	合计	计算期							
			1	2	3	4	5	6	⋯	n
3.2.4	其他流出									
4	净现金流量(1+2+3)									
5	累积盈余资金									

7. 资产负债表的编制

资产负债表综合反映项目计算期内各年年末资产、负债和所有者权益的增减变化及对应关系，用以考察项目资产、负债、所有者权益的结构是否合理，进行清偿能力分析。其报表格式见表8-11。

表8-11　资产负债表

序号	项　　目	合计	计算期						
			1	2	3	4	5	⋯	n
1	资产								
1.1	流动资产总额								
1.1.1	货币资金								
1.1.2	应收账款								
1.1.3	预付账款								
1.1.4	存货								
1.1.5	其他								
1.2	在建工程								
1.3	固定资产净值								
1.4	无形及其他资产净值								
2	负债及所有者权益(2.4+2.5)								
2.1	流动负债总额								
2.1.1	短期借款								
2.1.2	应付账款								
2.1.3	预收账款								
2.1.4	其他								
2.2	建设投资借款								
2.3	流动资金借款								
2.4	负债小计(2.1+2.2+2.3)								
2.5	所有者权益								
2.5.1	资本金								
2.5.2	资本公积金								
2.5.3	累计盈余公积金								
2.5.4	累计未分配利润								
计算指标： 资产负债率(%)									

资产负债表记录的是现金存量，是某一时刻的累计值。这与现金流量表、利润与利润分配表、项目财务计划现金流量表不同，这些报表记录的是现金流量。资产负债表中的基本恒等关系是：资产＝负债＋所有者权益。

（1）资产由流动资产、在建工程、固定资产净值、无形及其他资产净值四项组成。其中：

1）流动资产包括生产经营中所必需的最低要求的流动资产，为应收账款、预付账款、存货、货币资金和其他之和。前三项数据来源于流动资产估算表，货币资金取自财务计划现金流量表中的累计盈余资金与流动资金估算表中的现金之和。但在计算期的最后一年应扣除回收固定资产余值及自有流动资金。

2）在建工程记录的是包括施工前期准备、正在施工中和虽已完工但尚未交付使用的建筑工程和安装工程所花的投资费用，包括建设投资和建设期利息的年累计额。

3）固定资产净值和无形及其他资产净值分别从固定资产折旧费估算表和无形及其他资产摊销估算表中取得。

（2）负债包括流动负债和建设投资借款和流量资金借款。流动负债中的应付账款、预收账款数据取自流动资金估算表。建设投资借款和流动资金借款根据财务计划与现金流量表中的对应项及相应的本金偿还项进行计算。

（3）所有者权益包括资本金、资本公积金、累计盈余公积金及累计未分配利润。其中，累计未分配利润来自利润与利润分配表。累计盈余公积金来自利润与利润分配表中盈余公积金各年份的累计值，但应据有无用盈余公积金弥补或转增资本金的情况进行相应调整。资本金为项目投资中累计自有资金（扣除资本溢价），当存在资本公积金或盈余公积金转增资本金的情况时应进行相应调整。

【例8-4】 项目融资后财务评价——一个演示性的例子。

拟建某工业生产项目，其基础数据如下：

（1）固定资产投资估算总额为5 263.90万元（其中包括无形资产600万元）。建设期为2年，运营期为8年。

（2）本项目固定资产投资来源为自有资金和贷款。自有资金在建设期内均衡投入；贷款总额为2 000万元，在建设期内每年贷款1 000万元。贷款年利率为10%（按年计息）。贷款合同规定的还款方式为：在生产期的前4年内采用等额还本付息方式。无形资产在运营期8年中均匀摊入成本。固定资产残值为300万元，按直线法折旧，折旧年限为12年。所得税税率为25%。

（3）本项目第3年投产，当年生产负荷达到设计生产能力的70%，第4年达到设计生产能力的90%，以后各年均达到设计生产能力。流动资金全部为自有资金。

（4）股东会约定正常年份按可供投资者分配利润50%的比例，提取应付投资者各方的股利。运营期的头两年，根据所达到生产能力的比例按正常年份70%和90%的比例提取。

（5）项目的资金投入、收益、成本费用，见表8-12。

表8-12 项目的资金投入、收益、成本费用表

序号	项目	计算期							
		1	2	3	4	5	6	7	8～10
1	建设投资	2 529.45	2 529.45						

序号	项目	计算期							
		1	2	3	4	5	6	7	8～10
1.1	资本金	1 529.45	1 529.45						
1.2	贷款(不含利息)	1 000.00	1 000.00						
2	营业收入			3 500.00	4 500.00	5 000.00	5 000.00	5 000.00	5 000.00
3	营业税金及附加			210.00	270.00	300.00	300.00	300.00	300.00
4	年经营成本			2 490.84	3 202.51	3 558.34	3 558.34	3 558.34	3 558.34
5	流动资产 (应收账款＋现金＋ 存货＋预付账款)			532.00	684.00	760.00	760.00	760.00	760.00
6	流动负债 (应付账款＋预收账款)			89.83	115.50	128.33	128.33	128.33	128.33
7	流动资金(5－6)			442.17	568.50	631.67	631.67	631.67	631.67
8	年新增流动资金			442.17	126.33	63.17	0.00	0.00	0.00

问题:

(1)计算建设期贷款利息和运营期固定资产折旧费、无形资产摊销费。

(2)编制项目的借款还本付息计划表、总成本费用表和利润与利润分配表。

(3)编制项目资本金现金流量表。

(4)编制项目的财务计划现金流量表。

(5)编制项目的资产负债表。

【解】 (1)建设期贷款利息和运营期固定资产折旧费、无形资产摊销费。

1)建设期各年贷款利息计算,采用分年均衡发放方式。

第1年银行贷款利息＝1 000×10％÷2＝50(万元)

第2年银行贷款利息＝(1 000＋50＋1 000÷2)×10％＝155(万元)

建设期贷款利息总计＝50＋155＝205(万元)

2)固定资产折旧费＝(5 263.9－600－300)÷12＝363.66(万元)

3)无形资产摊销费＝600÷8＝75(万元)

(2)项目的借款还本付息计划表、总成本费用表和利润与利润分配表的编制。

1)借款还本付息计划表(表8-13)。建设期末,生产期初(第3年年初)累计借款2 205万元,按贷款合同规定,生产期的前4年等额本息偿还。

因此,每年应还本息＝$2\,205×\dfrac{10\%×(1+10\%)^4}{(1+10\%)^4-1}$＝695.61(万元)

表8-13 项目借款还本付息表   万元

序号	年序	1	2	3	4	5	6
1	年初累计借款	0.00	1 050.00	2 205.00	1 729.89	1 207.27	632.39
2	本年新增借款	1 000.00	1 000.00	0.00	0.00	0.00	0.00

序号	年序	1	2	3	4	5	6
3	本年应计利息	50.00	155.00	220.50	172.99	120.73	63.24
4	本年应还本息			695.61	695.61	695.61	695.61
4.1	其中：还本金			475.11	522.62	574.88	632.39
4.2	还利息			220.50	172.99	120.73	63.24
5	年末余额	1 050.00	2 205.00	1 729.89	1 207.27	632.39	0.00

2) 总成本费用表（表8-14）。总成本费用包括年经营成本、年折旧费、年摊销费和建设期贷款利息。其中经营成本来自表8-12，年折旧费用为361.66万元，年摊销费用为75万元，建设期贷款利息取自表8-13。

表8-14　总成本费用表　　　　　　　　万元

年序	3	4	5	6	7	8	9	10
年经营成本	2 490.84	3 202.51	3 558.34	3 558.34	3 558.34	3 558.34	3 558.34	3 558.34
年折旧费用	363.66	363.66	363.66	363.66	363.66	363.66	363.66	363.66
年摊销费用	75.00	75.00	75.00	75.00	75.00	75.00	75.00	75.00
建设期贷款利息	220.50	172.99	120.73	63.24				
总成本费用	3 150.00	3 814.16	4 117.73	4 060.24	3 997.00	3 997.00	3 997.00	3 997.00

3) 利润与利润分配表（表8-15）。将各年的营业收入、营业税及附加和总成本费用填入利润与利润分配表，计算出各年利润总额、所得税及净利润，各年数据计算如下：

① 第3年：

利润总额＝3 500－3 150－210＝140（万元）

应纳所得税＝140×25%＝35（万元）

净利润＝140－35＝105（万元）

因为期初无未分配利润和弥补亏损，故可供分配利润＝本年净利润。

盈余公积金＝105×10%＝10.5（万元）

可供投资者分配利润＝105－10.5＝94.5（万元）

应付投资者各方股利＝94.5×50%×70%＝33.08（万元）

未分配利润＝94.50－33.08＝61.42（万元）

还款未分配利润＝475.11－363.66－75＝36.45（万元）

剩余未分配利润＝61.42－36.45＝24.97（万元），转为下年度期初未分配利润。

② 第4～6年，其计算方式与第3年类似。

③ 第7～10年已还清贷款，所以，总成本费用表中不再有固定资产贷款利息，总成本均为3 997万元。利润与利润分配表中用于还款的未分配利润也均为0，净利润只用于提取10%的盈余公积金和应付投资者各方股利50%，剩余的未分配利润转下年期初未分配利润。

(3) 项目资本金现金流量表（表8-16）。表中数据取自表8-12～表8-15，其中：回收固定资产余值＝363.66×（10－6）＋300＝1 754.64（万元），回收流动资金＝投入的全部流动资金之和＝631.67万元。

表 8-15　利润与利润分配表　　　　　　　　　　　　　　　　　　万元

序号	项　目	计算期							
		3	4	5	6	7	8	9	10
1	营业收入	3 500.00	4 500.00	5 000.00	5 000.00	5 000.00	5 000.00	5 000.00	5 000.00
2	营业税金及附加	210.00	270.00	300.00	300.00	300.00	300.00	300.00	300.00
3	总成本费用	3 150.00	3 814.16	4 117.73	4 060.24	3 997.00	3 997.00	3 997.00	3 997.00
4	补贴收入	0.00	0.00	0.00	0.00	0.00	0.00	0.00	0.00
5	利润总额(1−2−3+4)	140.00	415.84	582.27	639.76	703.00	703.00	703.00	703.00
6	弥补前年度亏损	0.00	0.00	0.00	0.00	0.00	0.00	0.00	0.00
7	应纳税所得额(5−6)	140.00	415.84	582.27	639.76	703.00	703.00	703.00	703.00
8	所得税(7×25%)	35.00	103.95	145.57	159.94	175.75	175.75	175.75	175.75
9	净利润(5−8)	105.00	311.88	436.70	479.82	527.25	527.25	527.25	527.25
10	期初未分配利润	0.00	24.97	84.15	102.37	73.37	273.94	374.23	424.37
11	可供分配利润(9+10−6)	105.00	336.85	520.85	582.19	600.62	801.19	901.48	951.62
12	提取法定盈余公积金(9×10%)	10.50	31.19	43.67	47.98	52.73	52.73	52.73	52.73
13	可供投资者分配的利润(11−12)	94.50	305.66	477.18	534.21	547.89	748.46	848.75	898.89
14	应付投资方股利(13×约定利率)	33.08	137.55	238.59	267.11	273.95	374.23	424.38	449.45
15	未分配利润(13−14)	61.42	168.11	238.59	267.11	273.94	374.23	424.37	449.45
15.1	用于还款未分配利润	36.45	83.96	136.22	193.73	0.00	0.00	0.00	0.00
15.2	剩余利润转下年期初未分配利润	24.97	84.15	102.37	73.37	273.94	374.23	424.37	449.44
16	息税前利润(5+利息支出)	360.00	588.83	703.00	703.00	703.00	703.00	703.00	703.00

表 8-16　项目资本金现金流量表　　　　　　　　　　　　　　　　万元

序号	项　目	计算期									
		1	2	3	4	5	6	7	8	9	10
1	现金流入	0.00	0.00	3 500.00	4 500.00	5 000.00	5 000.00	5 000.00	5 000.00	5 000.00	7 386.31
1.1	营业收入			3 500.00	4 500.00	5 000.00	5 000.00	5 000.00	5 000.00	5 000.00	5 000.00
1.2	补贴收入			0.00	0.00	0.00	0.00	0.00	0.00	0.00	0.00
1.3	回收固定资产余值										1 754.64
1.4	回收流动资金										631.67
2	现金流出	1 529.45	1 529.45	3 873.62	4 398.4	4 762.69	4 713.91	4 034.09	4 034.09	4 034.09	4 034.09
2.1	项目资本金	1 529.45	1 529.45	442.17	126.33	63.17					

序号	项目	计算期									
		1	2	3	4	5	6	7	8	9	10
2.2	借款本金偿还			475.11	522.62	574.88	632.39				
2.3	借款利息支付			220.50	172.99	120.73	63.24				
2.4	经营成本			2 490.84	3 202.51	3 558.34	3 558.34	3 558.34	3 558.34	3 558.34	3 558.34
2.5	营业税金及附加			210.00	270.00	300.00	300.00	300.00	300.00	300.00	300.00
2.6	所得税			35.00	103.95	145.57	159.94	175.75	175.75	175.75	175.75
3	净现金流量 (1—2)	−1 529.45	−1 529.45	−373.62	101.60	237.31	286.09	965.91	965.91	965.91	3 352.22

(4)项目财务计划现金流量表(表8-17)。表中数据取自表8-12~表8-15。

表 8-17 项目财务计划现金流量表   万元

序号	项目	计算期									
		1	2	3	4	5	6	7	8	9	10
1	经营活动净现金流量 (1.1−1.2)	0.00	0.00	764.16	923.54	996.09	981.72	965.91	965.91	965.91	3 352.22
1.1	现金流入	0.00	0.00	3 500.00	4 500.00	5 000.00	5 000.00	5 000.00	5 000.00	5 000.00	7 386.31
1.1.1	营业收入			3 500.00	4 500.00	5 000.00	5 000.00	5 000.00	5 000.00	5 000.00	5 000.00
1.1.2	回收固定资产余值										1 754.64
1.1.3	回收流动资金										631.67
1.2	现金流出	0.00	0.00	2 735.84	3 576.46	4 003.91	4 018.28	4 034.09	4 034.09	4 034.09	4 034.09
1.2.1	经营成本			2 490.84	3 202.51	3 558.34	3 558.34	3 558.34	3 558.34	3 558.34	3 558.34
1.2.2	营业税金及附加			210.00	270.00	300.00	300.00	300.00	300.00	300.00	300.00
1.2.3	所得税			35.00	103.95	145.57	159.94	175.75	175.75	175.75	175.75
2	投资活动净现金流量 (2.1−2.2)	−2 579.45	−2 684.45	−442.17	−126.33	−63.17	0.00	0.00	0.00	0.00	0.00
2.1	现金流入	0.00	0.00	0.00	0.00	0.00	0.00	0.00	0.00	0.00	0.00
2.2	现金流出	2 579.45	2 684.45	442.17	126.33	63.17	0.00	0.00	0.00	0.00	0.00

序号	项 目	计算期 1	2	3	4	5	6	7	8	9	10
2.2.1	建设投资	2 579.45	2 684.45								
2.2.2	流动资金			442.17	126.33	63.17					
3	筹资活动净现金流量(3.1-3.2)	2 579.45	2 684.45	-286.52	-706.83	-871.03	-962.74	-273.95	-374.23	-424.38	-449.45
3.1	现金流入	2 579.45	2 684.45	442.17	126.33	63.17	0.00	0.00	0.00	0.00	0.00
3.1.1	项目资本金投入	1 529.45	1 529.45	442.17	126.33	63.17					
3.1.2	建设投资借款	1 050.00	1 155.00								
3.1.3	流动资金借款			0.00	0.00	0.00					
3.2	现金流出	0.00	0.00	728.69	833.16	934.2	962.74	273.95	374.23	424.38	449.45
3.2.1	各种利息支出			220.50	172.99	120.73	63.24				
3.2.2	偿还债务本金			475.11	522.62	574.88	632.39				
3.2.3	应付利润(股利分配)			33.08	137.55	238.59	267.11	273.95	374.23	424.38	449.45
4	净现金流量(1+2+3)	0.00	0.00	35.47	90.38	61.89	18.98	691.96	591.68	541.53	2 902.77
5	累积盈余资金(∑4)	0.00	0.00	35.47	125.85	187.74	206.72	898.68	1 490.36	2 031.89	4 934.66

(5)资产负债表(表8-18)。

1)流动资产总额：指流动资产、累计盈余资金额以及期初未分配利润之和。流动资产取自表8-12；累计盈余资金取自表8-17，但计算期最后一年的累计盈余资金应该扣去回收固定资产余值及自有流动资金；期初未分配利润取自表8-15。

2)在建工程：指建设期各年的固定资产投资额，取自表8-12。

3)固定资产净值：指生产期内逐年从固定资产投资中扣除折旧费后的固定资产余值。

4)无形资产净值：指生产期内逐年从无形资产中扣除摊销费后的无形资产余值。

5)流动负债：取自表8-12。

6)贷款负债：取自表8-13。

7)资本金：取自表8-12，其中流动资金全部为自有资金。

8)累计盈余公积金：根据表8-15中的盈余公积金累计计算。

9)累计未分配利润：根据表 8-15 中的未分配利润累计计算。

各年的资产与各年的负债和所有者权益之间应满足以下条件：资产＝负债＋所有者权益。

表 8-18　资产负债表　　　　　　　万元

序号	项目	计算期									
		1	2	3	4	5	6	7	8	9	10
1	资产	2 579.45	5 263.9	5 392.71	5 221.40	5 004.78	4 687.47	5 014.14	5 441.10	5 918.2	6 420.38
1.1	流动资产总额	0.00	0.00	567.47	834.82	1 056.86	1 178.21	1 943.54	2 809.16	3 724.92	4 665.76
1.1.1	流动资产			532.00	684.00	760.00	760.00	760.00	760.00	760.00	760.00
1.1.2	累计盈余资金	0.00	0.00	35.47	125.85	187.74	206.72	898.68	1 490.36	2 031.89	2 548.36
1.1.3	期初未分配利润				24.97	109.12	211.49	284.86	558.80	933.03	1 357.40
1.2	在建工程	2 579.45	5 263.90								
1.3	固定资产净值			4 300.24	3 936.58	3 572.92	3 209.26	2 845.60	2 481.94	2 118.28	1 754.62
1.4	无形及其他资产净值			525.00	450.00	375.00	300.00	225.00	150.00	75.00	0.00
2	负债及所有者权益(2.1＋2.2)	2 579.45	5 263.90	5 392.71	5 221.39	5 004.77	4 687.47	5 014.14	5 441.10	5 918.2	6 420.38
2.1	负债	1 050.00	2 205.00	1 819.72	1 322.77	760.72	128.33	128.33	128.33	128.33	128.33
2.1.1	流动负债			89.83	115.50	128.33	128.33	128.33	128.33	128.33	128.33
2.1.2	贷款负债	1 050.00	2 205.00	1 729.89	1 207.27	632.39					
2.2	所有者权益	1 529.45	3 058.90	3 572.99	3 898.62	4 244.05	4 559.14	4 885.81	5 312.77	5 789.87	6 292.05
2.2.1	资本金	1 529.45	3 058.90	3 501.07	3 627.40	3 690.57	3 690.57	3 690.57	3 690.57	3 690.57	3 690.57
2.2.2	累计盈余公积金			10.50	41.69	85.36	133.34	186.07	238.80	291.53	344.26
2.2.3	累计未分配利润			61.42	229.53	468.12	735.23	1 009.17	1 383.40	1 807.77	2 257.22

四、财务评价的参数与指标

1. 资金成本

资金成本是指项目为筹集和使用资金而支付的费用，包括资金占用费（如付给投资人的投资报酬、支付给债权人的利息）和资金筹集费（如筹资手续费）。一般来说，资金成本是评价投资方案所用的折现率，也是选择资金来源的依据。资金成本通常用资金成本率表示。资金成本率是指使用资金所负担的费用与筹集资金净额之比。其计算公式为

$$K_c = \frac{D}{P - F} \tag{8-5}$$

式中　K_c——资金成本率；

　　　P——筹集资金总额；

　　　D——资金使用费；

　　　F——筹资费。

由于筹资费一般与筹集资金总额呈正比，所以一般用筹资费用率表示筹资费，因此资金成本率公式也可以表示为

$$K_c = \frac{D}{P(1-\rho)} \qquad (8\text{-}6)$$

式中　ρ——筹资费占筹集资金总额的比例。

【小提示】　一般而言，投资项目只有在内部收益率高于资金成本时才具有可行性。由于一个投资项目中存在多种筹资渠道，因此，在项目经济评价中通常将加权平均资金成本作为基准折现率，计算各投资方案的净现值，比较和选择项目方案。

（1）债务资金成本。债务资金成本由债务资金筹集费和债务资金占用费组成。债务资金筹集费是指债务资金筹集过程中支付的费用，如承诺费、发行手续费、担保费、代理费以及债券兑付手续费等；债务资金占用费是指使用债务资金过程中发生的经常性费用，如贷款利息和债券利息。债务利息由于计入税前成本费用，可以起到抵税的作用。含筹资费用的税后债务资金成本的表达式为

$$P_0(1-\rho_d) = \sum_{t=1}^{m} \frac{I_t}{(1+K_d)^t} + \sum_{t=m+1}^{n} \frac{P_t + I_t(1-T)}{(1+K_d)^t} \qquad (8\text{-}7)$$

式中　P_0——债券发行额或长期借款金额，即债务现值；

　　　ρ_d——债务资金筹资费用率；

　　　I_t——债务约定年付息额（面值×票面利率）；

　　　P_t——约定的第 t 期期末偿还债务本金；

　　　K_d——所得税后债务资金成本；

　　　T——所得税税率；

　　　m——建设期；

　　　n——计算期。

式（8-7）中，等号左边是债务人的实际现金流入；等号右边为债务引起的未来现金流出的现值总额。公式中未计入债券兑付手续费（可忽略不计）。在项目建设期不可能使用利息避税，而运营期的利息可以避税，所以在公式中利息分两段计算。

若不考虑建设期，则式（8-7）可以表示为

$$P_0(1-\rho_d) = \sum_{t=1}^{n} \frac{P_t + I_t(1-T)}{(1+K_d)^t} \qquad (8\text{-}8)$$

对债券筹资而言，若发行面值为 P，发行期限为 n，债券票面利率为 R_d，债券利息每年支付一次，最后一期还本，则式（8-8）可改写为

$$P_0(1-\rho_d) = \sum_{t=1}^{n} \frac{P \times R_d \times (1-T)}{(1+K_d)^t} + \frac{P}{(1+K_d)^n} \qquad (8\text{-}9)$$

由式（8-9）可知

$$K_d \approx \frac{R_d \times (1-T)}{1-\rho_d} \qquad (8\text{-}10)$$

若不考虑筹资费，还可以将式（8-10）简化为

$$K_d = R_d \times (1-T) \qquad (8\text{-}11)$$

【例 8-5】　某公司发行面值为 500 万元的 10 年期长期债券，票面利率为 12%，每年支付一次利息，发行费占发行价的 5%，若所得税税率为 25%，试计算该债券的资金成本。

【解】　根据式（8-9），有

$$500 \times (1-5\%) = \sum_{t=1}^{10} \frac{500 \times 5\% \times (1-25\%)}{(1+K_d)^t} + \frac{500}{(1+K_d)^{10}}$$

该债券的资金成本 $K_d = 9.81\%$。

（2）权益资金成本。权益资金成本是对股东的最低收益率。由于对项目未来风险和收益很难作出测定，权益资金成本的确定一般用内部收益率法和资本资产定价模型法。用内部收益率法确定的权益资金成本的表达式为

$$V_0(1-\rho_e) = \sum_{t=1}^{n} \frac{D_t}{(1+K_e)^t} + \frac{V_n}{(1+K_e)^n} \tag{8-12}$$

式中　V_0——权益资金；

　　　　ρ_e——权益资金筹资费用率；

　　　　D_t——第 t 年要求的股利；

　　　　V_n——第 n 年年末项目价值；

　　　　K_e——权益资金成本。

若每年要求股利不变，且项目永续进行，则

$$K_e = \frac{D}{V_0 \times (1-\rho_e)} \tag{8-13}$$

若第一年股利为 D_1，以后股利每年增长 g，则

$$K_e = \frac{D_1}{V_0 \times (1-\rho_e)} + g \tag{8-14}$$

【例 8-6】　某公司拟增发 1 000 万元普通股，发行费费率为 5%，预计当年股利率为 10%，未来每年股利递增 4%，计算权益资金成本。

【解】　权益资金成本 $K_e = \dfrac{D_1}{V_0 \times (1+\rho_e)} + g = \dfrac{1\ 000 \times 10\% \times (1+4\%)}{1\ 000 \times (1-5\%)} + 4\% = 14.94\%$

2. 财务评价参数及其确定方法

财务评价中采用的参数是否合理、准确，决定了评价结论的正确与否，因此必须重视项目评价所采用的参数值的质量。

财务评价中的计算参数主要用于计算项目财务费用和效益，具体包括建设期价格上涨指数、各种取费系数或比率、税率、利率等。财务评价中的数据参数主要包括判断项目盈利能力的参数和判断项目偿债能力的参数。判断项目盈利能力的参数主要包括财务内部收益率、总投资收益率、项目资本金净利润率等指标的基准值或参考值。判断项目偿债能力的参数主要包括利息备付率、偿债备付率、资产负债率、流动比率、速动比率等指标的基准值或参考值。

在国家发改委和原建设部于 2006 年印发的《建设项目经济评价方法与参数》中，项目盈利能力判据中的财务内部收益率是动态指标，给出的是基准值。而总投资收益率、资本金净利润率是静态指标，给出的是参考值。项目偿债能力判据参数中，因为各类项目的情况不同，项目实施的法人情况不同，各金融机构对贷款人的要求不同，各行业的行业特点不同，因此利息备付率、偿债备付率、资产负债率等指标的取值在一般情况下是不一致的，给出的均为参考值。

财务基准收益率是项目评价财务内部收益率指标的基准判据，也是计算财务净现值指标的折现率。行业财务基准收益率代表行业内投资资金应当获得的最低财务盈利水平，代

表行业内投资资金的边际收益率。财务基准收益率的测定方法有：

（1）资本资产定价模型法。在投资决策中的一项基本原则是投资收益应大于投资成本，因此，确定投资收益水平的下限就转化为确定投资的资金成本。资本资产定价模型法是在市场经济环境下普遍采用的资金成本分析方法之一。它的基本思路是：权益资本的收益由无风险投资收益和风险投资收益（又称为风险溢价）两部分构成，资金投入不同的行业具有不同的风险，因而风险溢价也不相同。

资本资产定价模型的假设前提是资本可以充分自由流动，所有资产均可以交易，投资者充分了解有关信息，投资与资产价值均由市场价格（一般通过股市）反映等。在正常情况下，股票市场中各类具有代表性的股票的价格及其变动反映了各类实业投资收益和市场价值及其变动。通过测算行业投资收益变动与市场总的投资收益变动的关系，可以分析判断行业投资风险的相对大小。通过测定行业风险系数可以计算权益资本成本，得出权益投资应达到的最低收益率。

采用资本资产定价模型法测算行业财务基准收益率，应在确定行业分类的基础上，在行业内抽取有代表性的企业样本，以若干年企业财务报表数据为基础数据，进行行业风险系数、权益资金成本的测算，得出用资本资产定价模型法测算的行业最低可用折现率（权益资金），作为确定权益资金行业财务基准收益率的下限，再综合考虑采用其他方法测算得出的行业财务基准收益率并进行协调后，确定权益资金行业财务基准收益率的取值。

采用资本资产定价模型法测算权益资金行业财务基准收益率，按下式计算：

$$K = K_f + \beta \times (K_m - K_f) \tag{8-15}$$

式中 K——权益资金成本；

K_f——市场无风险收益率；

β——风险系数；

K_m——市场平均风险投资收益率。

【例 8-7】 社会无风险投资收益率为 2.5%，社会平均风险投资收益率为 10%，公司投资风险系数为 1.3，计算权益资金成本 K。

【解】 $K = K_f + \beta \times (K_m - K_f) = 2.5\% + 1.3 \times (10\% - 2.5\%) = 12.25\%$

（2）加权平均资金成本法。通常，企业的资本由权益资金和债务资金两个部分构成，二者应具有合理的比例，其中，权益资金成本取决于项目所在行业的特点与风险，债务资金成本则取决于资本市场利率水平、企业违约风险、所得税率等因素。

通过测定行业的加权平均资金成本，可以近似得出行业内全部投资的最低可用折现率，为确定融资前税前行业财务基准收益率提供参考下限。在综合考虑其他方法得出的行业收益率并进行协调后，确定全部投资行业基准收益率的取值。

采用加权平均资金成本法测算行业财务基准收益率（全部资本），按下式计算：

$$WACC = K_e \frac{E}{E+D} + K_d \frac{D}{E+D} \tag{8-16}$$

式中 $WACC$——加权平均资金成本；

K_e——权益资金成本；

K_d——债务资金成本；

E——股东权益；

D——企业负债。

权益资金与负债的比例可采用行业统计平均值，或者由投资者进行合理设定。债务资金成本为所得税后债务资金成本。权益资金成本可根据式(8-15)采用资本资产定价模型确定。其中，无风险投资收益率 K_f 一般采用政府发行的相应期限的国债利率；市场平均风险投资收益率 K_m 可依据国家有关统计数据测定。

【例 8-8】 某企业投资一项目，测算的收益率为 11%。其资金来源是内部筹资 800 万元，成本占 12.25%，另向银行贷款 500 万元，成本占 8%。计算项目筹资的加权资金成本，评价项目的可行性。

【解】 加权资金成本：$WACC = K_e \dfrac{E}{E+D} + K_d \dfrac{D}{E+D} = 12.25\% \times \dfrac{800}{800+500} + 8\% \times \dfrac{500}{800+500} = 10.62\%$

因为项目收益率 = 11% > $WACC$，所以项目投资具有可行性。

(3)典型项目模拟法。典型项目模拟法是通过选取行业内一定数量有代表性的、已进入正常生产运营状态的建设项目，进行实际情况调查，对实际实施的项目进行数据搜集分析，作必要的价格调整，按项目评价方法计算项目的财务内部收益率。这种分析的前提是项目具有典型性、代表性。在一定数量典型项目财务内部收益率测算的基础上，确定行业财务收益率的基准值。

(4)专家调查法。这种方法充分利用专家熟悉行业特点、行业发展变化规律、项目收益水平和具有丰富经验的优势，由若干名专家对项目收益率取值进行分析判断，经过几轮调查，逐步集中专家的意见，形成结论性取值结果。在调查过程中，如果在基本没有人为因素干扰的情况下能形成收敛性的结论，则这一结论能对基准收益率的取值提供重要参考。

【小提示】 一般情况下，项目最低可接受财务收益率由投资者自行确定。投资者可以在应用前述方法确定财务基准收益率的基础上，根据自身发展战略、经营策略、项目目标、投资收益的期望、机会成本等因素确定具体项目的最低可接受财务收益率，作为项目的基准收益率。

3. 财务评价指标

财务评价主要包括盈利能力评价和清偿能力评价。财务评价的方法有以现金流量表和利润表为基础的动态盈利能力评价和静态盈利能力评价，以资产负债表为基础的财务比率分析，以借款还本付息计划表和财务计划现金流量表为基础的偿债能力分析和财务生存能力分析等。根据计算评价指标时是否考虑资金的时间价值，又将财务评价指标分为静态指标和动态指标。静态指标主要用于数据不完备和不精确的方案初选；动态指标则用于方案的详细可行性研究阶段的评价。建设项目财务评价指标体系是按照财务评价的内容建立起来的，同时，也与编制的财务评价报表密切相关。

为了评价建设项目的财务经济效果，必须建立一套合理的指标体系。当然，任何一个评价指标都是从一定的角度来反映项目的经济效果，总会有其局限性。进行财务评价时只有选取正确的评价指标体系，其评价结果才能与客观情况吻合。建设项目财务评价内容、评价报表、评价指标之间的关系见表 8-19。

表 8-19　财务评价指标体系

评价内容	基本报表		评价指标	
			静态指标	动态指标
盈利能力分析	融资前分析	项目投资现金流量表	项目投资回收期（静态、动态）	项目投资内部收益率
				项目投资财务净现值
	融资后分析	项目资本金现金流量表		项目资本金内部收益率
		投资各方现金流量表		投资各方内部收益率
		利润与利润分配表	总投资收益率	
			项目资本金净利润率	
偿债能力分析	借款还本付息计划表		偿债备付率	
			利息备付率	
	资产负债表		资产负债率	
			流动比率	
			速动比率	
财务生存能力分析	财务计划现金流量表		累计盈余资金	
外汇平衡分析	财务外汇平衡表			
不确定性分析	盈亏平衡分析		盈亏平衡产量	
			生产能力利用率	
	敏感性分析		灵敏度	
			临界值	
风险分析	概率分析		累计概率	

在财务评价中几个重点的指标是：财务净现值（$FNPV$）、财务内部收益率（$FIRR$）、静态投资回收期（P_t）和动态投资回收期（P_t'）。对这些评价指标的经济含义、计算方法、判别方法的掌握有助于得出正确的评价结论。

五、财务盈利能力指标的计算

项目财务盈利能力分析主要是考察项目的盈利水平。为此目的，根据编制的全部投资现金流量表、自有资金流量表和利润与利润分配表，计算财务净现值、财务内部收益率、投资回收期等主要评价指标。根据项目的特点及实际需要，也可计算总投资收益率、项目资本金净利润率等指标。

1. 投资回收期

(1)静态投资回收期 P_t。静态投资回收期是指以项目的净收益抵偿全部投资（包括建设投资和流动资金投资）所需要的时间。也就是在现金流量表上累计净现金流量等于 0 时所对应的时间。它是考察项目在财务上的投资回收能力的主要静态评价指标，是一种不考虑资金的时间价值的计算指标，也是一种粗略分析项目可行性的指标。其特点是直观、计算简单、经济含义清楚。但由于不考虑资金的时间价值，实际上它夸大了收益的价值，有一定的失真。另外，它也不能反映回收之后的项目情况及项目的总体水平（盈利水平），因此有很大的局限性。其计算公式为

$$\sum_{t=1}^{P_t} (CI - CO)_t = 0 \tag{8-17}$$

式中 $(CI - CO)_t$——第 t 年的净现金流量；

P_t——静态投资回收期。

在计算静态投资回收期时，一般是根据现金流量表计算出净现金流量，然后将净现金流量累加，计算方法如下：

$$P_t = (累计净现金流量开始出现正值年份 - 1) + \frac{上年累计现金流量的绝对值}{当年净现金流量} \tag{8-18}$$

求出的静态投资回收期 P_t 与行业的基准投资回收期 P_c 比较，当 $P_t \leqslant P_c$ 时，表明项目投资能在规定的时间内回收，则项目可行。

投资回收期以年表示，一般从建设开始年算起，若从投产年算起则应注明。

【例 8-9】 根据例 8-1 的结果，计算该项目的静态投资回收期。

【解】 根据表 8-20 中的累计净现金流量，计算所得税前静态投资回收期和所得税后静态投资回收期。

表 8-20 投资回收期计算

序号	项目	计算期						
		1	2	3	4	5	6	7
1	所得税前净现金流量(1-2)	-1 000	261.6	452	452	432	452	1 112
2	累计所得税前净现金流量	-1 000	-738.4	-286.4	165.6	597.6	1 049.6	2 161.6
3	所得税后净现金流量(3-5)	-1 000	193.7	361.5	361.5	346.5	361.5	1 021.5
4	累计所得税后净现金流量	-1 000	-806.3	-444.8	-83.3	263.2	624.7	1 646.2

所得税前静态投资回收期 $P_t = (4-1) + \dfrac{286.40}{452} = 3 + 0.64 = 3.64$（年）

所得税后静态投资回收期 $P_t = (5-1) + \dfrac{83.30}{346.50} = 4 + 0.24 = 4.24$（年）

(2)动态投资回收 P_t'。动态投资回收期是指以项目的折现净收益抵偿全部投资（包括建设投资和流动资金投资）所需要的时间。也就是在现金流量表上累计折现净现金流量等于 0 时所对应的时间。其计算公式为

$$\sum_{t=1}^{P_t'} (CI - CO)_t \times (1 + i_c)^{-t} = 0 \tag{8-19}$$

式中 $(CI - CO)_t \times (1 + i_c)^{-t}$——第 t 年的折现净现金流量；

P_t'——动态投资回收期。

在计算动态投资回收期时，可以根据现金流量表计算出折现净现金流量，然后将折现净现金流量累加，计算方法如下：

$$P_t' = (累计折现净现金流量开始出现正值的年份 - 1) + \frac{上年累计折现现金流量的绝对值}{当年折现净现金流量}$$

$$\tag{8-20}$$

求出的动态投资回收期 P_t' 与项目寿命期 n 比较，当 $P_t' \leqslant n$ 时，表明项目寿命期结束前能回收投资，项目可行。

2. 财务净现值(*FNPV*)

财务净现值是指按行业的基数收益率或设定的折现率 i_c，将项目计算期内各年净现金流量折现到建设初的现值之和。它是考察项目在计算期内盈利能力的动态评价指标，其计算公式为

$$FNPV = \sum_{t=1}^{n} (CI - CO)_t (1 + i_c)^{-t} \tag{8-21}$$

式中　n——计算期；

　　　i_c——基准收益率或设定的折现率。

净现值一般采用在现金流量表的基础上延长表的方式进行计算。先计算每年的净现金流量 $(CI - CO)_t$，根据基准收益率 i_c 计算出折现系数 $(1 + i_c)^{-t}$，再将净现金流量折现后计算出折现值，最后将年净现金流量折现值累加计即净现值。

当财务净现值大于或等于零时，表明项目在计算期内可获得大于或等于基准收益水平的收益额。因此，当财务净现值 $FNPV \geqslant 0$ 时，项目在财务上可以考虑被接受。

【例 8-10】　根据例 8-1 的结果，计算该项目的所得税后净现值，并评价该项目的可行性。

【解】　计算期结果见表 8-21，项目净现值 $FNPV =$ 累计净现金流量折现值 $= 712.78$ 万元。因为 $FNPV > 0$，所以该项目在财务效果上是可行的。

表 8-21　财务净现值计算

序号	项　　目	计算期						
		1	2	3	4	5	6	7
1	所得税后净现金流量	−1 000	193.7	361.5	361.5	346.5	361.5	1 021.5
2	折现系数($i_c = 10\%$)	0.909 1	0.826 4	0.751 3	0.683 0	0.620 9	0.564 4	0.513 1
3	净现金流量折现值	−909.10	160.07	271.59	246.90	215.14	204.03	524.13
4	累计净现金流量折现值	−909.10	−749.03	−477.43	−230.53	−15.39	188.65	712.78

3. 财务内部收益率(*FIRR*)

财务内部收益率是指使项目整个计算期内各年净现金流量现值累计等于零时的折现率。它反映项目所占用资金的盈利率，是考察项目盈利能力的主要动态评价指标。其计算公式为

$$\sum_{t=1}^{n} (CI - CO)_t (1 + FIRR)^{-t} = 0 \tag{8-22}$$

财务内部收益率的计算一般通过计算机软件完成，当采用手工计算时，可根据现金流量表中的净现金流量用"试差法"进行。具体计算公式为

$$FIRR = i_1 + \frac{FNPV_1}{FNPV_1 + |FNPV_2|}(i_2 - i_1) \tag{8-23}$$

式中　i_1——较低的试算折现率，据此计算出 $FNPV_1 = \sum\limits_{t=1}^{n} (CI - CO)_t (1 + i_1)^{-t} \geqslant 0$；

　　　i_2——较高的试算折现率，据此计算出 $FNPV_2 = \sum\limits_{t=1}^{n} (CI - CO)_t (1 + i_2)^{-t} \leqslant 0$。

将求出的财务内部收益率与行业的基准收益率或设定的折现率 i_c 比较，当 $FIRR \geqslant i_c$

时，认为项目的盈利能力满足最低要求，项目在财务上可以考虑被接受。

【例 8-11】 根据例 8-1 的结果，计算该项目的所得税后财务内部收益率，并评价该项目的可行性。

【解】 编制项目投资现金流量表的延长表，见表 8-22。

假定 $i_1 = 28\%$，以此为折现率计算各年折现系数，利用现金流量延长表，计算出各年的折现净现金流量和累计折现净现金流量，得到财务净现值 $FNPV_1 = 8.52(万元)$。

假定 $i_2 = 30\%$，以此为折现率计算各年折现系数，利用现金流量延长表，计算出各年的折现净现金流量和累计折现净现金流量，得到财务净现值 $FNPV_2 = -32.49(万元)$。

用插入法计算的财务内部收益率 $FIRR = 28\% + \dfrac{8.52}{8.52 + 32.49} \times (30\% - 28\%) = 28.42\%$

项目财务内部收益率 $FIRR = 28.42\% > i_c$，所以项目在财务效果上是可行的。

表 8-22 财务内部收益率计算

序号	项　目	计算期						
		1	2	3	4	5	6	7
1	所得税后净现金流量	−1 000	193.7	361.5	361.5	346.5	361.5	1 021.5
2	折现系数(i_c=28%)	0.781	0.610	0.477	0.373	0.291	0.227	0.178
3	净现金流量折现值	−781.30	118.23	172.39	134.68	100.85	82.20	181.47
4	累计净现金流量折现值	−781.30	−663.07	−490.68	−356.00	−255.15	−172.95	8.52
5	折现系数(i_c=30%)	0.769	0.592	0.455	0.350	0.269	0.207	0.159
6	净现金流量折现值	−769.20	114.61	164.54	126.57	93.32	74.89	162.79
7	累计净现金流量折现值	−769.20	−654.59	−490.05	−363.49	−270.17	−195.28	−32.49

4. 总投资收益率

总投资收益率(ROI)表示总投资的盈利水平，是指项目达到设计能力后正常年份的年息税前利润或运营期内年平均息税前利润($EBIT$)与项目总投资(TI)的比率。其计算方法如下

$$ROI = \frac{EBIT}{TI} \times 100\% \tag{8-24}$$

式中　$EBIT$——项目正常年份的年息税前利润或运营期内年平均息税前利润；

　　　TI——项目总投资。

当总投资收益率高于同行业的收益率参考值时，表明用总投资收益率表示的盈利能力满足要求。

【例 8-12】 根据例 8-4 的结果，计算该项目的总投资收益率。

【解】 $ROI = \dfrac{EBIT}{TI} \times 100\% = \dfrac{703}{1\ 529.45 \times 2 + 1\ 000 \times 2 + 50 + 155 + 631.67} \times 100\%$
$$= 11.92\%$$

5. 项目资本金净利润率

项目资本金净利润率(ROE)表示项目资本金的盈利水平，是指项目达到设计能力后正常年份的年净利润或运营期内年平均净利润(NP)与项目资本金(EC)的比率。其计算方法如下：

$$ROE = \frac{NP}{EC} \times 100\% \qquad (8\text{-}25)$$

式中　NP——项目正常年份的年净利润或运营期内年平均净利润；

　　　EC——项目资本金。

当项目资本金净利润率高于同行业的净利润率参考值时，表明用项目资本金净利润率表示的盈利能力满足要求。

【例 8-13】　根据例 8-4 的结果，计算该项目的资本金净利润率。

【解】　运营期内年平均净利润 = $(105 + 311.88 + 436.7 + 479.82 + 527.25 \times 4) \div 8$

$$= 430.3(万元)$$

项目资本金 = $1\,529.45 + 1\,529.45 + 631.67 = 3\,690.57(万元)$

$$ROE = \frac{NP}{EC} \times 100\% = \frac{430.3}{3\,690.57} \times 100\% = 11.66\%$$

六、财务评价清偿能力指标的计算

项目清偿能力分析主要是考察项目计算期内各年的财务状况及偿债能力。根据编制的项目财务计划现金流量表和资产负债表，计算利息备付率、偿债备付率、资产负债率、流动比率、速动比率等评价指标。

1. 利息备付率

利息备付率（ICR）是指在借款偿还期内的息税前利润（$EBIT$）与应付利息（PI）的比值，它从付息资金来源的充裕性角度反映项目偿付债务利息的保障程度，其计算公式为

$$ICR = \frac{EBIT}{PI} \qquad (8\text{-}26)$$

式中　$EBIT$——息税前利润；

　　　PI——计入总成本费用的应付利息。

利息备付率应分年计算。利息备付率高，表明利息偿付的保障程度高。

【例 8-14】　根据例 8-4 的结果，计算该项目的利息备付率。

【解】计算结果见表 8-23。

表 8-23　利息备付率计算

项目	3	4	5	6
息税前利润 $EBIT$	360.00	588.83	703.00	703.00
应付利息 PI	220.50	172.99	120.73	63.24
利息备付率 ICR	1.63	3.40	5.82	11.12

2. 偿债备付率

偿债备付率（$DSCR$）是指在借款偿还期内，用于计算还本付息的资金（$EBITDA - T_{AX}$）与应还本付息金额（PD）的比值，它表示可用于还本付息的资金偿还借款本息的保障程度，计算公式为

$$DSCR = \frac{EBITAD - T_{AX}}{PD} \qquad (8\text{-}27)$$

式中　$EBITAD$——息税前利润加折旧和摊销；

T_{AX}——企业所得税；

PD——应还本付息金额，包括还本金额和计入总成本费用的全部利息，融资租赁费用可视同借款偿还，运营期内的短期借款本息也应纳入计算。

如果项目在运行期内有维持运营的投资，可用于还本付息的资金应扣除维持运营的投资。

偿债备付率应分年计算，偿债备付率高，表明可用于还本付息的资金保障程度高。偿债备付率应大于1，并结合债权人的要求确定。

3. 资产负债率

资产负债率($LOAR$)是指各期末负债总额(TL)同资产总额(TR)的比率。其计算公式为

$$LOAR = \frac{TL}{TR} \times 100\% \tag{8-28}$$

式中　TL——期末负债总额；

　　　TR——期末资产总额。

过高的资产负债率表明企业财务风险太大，过低的资产负债率则表明企业对财务杠杆利用不够。适度的资产负债率表明企业经营安全、稳健，具有较强的筹资能力，也表明企业和债权人的风险较小。对该指标的分析，应结合国家宏观经济状况、行业发展趋势、企业所处竞争环境等具体条件判定。项目财务分析中，在长期债务还清后，可不再计算资产负债率。

一般认为资产负债率为50%～80%是合适的。从投资者的角度来看，希望保持较高的负债率，以便用较少的资本来控制整个项目。但是，另一方面，资产负债比高，项目的风险也就大。因为自有资金投资的大部分形成了土地使用权、房屋和机械设备，变现较为困难，除非企业宣告破产。因此，银行和债权人一般不愿意贷款给自有资金出资额低于总投资50%的项目。当资产负债率太高时，可以通过增加自有资金出资和减少利润分配等方式来调节。

【例8-15】　根据例8-4的结果，计算该项目的资产负债率。

【解】　期末负债总额 $TL=7\ 799.86$(万元)

期末资产总额 $TR=50\ 943.53$(万元)

资产负债率 $LOAR=\dfrac{TL}{TR}\times100\%=\dfrac{7\ 799.86}{50\ 943.53}\times100\%=15.31\%$

4. 流动比率

流动比率是指流动资产总额与流动负债之比，是反映项目各年偿付流动负债能力的能力。其计算公式为

$$流动比率=\frac{流动资产总额}{流动负债总额}\times100\% \tag{8-29}$$

流动比率衡量企业资金流动性的大小，考虑流动资产规模与负债规模之间的关系，判断企业短期债务到期前，可以转化为现金用于偿还流动负债的能力。该指标越高，说明企业偿还流动负债的能力越强。但若该指标过高，说明企业资金利用效率低，对企业的运营也不利。一般而言，流动比率以不小于12%～20%为宜。若行业生产周期较长，流动比率就应该相应提高；反之，就可以相对降低。但是，由于流动资产总额中包括存货，这些存货在通常情况下也不易立即变现，所以该指标不能准确反映瞬时的偿债能力。

5. 速动比率

速动比率是指流动资产减存货后的差额（即速动资产）与流动负债总额之比，是反映项目各年用可以立即变现的货币资金偿付流动负债能力的指标。

$$速动比率 = \frac{流动资产 - 存货}{流动负债总额} \times 100\% \tag{8-30}$$

速动比率指标是对流动比率指标的补充，是将流动比率指标计算公式的分子剔除了流动资产中的变现力最差的存货后，计算企业实际的短期债务偿还能力，它较流动比率更为准确。该指标越高，说明企业偿还流动负债的能力越强。与流动比率一样，若该指标过高，说明企业资金利用效率低，对企业的运营也不利。一般而言，速动比率以不小于 10%～12% 为宜。当流动比率和速动比率过小时，应设法减少流动负债，通过减少利润分配，减少库存等办法增加盈余资金。

第三节　建设项目国民经济评价

一、国民经济评价的作用与适用范围

国民经济评价是按合理配置资源的原则，采用社会折现率、影子汇率、影子工资和货物影子价格等经济参数，从项目对社会经济所做贡献以及社会为项目付出代价的角度，考察项目的经济合理性。国民经济评价的理论基础是有关资源优化配置的理论。从经济学的角度看，经济活动的目的是配置稀缺经济资源用于生产产品和提供服务，满足社会需要。

1. 国民经济评价的作用

（1）正确反映项目对社会经济的净贡献。在财务评价中，主要是从企业（投资主体）的角度考察项目的效益。由于企业的利益并不总是与国家和社会的利益完全一致，项目的财务盈利性可能难以全面正确地反映项目的经济合理性，如国家给予项目补贴、企业向国家缴税、某些货物的市场价格可能扭曲以及项目的外部效果。因而需要从项目对社会资源增加所做贡献和项目引起社会资源耗费增加的角度等方面进行项目的经济分析，以便正确反映项目的经济效率和对社会福利的净贡献。

（2）为合理配置资源提供依据。合理配置有限的资源（如劳动力、土地、各种自然资源、资金等）是经济社会发展所面临的命题。在完全的市场经济状态下，可通过市场机制调节资源的流向，实现资源的优化配置。在非完全的市场经济中，需要政府在资源配置中发挥调节作用。但是由于市场本身的原因及政府不恰当的干预，可能导致市场配置资源失灵。项目的国民经济评价对项目的资源配置效率，即项目的经济效益（或效果）进行分析评价，可为政府的资源配置决策提供依据，提高资源配置的有效性。政府在审批或核准项目的过程中，对那些本身财务效益好，但经济效益差的项目可以限制，使有限的社会资源得到更有效的利用；对那些本身财务效益差，而经济效益好的项目予以鼓励，以促进对社会资源的有效利用。

（3）为市场化运作的基础设施等项目提供财务方案的制订依据。对部分或完全市场化运作的基础设施等项目，可通过国民经济评价论证项目的经济价值，为制订财务方案提供依据。

(4)有助于实现企业利益与全社会利益的有机结合和平衡。国家实行审批和核准的项目，应当特别强调要从社会经济的角度评价和考察，支持和发展对社会经济贡献大的产业项目，并特别注意限制和制止对社会经济贡献小，甚至有负面影响的项目，以有效地察觉盲目建设、重复建设项目，有效地将企业利益与全社会利益有机地结合。

2. 国民经济评价的适用范围

在理想的市场经济条件下，依赖市场调节的项目投资通常由投资者自行决策。对这类项目，政府调节作用的发挥在于广泛构建合理有效的市场机制，而不在于具体的项目投资决策。因此这类项目一般不必进行国民经济评价，而是通过市场竞争优胜劣汰机制促进生产力的不断发展和进步。国民经济评价主要适用于市场本身的原因及政府不恰当的干预可能导致市场配置资源失灵及市场价格难以反映其真实经济价值的项目。主要有以下几类项目：

(1)政府预算内投资用于关系国家安全、国土开发和市场不能有效配置资源的公益性项目和公共基础设施项目、保护和改善生态环境项目、重大战略性资源开发项目。

(2)政府各类专项建设基金投资用于交通运输、农林水利等基础设施、基础产业建设项目。

(3)利用国际金融组织和外国政府贷款，需要政府主权信用担保的建设项目。

(4)法律、法规规定的其他政府性资金投资的建设项目。

(5)企业投资建设的涉及国家经济安全，影响环境资源、公共利益，可能出现垄断，涉及整体布局等公共性问题，需要政府核准的建设项目。

二、国民经济评价的经济参数

经济参数是进行国民经济评价的重要工具。正确理解和使用这些参数，对正确估算经济效益和费用、计算评价指标并进行经济合理性的判断，以及方案的比选和优化都是十分重要的。经济参数分为两类：一类是通用参数，包括社会折现率、影子汇率、影子工资等，由专门机构组织测算和发布；另一类是各种货物、服务、土地、自然资源等的影子价格，需由项目评价人员根据项目的具体情况自行测算。

1. 社会折现率

社会折现率反映社会成员对社会费用效益价值的时间偏好，代表着社会投资所要求的最低动态收益率。作为项目经济效益要求的最低经济收益率，社会折现率代表着社会投资所要求的最低收益率水平。项目投资产生的社会收益率如果达不到这一最低水平，项目不应当被接受。社会投资所要求的最低收益率，理论上认为应当由社会投资的机会成本决定，也就是由社会投资的边际收益率决定。

社会折现率是国民经济评价的重要通用参数，既用作经济内部收益率的判别基准，也用作计算经济净现值的折现率。社会折现率根据社会经济发展的多种因素综合测定，由专门机构统一测算发布，根据社会经济发展目标、发展战略、发展优先顺序、发展水平、宏观调控意图、社会投资收益水平、资金供求状况、资金机会成本等因素综合测定。我国目前的社会折现率一般取值为8%。对于永久性工程或者受益期超长的项目，如水利工程等大型基础设施和具有长远环境保护效益的建设项目，社会折现率可适当降低，但不应低于6%。

发达国家近年来有将社会折现率取值降低的趋势。较早年份制定的社会折现率较高，近年修订的社会折现率较低。世界银行、亚洲开发银行等国际组织为发展中国家使用的社会折现率较高，发展中国家制定的社会折现率也较高（表8-24）。

表8-24　部分国家和组织的社会折现率

国家或组织	社会折现率	国家或组织	社会折现率
美国	1.6%～3.2%	新西兰	10%
英国	6%（2003年前），3.5%（现在）	亚洲开发银行	10%～12%
德国	3%	日本	4%
比利时	4%	欧盟	5%
法国	8%	西班牙	交通6%，水利4%
瑞典	4%	意大利	5%

【小提示】　作为基准收益率，社会折现率取值的高低直接影响项目经济可行性的判断结果。社会折现率如果取值过低，将会使得一些经济效益不好的项目投资得以通过，经济评价不能起到应有的作用。社会折现率取值提高，会使一些本来可以通过的投资项目因达不到判别标准而被舍弃，从而使可以获得通过的项目总数减少，使投资总规模下降。因此，社会折现率可以作为国家建设投资总规模的间接调控参数。需要缩小投资规模时，就提高社会折现率；需要扩大投资规模时，可降低社会折现率。社会折现率的取值高低还会影响项目的选优和方案的比选。社会折现率较高，则不利于初始投资大而后期费用节省或收益增大的方案或项目，因为后期的效益折算为现值时的折减率较高；而社会折现率较低时，情况正好相反。

2. 影子汇率

影子汇率是指能正确反映外汇真实价值的汇率，即外汇的影子价格。在国民经济评价中，影子汇率通过影子汇率换算系数计算。影子汇率换算系数是影子汇率与国家外汇牌价的比值，由国家统一测定和发布。根据我国外汇收支情况、进出口结构、进出口环节税费及出口退税补贴等情况，目前我国的影子汇率换算系数取值为1.08。如美元兑人民币的外汇牌价为6.3元/美元时，美元的影子汇率为6.80元/美元。

影子汇率的取值对于项目决策也有着重要的影响。对于那些主要产出物是可外贸货物的建设项目，由于产品的影子价格要以产品的口岸价为基础计算，外汇的影子价格的高低直接影响项目收益价值的高低，影响对项目效益的判断。影子汇率换算系数越高，外汇的影子价格越高，产品是可外贸货物的项目效益较高，评价结论会有利于出口方案。相反，对引进投入物的项目而言其费用会较高，评价结论会不利于引进方案。

3. 影子工资

国民经济评价中，影子工资是项目使用劳动力的费用。影子工资一般通过影子工资换算系数计算。影子工资换算系数是影子工资与财务分析中劳动力的工资之比。技术性工作的劳动力的工资报酬一般由市场供求决定，影子工资换算系数一般取值为1，即影子工资可等同于财务分析中使用的工资。根据我国非技术劳动力就业状况，非技术劳动力的影子工资换算系数为0.25～0.8。具体可根据当地的非技术劳动力供求状况确定。非技术劳动力较为富余的地区可取较低值，不太富余的地区可取较高值，中间状况可取0.5。

4. 影子价格

影子价格是项目国民经济评价时专用的计算价格，进行项目经济分析时，项目的主要投入物和产出物原则上应采用影子价格。影子价格反映项目的投入物和产出物的真实经济价值、市场供求关系、资源稀缺程度和资源合理配置的要求。影子价格理论最初来自求解数学规划，在求解一个"目标"最大化数学规划的过程中，发现每种"资源"对于"目标"都有着不同的边际贡献。这种"资源"对于目标的边际贡献被定义为"资源"的影子价格。影子价格从理论上说就是在资源最优配置的生产组织条件下，市场供给和需求达到均衡时产品和投入资源的价格，它只有在完全竞争的市场中才能实现。

三、影子价格的确定

1. 具有市场价格的货物(或服务)的影子价格的计算

(1)可外贸货物的影子价格。项目使用或生产可外贸货物，将直接或间接影响国家对这种货物的进口或出口。原则上，对于那些对进出口有不同影响的货物，应当分别不同情况，采取不同的影子价格定价。为了简化工作，可以只对项目投入物中直接进口和产出物中直接出口的部分，采用进出口价格测定影子价格。对于其他几种情况仍按国内市场价格定价。

$$进口投入物的影子价格(到厂价)＝到岸价(CIF)×影子汇率＋进口费用 \qquad (8-31)$$

$$出口产出物的影子价格(出厂价)＝离岸价(FOB)×影子汇率－出口费用 \qquad (8-32)$$

进口费用和出口费用是指货物进出口环节在国内所发生的各种相关费用，包括货物的交易、储运、再包装、短距离倒运、装卸、保险、检验等环节上的费用支出，也包括物流环节中的损失、损耗以及资金占用的机会成本，还包括工厂与口岸之间的长途运输费用。进口费用和出口费用应采用影子价格估值，用人民币计价。

(2)非外贸货物的影子价格。对价格完全取决于市场且不直接进出口的项目投入物和产出物，按照非外贸货物定价，以其国内市场价格作为确定影子价格的基础，并按下式换算为到厂价和出厂价：

$$投入物影子价格(到厂价)＝市场价格＋国内运杂费 \qquad (8-33)$$

$$产出物影子价格(出厂价)＝市场价格－国内运杂费 \qquad (8-34)$$

如果项目产出物或投入物数量规模很大，项目实施足以影响其市场价格，导致"有项目"和"无项目"两种情况下市场价格不一致，可取两者的平均值作为确定影子价格的基础。

【例 8-16】 某聚丙烯产品，预测的目标市场价格为 9 000 元/吨(含销项税)，项目到目标市场的运杂费为 100 元/吨，在进行经济分析时，聚丙烯的影子价格是多少？

【解】经预测，在相当长的时期内，聚丙烯的市场需求空间较大，项目的产出对市场价格影响不大，其影子价格采用含增值税销项税额的市场价格为基础确定其出厂影子价格。

聚丙烯出厂影子价格为：9 000－100＝8 900(元/吨)。

2. 不具有市场价格的货物(或服务)的影子价格的计算

某些项目的产出效果没有市场价格，或市场价格不能反映其经济价值，特别是对于项目的外部效果往往很难有实际价格计量。对于这种情况，应遵循消费者支付意愿和(或)接受补偿意愿的原则，采取以下两种方法测算影子价格：

(1)根据消费者支付意愿的原则，通过其他相关市场信号，按照"显示偏好"的方法，寻找揭示这些影响的隐含价值，间接估算产出效果的影子价格。如项目的外部效果导致关联对象产出水平或成本费用的变动，通过对这些变动进行客观量化分析，作为对项目外部效果进行量化的依据。

（2）按照"陈述偏好"的意愿调查方法，分析调查对象的支付意愿或接受补偿意愿，通过推断，间接估算产出效果的影子价格。

3. 由政府调控价格的货物（或服务）的影子价格的计算

我国还有少部分产品（或服务），如电、水和铁路运输等，不完全由市场机制决定价格，而是由政府调控价格。政府调控价格包括：政府定价、指导价、最高限价、最低限价等。这些产品或者服务的价格不能完全反映其真实的经济价值。在国民经济评价中，往往需要采取特殊的方法测定这些产品（或服务）的影子价格，包括成本分解法、支付意愿法和机会成本法。

（1）成本分解法。成本分解法是确定非外贸货物影子价格的一种重要方法，其通过对某种货物的边际成本（实践中往往采取平均成本）进行分解并用影子价格进行调整换算，得到该货物的分解成本。具体步骤如下：

1）列出该非外贸货物按生产费用要素计算的单位财务成本，主要有原材料、燃料和动力、工资、折旧费、修理费、流动资金利息支出以及其他支出，对其中重要的原材料、燃料和动力，要详细列出价格、耗用量和耗用金额；列出单位货物所占用的固定资产原值，以及占用的流动资金数额；调查确定或设定该货物生产厂的建设期、建设期各年投资比例、经济寿命期限及寿命期终了时的固定资产余值。

2）确定重要原材料、燃料、动力、工资等投入物的影子价格，计算单位经济费用。

3）对建设投资进行调整和等值计算。按照建设期各年投资比例，计算出建设期各年建设投资额，把分年建设投资额换算到生产期初，换算公式为

$$I_F = \sum_{t=1}^{n_1} I_t (1 + i_S)^{n_1 - t} \tag{8-35}$$

式中　I_F——等值计算到生产期初的单位建设投资；

　　　I_t——建设期各年调整后的单位建设投资；

　　　n_1——建设期；

　　　i_S——社会折现率。

4）用固定资金回收费用取代财务成本中的折旧费，设每单位该货物的固定资金回收费用为 M_F，则

$$M_F = (I_F - S_V) \times (A/P, i_S, n_2) + S_V \times i_S \tag{8-36}$$

式中　S_V——计算期末回收的固定资产余值；

　　　n_2——生产期。

5）用流动资金回收费用取代财务成本中的流动资金利息，设每单位该货物的流动资金回收费用为 M_w，则

$$M_w = W \times i_S \tag{8-37}$$

式中　W——单位货物占用的流动资金。

6）财务成本中的其他科目可不调整。

7）计算各项经济费用总额即该货物的分解成本，可作为其出厂影子价格。

【例 8-17】　用成本分解法计算电力影子价格。

某机组为 300 MW 的火电厂，单位千瓦需要的建设投资为 4 500 元，建设期为 2 年，分年投资比例各 50%，不考虑固定资产余值回收；单位千瓦占用的流动资金为 198 元；生

产期按 20 年计，年运行 6 600 小时。发电煤耗按 330 克标准煤/千瓦时计，换算为标准煤的到厂价格为 127 元/吨，火电厂自身用电率为 6%，社会折现率为 8%。典型的 300 MW 火电机组单位发电成本见表 8-25。

表 8-25　单位发电成本

要素成本费用	成本费用金额/(元·千瓦$^{-1}$)
燃煤成本	0.042
运营及维护费用	0.050
折旧费用	0.041
财务费用	0.033
发电成本	0.166

当地无大型煤矿，靠小煤矿供煤，而小煤矿安全性差，开采燃煤对于自然资源损害严重，应当按照大型煤矿的分解成本测定。经测算，每吨煤的价格为 140 元，另加运杂费 60 元，到厂价格为 200 元/吨，换算为标准煤的到厂价格为 255 元/吨。燃煤成本调整为 0.084 元/千瓦时[0.042×255÷127=0.084(元/千瓦时)]。

【解】将各年建设投资换算到生产期初：

$$I_F = \sum_{t=1}^{n_1} I_t (1+i_S)^{n_1-t} = 4\ 500 \times 50\% \times (1+8\%)^{2-1} + 4\ 500 \times 50\% \times (1+8\%)^{2-2}$$
$$= 4\ 680\ (元)$$

计算各单位千瓦固定资金回收费用：

固定资金回收费用 = 4 680÷6 600×$(A/P, 8\%, 20)$ = 0.709×0.101 85 = 0.072(元/千瓦时)

计算流动资金回收费用：

流动资金回收费用 = 198÷6 600×8% = 0.002 4(元/千瓦时)

将折旧费及财务费从成本中扣除，改为按社会折现率计算的固定资金回收费用和流动资金回收费用：

0.072+0.002 4 = 0.074(元/千瓦时)

运营及维护费用不作调整，仍为 0.05 元/千瓦时。

发电分解成本 = 0.084+0.074+0.05 = 0.208(元/千瓦时)

扣除厂用电后，上网电分解成本 = $\dfrac{0.208}{1-6\%}$ = 0.22(元/千瓦时)，则电力影子价格为 0.22 元/千瓦时。

(2)支付意愿法。支付意愿是指消费者为获得某种商品(或服务)所愿意付出的价格。在国民经济评价中，常常采用消费者支付意愿法测定影子价格，在完善的市场中，市场价格可以正确地反映消费者的支付意愿。但在不完善的市场中，消费者的行为有可能被错误地引导，因此市场价格也可能不能正确地反映消费者的支付意愿。

(3)机会成本法。机会成本是指用于拟建项目的某种资源若改用于其他替代机会，在所有其他替代机会中所能获得的最大经济效益。例如，资金是一种资源，在各种投资机会中都可使用，一个项目使用了一定量的资金，这些资金就不能再在别的项目中使用，它的机会成本就是所放弃的所有投资机会中可获得的最大的净效益。

4. 特殊投入物影子价格的计算

项目的特殊投入物主要包括：劳动力、土地、自然资源及时间，其影子价格需要采取特定的方法确定。

(1)劳动力的影子价格——影子工资。劳动力是一种资源，项目使用了劳动力，社会要为此付出代价，经济分析中用"影子工资"来表示这种代价。其包括劳动力的机会成本和劳动力转移而引起的新增资源消耗。

劳动力机会成本是拟建项目占用的劳动力由于在本项目使用而不能再用于其他地方或享受闲暇时间而被迫放弃的价值，应根据项目所在地的人力资源市场及就业状况、劳动力来源以及技术熟练程度等方面分析确定。技术熟练程度要求高的、稀缺的劳动力，其机会成本高，反之机会成本低。劳动力的机会成本是影子工资的主要组成部分。

新增资源消耗是指劳动力在本项目新就业或由原来的岗位转移到本项目而发生的经济资源消耗，包括迁移费及新增的城市交通、城市基础设施配套等相关投资和费用。

(2)土地的影子价格。土地的是一种稀缺资源，项目使用的土地无论实际是否需要支付费用，都应根据机会成本或消费者支付意愿计算土地的影子价格。土地的地理位置对土地的机会成本或消费者的支付意愿影响很大，是影响土地的影子价格的关键因素。

项目占用住宅区、休闲区等非生产性用地，市场完善的，应根据市场交易价格作为土地的影子价格；市场不完善或无市场交易价格的，应按消费者的支付意愿确定土地的影子价格。

项目占用生产性用地，主要是指农业、林业、牧业、渔业及其他生产性用地，按照这些生产用地的机会成本及因改变土地用途而发生的新增资源消耗进行计算。土地的影子价格由土地机会成本和新增资源消耗构成。

土地机会成本按照项目占用土地而使社会成员由此损失的该土地"最佳可行替代用途"的净效益计算。通常该净效益应按影子价格重新计算，并用项目计算期各年净效益的现值表示。土地机会成本的计算过程中应适当考虑净效益的递增速度以及净效益计算基年距项目开工年的年数。土地机会成本的计算公式为

$$OC = NB_0 (1+g)^{T+1} \times [1 - (1+g)^n (1+i_S)^{-n}/(i_S - g)] \qquad (8\text{-}38)$$

式中　OC——土地机会成本；

　　　n——项目计算期；

　　　NB_0——基年土地的最佳可行替代用途的净效益(用影子价格计算)；

　　　T——净效益计算基年距项目开工年的年数；

　　　g——土地的最佳可行替代用途的年平均净效益增长率；

　　　i_S——社会折现率($i_S \neq g$)。

【例8-18】 某项目拟占用农业用地 1 000 亩①，该地现行用途为种植水稻。经调查，该地的各种可行的替代用途中最大净效益为 6 000 元(采用影子价格计算的加 2006 年每亩土地年净效益)。在项目计算期 20 年内，估计该最佳可行替代用途的年净效益按平均递增 2% 的速度上升($g=2\%$)。项目预计于 2007 年开始建设。社会折现率 $i_S=8\%$。试计算土地机会成本。

【解】 首先根据每亩年净效益数据计算每亩土地的机会成本：

$$OC = 6\ 000 \times (1+2\%)^{1+1} \times [1 - (1+2\%)^{20}(1+8\%)^{-20}/(8\%-2\%)] = 70\ 871(元)$$

新增资源消耗应按照在"有项目"情况下土地的占用造成原有地上附属物财产的损失及

---

① 1 亩≈666.67 平方米。

其他资源耗费来计算。土地平整等开发成本通常应计入工程建设投资中，在土地影子费用估算中不再重复计算。

在实际的项目评价中，土地的影子价格可以从财务分析中土地的征地费用出发，进行调整计算。由于各地土地征收的费用标准不完全相同，在国民经济评价中须注意项目所在地区征地费用的标准和范围。

一般情况下，项目的实际征地费用可以划分为三个部分，分别按照不同的方法调整：

1）属于机会成本性质的费用，如土地补偿费、青苗补偿费等，按照机会成本计算方法调整计算；

2）属于新增资源消耗的费用，如征地动迁费、安置补助费和地上附着物补偿费等，按影子价格计算；

3）属于转移支付的费用主要是政府征收的税费，如耕地占用税、土地复耕费、新菜地开发建设基金等，不应列入土地经济费用。

（3）自然资源的影子价格。各种有限的自然资源也被归类为特殊投入物。该资源的市场价格不能反映其经济价值，或者项目并未支付费用，该代价应该用表示该资源经济价值的影子价格表示，而不是市场价格。不可再生资源的影子价格应当按该资源用于其他用途的机会成本计算，可再生资源的影子价格可以按资源再生费用计算。为方便测算，自然资源的影子价格也可以通过投入物替代方案的费用确定。

（4）时间节约价值的估算。交通运输等项目，其效果可以表现为时间的节约，需要计算时间节约的经济价值。应按照有无对比的原则分析"有项目"和"无项目"情况下的时间耗费情况，区分不同人群、货物，根据项目的具体特点分别测算人们出行时间节约和货物运送时间节约的经济价值。

四、国民经济评价效益与费用的识别

1. 经济效益与费用识别的基本要求

在经济费用效益分析中，应尽可能全面地识别建设项目的经济效益和费用，并需要注意以下几点：

（1）对项目涉及的所有社会成员的有关费用和效益进行识别和计算，全面分析项目投资及运营活动耗用资源的真实价值，以及项目为社会成员福利的实际增加所做出的贡献。

1）分析体现在项目实体本身的直接费用和效益，以及项目引起的其他组织、机构或个人发生的各种外部费用和效益；

2）分析项目的近期影响，以及项目可能带来的中期、远期影响；

3）分析与项目主要目标直接联系的直接费用和效益，以及各种间接费用和效益；

4）分析具有物资载体的有形费用和效益，以及各种无形费用和效益。

（2）效益和费用的识别遵循以下原则：

1）增量分析的原则。项目经济费用效益分析应建立在增量效益和增量费用识别和计算的基础之上，不应考虑沉没成本和已实现的效益。应按照"有无对比"增量分析的原则，通过项目的实施效果与无项目情况下可能发生的情况进行对比分析，作为计算机会成本或增量效益的依据。

2）考虑关联效果原则。应考虑项目投资可能产生的其他关联效应。

3）以本国居民作为分析对象的原则。对于跨越国界，对本国之外的其他社会成员产生影响的项目，应重点分析对本国公民新增的效益和费用。项目对本国以外的社会群体所产生的效果，应进行单独陈述。

4)剔除转移支付的原则。转移支付代表购买力的转移行为，接受转移支付的一方所获得的效益与付出方所产生的费用相等，转移支付行为本身没有导致新增资源的发生。在经济费用效益分析中，税赋、补贴、借款和利息属于转移支付。一般在进行经济费用效益分析时，不得再计算转移支付的影响。

（3）一些税收和补贴可能会影响市场价格水平，导致包括税收和补贴的财务价格可能并不反映真实的经济成本和效益。在进行经济费用效益分析中，转移支付的处理应区别对待：

1)剔除企业所得税或补贴对财务价格的影响；

2)一些税收、补贴或罚款往往是用于校正项目"外部效果"的一种重要手段，这类转移支付不可剔除，可以用于计算外部效果；

3)项目投入与产出中流转税应具体问题具体处理。

（4）项目费用与效益识别的时间范围应足以包含项目所产生的全部重要费用和效益，而不应仅根据有关财务核算规定确定。如财务分析的计算期可根据投资各方的合作期进行计算，而经济费用效益分析不受此限制。

（5）应对项目外部效果的识别是否适当进行评估，防止漏算或重复计算。对于项目的投入或产出可能产生的第二级乘数波及效应，在经济费用效益分析中一般不予考虑。

2. 直接效益、直接费用与转移支付

（1）直接效益。项目直接效益是指由项目产出物产生的并在项目范围内计算的经济效益，一般表现为项目为社会生产提供的物质产品、科技文化成果和各种各样的服务所产生的效益，例如工业项目生产的产品、矿产开采项目开采的矿产品、邮电通信项目提供的邮电通信服务等满足社会需求的效益；运输项目提供的运输服务满足人流物流需要、节约时间的效益。项目直接效益有多种表现，如：项目产出物用于满足国内新增加的需求时，项目直接效益表现为国内新增需求的支付意愿；项目的产出物用于替代其他厂商的产品或服务，使被替代厂商减产或停产，从而使其他厂商耗用的社会资源得到节省时，项目直接效益表现为这些资源的节省时；项目的产出物直接出口或者可替代进口商品导致进口减少时，项目直接效益表现为国家外汇收入的增加或支出的减少。

（2）直接费用。项目直接费用是指项目使用投入物所产生并在项目范围内计算的经济费用，一般表现为投入项目的各种物料、人工、资金、技术以及自然资源而带来的社会资源的消耗。项目直接费用也有多种表现，如：社会扩大生产规模以满足项目对投入物的需求时，项目直接费用表现为社会扩大生产规模所增加耗用的社会资源价值；社会不能增加供给，导致其他人被迫放弃使用这些资源来满足项目的需要时，项目直接费用表现为社会因其他人被迫放弃使用这些资源而损失的效益；项目的投入物导致进口增加或减少出口时，项目直接费用表现为国家外汇支出的增加或外汇收入的减少。

（3）转移支付。项目的有些财务收入和支出，是社会经济内部成员之间的"转移支付"，即接受方所获得的效益和付出方所发生的费用相等。从社会经济角度看，其并没有造成资源的实际增加或减少，不应计作经济效益或费用。在经济分析中，项目的转移支付主要包括：项目（企业）向政府缴纳的大部分税费（除体现资源补偿和环境补偿的税费外）、政府给予项目（企业）的各种补贴、项目向国内银行等金融机构支付的贷款利息和获得的存款利息。

3. 间接效益与间接费用

在经济分析中应关注项目的外部性，对项目产生的外部效果进行识别，习惯上把外部效果称为间接效益和间接费用。间接效益和间接费用是由项目的外部性所导致的项目对外部的影响，而项目本身并未因此实际获得收入或支付费用。

间接效益是指由项目引起，在直接效益中没有得到反映的效益，例如项目使用的非技术劳动力经训练转变为技术劳动力，再如技术扩散的效益等。

间接费用是指由项目引起而在项目的直接费用中没有得到反映的费用，例如项目对自然环境造成损害、项目产品大量出口从而引起该种产品出口价格下降等。

项目的间接效益和间接费用的识别通常可以考察以下几个方面：

(1) 环境及生态影响效果。有些项目会对自然环境产生污染，对生态环境造成破坏。项目造成的环境污染和生态破坏，是项目的一种间接费用。这种间接费用一般较难定量计算，可按同类企业所造成的损失估计，或按恢复环境质量所需的费用估计。环境治理项目，会对环境产生好的影响，评价中应考虑相应的效益。环境和生态影响不能定量计算的，应作定性描述。

(2) 技术扩散效果。一个技术先进项目的实施，由于技术人员的流动，技术在社会上扩散和推广，会使整个社会受益。但这类外部效果通常难以定量计算，一般只作定性说明。

(3) "上、下游"企业相邻效果。项目的"上游"企业是指为该项目提供原材料或半成品的企业，项目的实施可能会刺激这些上游企业得到发展，增加新的生产能力或使原有生产能力得到更充分的利用。例如，兴建汽车厂会对为汽车厂生产零部件的企业及钢铁生产企业产生刺激。项目的"下游"企业是指使用项目的产出物作为原材料或半成品的企业，项目的产出物可能会对下游企业的经济效益产生影响，使其闲置的生产能力得到充分利用，或使其节约生产成本。例如，兴建大型乙烯联合企业，可满足对石化原料日益增长的需求，刺激乙烯下游加工行业的发展。

(4) 乘数效果。乘数效果是指项目的实施使原来闲置的资源得到利用，从而产生一系列连锁反应，刺激某一地区或全国的经济发展。例如，兴建汽车厂会带动零部件厂发展，带动各种金属材料和非金属材料生产的发展，进而带动机床生产、能源生产的发展等。在对经济落后地区的项目进行经济分析时可能会需要考虑这种乘数效果，特别应注意选择乘数效果大的项目作为扶贫项目，但须注意不宜连续扩展计算乘数效果。如果拟同时对该项目进行经济影响分析，该乘数效果可以在经济影响分析中体现。

识别计算项目的外部效果不能重复计算。已经在直接效益和直接费用中计算的不应再在外部效果中计算。还要注意所考虑的外部效果是否确应归于所评价的项目。考虑外部效果时要避免发生重复计算和虚假扩大项目间接效益。如果项目产出物以影子价格计算的效益已经将部分外部效果考虑在内了，就不应再计算该部分外部效果；项目的投入物影子价格大多数已合理考虑了投入物的社会成本，不应再重复计算间接的上游效益。有些间接效益能否完全归属所评价的项目，往往也是需要仔细论证的。比如，一个地区的经济发展制约因素往往不止一个，可能有能源、交通运输、通信等，瓶颈环节有多个，不能简单地归于某一个项目。在评价交通运输项目时，要考虑到其他瓶颈制约因素对当地经济发展的影响，不能把当地经济增长都归因于项目带来的运力增加。

五、国民经济评价指标及计算方法

国民经济评价指标的选择应符合项目的特点和实际需要。对于由国外政府或国际金融组织贷款兴建的项目，还应注意国际金融机构通常采用的评价指标，如美国与英国的国际开发机构比较注重净现值法；世界银行偏重于内部收益率；亚洲开发银行则采取内部收益率与净现值指标并用。我国建设项目国民经济评价的指标有：经济净现值($ENPV$)、经济内部收益率($EIRR$)和经济效益费用比(R_{BC})。

1. 经济净现值

经济净现值是用社会折现率将项目计算期内各年的经济净效益折算到建设期初的现值之和，其经济含义是在整个计算期内项目对国民经济的净贡献。其计算公式为

$$ENPV = \sum_{t=1}^{n} (B-C)_t (1+i_S)^{-t} \tag{8-39}$$

式中　$ENPV$——项目经济净现值；

B——经济效益流量；

C——经济费用流量；

$(B-C)_t$——第 t 期的经济净效益流量；

i_S——社会折现率；

n——项目计算期。

当经济净现值 $ENPV \geq 0$ 时，项目可以接受；当 $ENPV = 0$ 时，表明项目投资的净贡献刚好满足社会折现率的要求；当 $ENPV > 0$ 时，表明项目评价期内总效益大于总费用，可以得到以现值计算的社会盈余，项目可行；当 $ENPV < 0$ 时，说明项目投资的净贡献达不到社会折现率的要求，故项目是不能被接受的。

2. 经济内部收益率

经济内部收益率是经济净现值等于零时的折现率。它是反映项目占用的投资对国民经济的净贡献能力的相对指标。其计算公式为

$$\sum_{t=1}^{n} (B-C)_t (1+EIRR)^{-t} = 0 \tag{8-40}$$

当经济内部收益率大于或等于社会折现率时，说明项目所占用投资对国民经济净贡献能力可达到要求，即从国民经济的角度来看是可以接受的，反之，应予拒绝。

3. 经济效益费用比

项目投资的经济效益费用比是指计算期内各年的经济效益现值总额与各年的经济费用现值总额的比值。其计算公式为

$$R_{BC} = \frac{\sum_{t=1}^{n} B_t (1+i_S)^{-t}}{\sum_{t=1}^{n} C_t (1+i_S)^{-t}} \tag{8-41}$$

式中　B_t——第 t 期的经济效益；

C_t——第 t 期的经济费用。

当 $R_{BC} > 1$ 时，说明项目的经济效益现值大于经济费用现值，具有获利能力，项目可行；当 $R_{BC} < 1$ 时，说明项目具有的获利能力不能抵偿项目的投入，项目不可接受；当 $R_{BC} = 1$ 时，说明项目的经济效益现值与经济费用现值相等，应根据其他指标情况判定项目方案的优劣。

【例 8-19】 某城市为改善交通状况，拟投资建设高架道路项目。项目使用寿命按 50 年计算，需要 20 年大修一次。社会折现率 $i_S = 8\%$，建设投资按期初一次性投入，有关数据见表 8-26。试计算其经济效益费用比，并评价其经济可行性。

表 8-26 项目参数

项目	参数	项目	参数
建设投资/万元	300 000	人均节约时间/(小时·人$^{-1}$)	0.4
年维修和运行费用/(万元·年$^{-1}$)	3 000	运行收入/(元·人$^{-1}$)	1
每次大修费/(万元·次$^{-1}$)	20 000	土地升值/(万元·年$^{-1}$)	30 000
日均客流量/(万元·天$^{-1}$)	20	单位时间价值/(元·小时$^{-1}$)	10

【解】 经济费用现值总额：

$$\sum_{t=1}^{n} C_t (1+i_S)^{-t} = 300\ 000 + 3\ 000 \times (P/A, 8\%, 50) + 20\ 000 \times [(P/F, 8\%, 20) + (P/F, 8\%, 40)]$$

$$= 300\ 000 + 3\ 000 \times 12.233 + 20\ 000 \times (0.215 + 0.046) = 341\ 919(万元)$$

经济效益现值总额：

$$\sum_{t=1}^{n} B_t (1+i_S)^{-t} = [20 \times (0.4 \times 10 + 1) \times 360 + 30\ 000] \times (P/A, 8\%, 50)$$

$$= 66\ 000 \times 12.233 = 807\ 378(万元)$$

经济效益费用比：

$$R_{BC} = \frac{\sum_{t=1}^{n} B_t (1+i_S)^{-t}}{\sum_{t=1}^{n} C_t (1+i_S)^{-t}} = \frac{807\ 378}{541\ 919} = 2.36 > 1$$

可见，项目的经济效益现值大于经济费用现值，具有获利能力，项目可行。

六、国民经济评价的报表

国民经济评价的报表主要包括：项目投资经济费用效益流量表、经济费用效益分析投资费用估算调整表、经济费用效益分析经营费用估算调整表、项目直接效益估算调整表、项目间接费用估算表、项目间接效益估算表。

项目投资经济费用效益流量表(表 8-27)用来综合反映项目计算期内各年的按项目投资口径计算的各项经济效益与费用流量及净效益流量，并可用来计算项目投资经济净现值和经济内部收益率指标。

表 8-27 项目投资经济费用效益流量表

序号	项 目	合计	计算期							
			1	2	3	4	5	6	…	n
1	效益流量									
1.1	项目直接效益									
1.2	资产余值回收									
1.3	项目间接效益									
2	费用流量									
2.1	建设投资									
2.2	维持运营投资									

序号	项　目	合计	计算期							
			1	2	3	4	5	6	…	n
2.3	流动资金									
2.4	经营费用									
2.5	项目间接费用									
3	净效益流量(1—2)									

计算指标：

经济内部收益率($EIRR$)＝　　％

经济净现值($ENPV$)(i_S＝　)＝

经济费用效益分析报表可以按照前述效益和费用识别和计算的原则和方法直接进行编制，也可以在财务现金流量的基础上进行调整编制。

1. 直接进行效益和费用流量的识别和计算，并编制经济费用效益分析报表

(1)分析确定经济效益、费用的计算范围，包括直接效益、直接费用和间接效益、间接费用；

(2)测算各项投入物和产出物的影子价格，对各项产出效益和投入费用进行估算；

(3)根据估算的效益和费用流量，编制项目投资经济费用效益流量表；

(4)对能够货币量化的外部效果，尽可能货币量化，并纳入经济效益费用流量表的间接费用和间接效益；对难以进行货币量化的产出效果，应尽可能采用其他量纲进行量化，难以量化的，进行定性描述。

2. 在财务分析的基础上调整编制经济分析报表

(1)调整内容。在财务分析的基础上编制经济分析报表，主要包括效益和费用范围调整及效益和费用数值调整两个方面内容：

1)效益和费用范围调整。识别财务现金流量中属于转移支付的内容，并逐项从财务效益和费用流量中剔除。作为财务现金流入的国家对项目的各种补贴，应看作转移支付，不计为经济效益流量；作为财务现金流出的，项目向国家支付的大部分税金也应看作转移支付，不计为经济费用流量；国内借款利息(包括建设期利息和生产期利息)以及流动资金中的部分构成，在经济分析中都应当作转移支付，不再作为项目的费用流量。因为经济分析效益与费用的估算，遵循实际价值原则，不考虑通货膨胀因素，因此建设投资中包含的涨价预备费通常要从财务费用流量中剔除。财务分析中的流动资产和流动负债包括现金、应收账款和应付账款等，但这些并不实际消耗资源，因此经济分析中调整估算流动资金时应将其剔除。识别项目的外部效果，将之分别纳入效益和费用流量。根据项目的具体情况估算项目的间接效益和间接费用，将之纳入经济效益费用流量表。

2)效益和费用数值调整。鉴别投入物和产出物的财务价格是否能正确反映其经济价值。如果项目的全部或部分投入和产出没有正常的市场交易价格，那么应该采用适当的方法测算其影子价格，并重新计算相应的费用或效益流量。投入物和产出物中涉及外汇的，需要用影子汇率代替财务分析中采用的国家外汇牌价。对项目的外部效果尽可能货币量化计算。

(2)调整方法。

1)调整直接效益流量。一般而言，项目的直接效益大多为营业收入，这时需要采用适当的影子价格计算产出物的营业收入。而对出口产品来说，则用影子汇率计算其外汇价值。某些类型项目的直接效益比较复杂，而且在财务效益中可能未得到反映，可视具体情况采用不同方式分别估算。如交通运输项目的直接效益体现为时间节约的效果，可按时间节约价值的估算方法估算。交通运输项目还可能有运输成本节约的效益、运输质量提高的效益（包括旅客舒适度提高、交通事故减少、安全性提高）等，需结合项目的具体情况计算。水利枢纽项目的直接效益体现为防洪效益、减淤效益和发电效益等，可按照行业规定和项目具体情况分别估算。

2)调整建设投资。将建设投资中的涨价预备费从费用流量中剔除，建设投资中的劳动力按影子工资计算费用，土地费用按土地的影子价格调整，其他投入可根据情况决定是否调整。有进口用汇的应按影子汇率换算并剔除作为转移支付的进口关税和进口环节增值税。

3)调整建设期利息。国内借款的建设期利息不作为费用流量，来自国外的外汇贷款利息需按影子汇率换算，用于计算国外资金流量。

4)调整经营费用。经营费用可采取以下方式调整计算：对需要采用影子价格的投入物，用影子价格重新计算；对一般投资项目，人工工资可不予调整，即取影子工资换算系数为1；人工工资用外币计算的，应按影子汇率调整；对经营费用中的除原材料和燃料动力费用之外的其余费用，通常可不予直接调整，但有时由于取费基数的变化引起其经济数值，其也会与财务数值略有不同。

5)调整流动资金。如果财务分析中流动资金是采用扩大指标法估算的，经济分析中可仍按扩大指标法估算，但需要将计算基数调整为以影子价格计算的营业收入或经营费用，再乘以相应的系数估算。如果财务分析中流动资金是按分项详细估算法估算的，在剔除了现金、应收账款和应付账款后，剩余的存货部分要用影子价格重新分项估算。

6)成本费用中的其他科目一般可不予调整。

7)在以上各项的基础上编制项目经济费用效益分析投资费用估算调整表（表8-28）。

表8-28　经济费用效益分析投资费用估算调整表

序号	项　目	财务分析			经济效益费用分析			经济效益费用分析比财务分析增减
		外币	人民币	合计	外币	人民币	合计	
1	建设投资							
1.1	建设工程费							
1.2	设备购置费							
1.3	安装工程费							
1.4	其他费用							
1.4.1	其中：土地费用							
1.4.2	专利及专有技术费							
1.5	基本预备费							
1.6	涨价预备费							
1.7	建设期利息							
2	流动资金							
3	合计(1＋2)							

【例 8-20】 国民经济评价——一个演示性的例子。

某大型投资项目有多种产品,大部分产品的市场价格可以反映其经济价值。其中的主要产品年产量为 15 万吨,产量大,但市场空间不够大。该项目的市场销售收入总计估算为 589 000 万元(含销项税额),适用的增值税税率为 17%。当前产品的市场价格为 18 500 元/吨(含销项税额)。据预测,项目投产后,将导致市场价格下降 20%,且很可能挤占国内原有厂家的部分市场份额。由于该项目是大型资源加工利用项目,主要产品涉嫌垄断,要求进行经济费用效益分析,判定项目的经济合理性。项目的有关财务评价数据见表 8-29~表 8-31。假定投产当年即达产,各年建设投资比例为第 1 年 15%、第 2 年 25%、第 3 年 35%、第 4 年 25%,社会折现率 $i_S=8\%$。

表 8-29　项目财务评价的建设投资估算

序号	项 目	财务分析		
		外币	人民币	合计
1	建设投资	54 164	504 223	845 455
1.1	建设工程费	0	124 564	124 564
1.2	设备购置费	35 380	145 623	368 517
1.3	安装工程费	11 480	122 437	194 761
1.4	其他费用	1 248	47 456	55 318
1.4.1	其中:土地费用	0	47 456	47 456
1.4.2	专利及专有技术费	1 248	0	7 862
1.5	基本预备费	4 811	44 008	74 316
1.6	涨价预备费	1 245	20 135	27 979
1.7	建设期利息	0	6 579	6 579

表 8-30　项目财务经营费用

序号	项目	财务数值
1	外购原材料	254 668
2	外购燃料及动力	43 345
3	工资	13 230
4	修理费	23 543
5	其他费用	39 324
6	经营费用合计	374 110

表 8-31　项目流动资金估算

序号	项目	财务数值
1	流动资产	121 486
1.1	应收账款	69 166

序号	项目	财务数值
1.2	存货	48 230
1.3	现金	4 090
2	流动负债	30 234
2.1	应付账款	30 234
3	流动资金	91 252

问题：

(1)确定产品的影子价格，估算按影子价格计算调整后的项目营业收入(其他产品价格不作调整)。

(2)试调整项目经济费用效益流量表。

(3)编制项目投资经济费用效益流量表并计算效益指标，作出经济费用效益分析结论。

【解】 (1)按照产出物影子价格的确定原则和方法，该产品的影子价格应按社会成本确定，可按不含税的市场价格作为其社会成本。

按照市场定价的非外贸货物影子价格确定方法，采用"有项目"和"无项目"价格的平均值确定影子价格：

$$\frac{18\,500+18\,500\times(1-20\%)}{2\times(1+17\%)}=14\,231(元/吨)$$

调整后的年营业收入 $=589\,000-15\times(18\,500-14\,231)=524\,965(万元)$

所以该项目的直接经济效益为 524 965 万元。

(2)调整并编制项目经济费用效益流量表。

1)经济费用效益分析投资费用估算调整表见表 8-32。

表 8-32 经济费用效益分析投资费用估算调整表

序号	项目	财务分析			经济效益费用分析		
		外币	人民币	合计	外币	人民币	合计
1	建设投资	54 164	504 223	845 455	52 919	471 968	805 357
1.1	建设工程费	0	124 564	124 564	0	113 546	113 546
1.2	设备购置费	35 380	145 623	368 517	35 380	145 623	368 517
1.3	安装工程费	11 480	122 437	194 761	11 480	122 437	194 761
1.4	其他费用	1 248	47 456	55 318	1 248	47 456	55 318
1.4.1	其中：土地费用	0	47 456	47 456	0	47 456	47 456
1.4.2	专利及专有技术费	1 248	0	7 862	1 248	0	7 862
1.5	基本预备费	4 811	44 008	74 316	4 811	42 906	73 214
1.6	涨价预备费	1 245	20 135	27 979	0	0	0
1.7	建设期利息	0	6 579	6 579	0	0	0

调整说明如下：

①外币部分按影子汇率6.3元/美元换算为人民币。

②建设工程费中，因建筑材料的影子价格按市场价格确定，故对其财务数值不予调整。对其中的非技术劳动力费用采用影子工资换算系数进行了调整。

③因国内设备费的影子价格按市场价格确定，故对其财务数值不予调整，只是将外币部分采用影子汇率进行了换算后合计。

④安装工程费的调整方法同设备费。

⑤工程建设其他费用中，由于土地使用权按市场价格购买，因此土地的经济数值等同于财务数值；专利与专有技术费采用影子汇率换算为人民币。

⑥基本预备费费率为10%，按调整后的数值重新计算。

⑦剔除涨价预备费。

2)项目经营费用调整表见表8-33，其中对外购原材料和外购燃料及动力的财务数值进行了调整。

表8-33　项目经营费用调整表

序号	项目	财务数值	经济数值
1	外购原材料	254 668	252 435
2	外购燃料及动力	43 345	40 135
3	工资	13 230	13 230
4	修理费	23 543	23 543
5	其他费用	39 324	39 324
6	经营费用合计	374 110	368 667

3)项目流动资金估算表见表8-34，其中剔除了现金、应收账款和应付账款，并对存货部分用影子价格重新进行了估算。

表8-34　项目流动资金估算

序号	项目	财务数值	经济数值
1	流动资产	121 486	47 450
1.1	应收账款	69 166	0
1.2	存货	48 230	47 450
1.3	现金	4 090	0
2	流动负债	30 234	0
2.1	应付账款	30 234	0
3	流动资金	91 252	47 450

（3）编制的项目经济费用效益流量表见表8-35。依据该表数据计算的经济内部收益率为 $EIRR=13.662\% > i_s(i_s=8\%)$，经济净现值为 $ENPV=333\,666$（万元）>0，所以从资源配置效率的角度看，该项目具有经济合理性。

表 8-35 项目经济费用效益流量表

序号	项　目	计算期						
		1	2	3	4	5	6～18	19
1	效益流量	0	0	0	0	524 962	524 962	692 655
1.1	项目直接效益					524 962	524 962	524 962
1.2	回收固定资产余值							120 243
1.3	回收流动资金							47 450
1.4	项目间接效益							
2	费用流量	120 803	201 339	281 875	201 339	416 117	368 667	368 667
2.1	建设投资	120 803	201 339	281 875	201 339			
2.2	维持运营投资							
2.3	流动资金					47 450		
2.4	经营费用					368 667	368 667	368 667
2.5	项目间接费用							
3	净效益流量(1－2)	－120 803	－201 339	－281 875	－201 339	108 845	156 295	323 988

本章小结

　　建设项目的经济评价是指项目可行性研究中，对拟建项目方案计算期内有关技术经济因素和项目投入与产出的有关财务、经济资料进行调查、分析、预测，对项目的财务、经济、社会效益进行计算、评价，分析比较各个项目建设方案的优劣，从而确定和推荐最佳项目方案。建设项目的经济评价，分为财务评价和国民经济评价两个层次。项目决策可分为投资决策和融资决策两个层次。投资决策重在考察项目净现金流是否大于其投资成本；融资决策重在考察资金筹措方案能否满足要求。国民经济评价是按合理配置资源的原则，采用社会折现率、影子汇率、影子工资和货物影子价格等经济参数，从项目对社会经济所做贡献以及社会为项目付出代价的角度，考察项目的经济合理性。

思考与练习

　　1. 何为项目财务评价与国民经济评价？两者有何异同？

　　2. 财务评价的主要指标有哪些？各指标如何进行计算与分析评价？

　　3. 社会无风险投资收益率为 3%（长期国债利率），市场投资组合预期收益率为 12%，某项目的投资风险系数为 1.2，采用资本资产定价模型计算普通股资金成本。

　　4. 期初向银行借款 100 万元，年利率为 6%，按年付息，期限为 3 年，到期一次还清借款，资金筹集费为借款额的 5%。计算该借款资金成本。

5. 某废旧资源利用项目，建设期为1年，投产当年即可盈利，按有关规定可免征所得税1年，从投产第2年起，所得税税率为33%。该项目在建设期期初向银行借款1 000万元，筹资费用率为0.5%，年利率为6%，按年付息，期限为3年，到期一次还清借款，计算该借款的所得税后资金成本。

6. 若还款年年初的借款余额为1 000万元，年利率为5%，预定的还款期为5年，若按等额还本付息方式计算，每年还本付息额以及所付利息和偿还本金为多少？

7. 按照习题6中的条件，采用等额还本、利息照付方式计算各年还本和付息额。

8. 某项目的营业收入、营业税金及附加、总成本费用数据见表8-36。所得税税率为33%，项目总投资为6 000万元，项目资本金为3 000万元。编制简化的利润表，不包括所得税后利润分配部分，并计算总投资收益率和项目资本金净利润率指标。

表8-36 某项目的基本数据

年份	1	2	3	4	5	6	7	8
营业收入	0	2 925	5 400	7 875	7 875	4 550	2 500	450
营业税金及附加		34	61	88	88	42	17	3
经营成本		1 250	2 150	3 050	3 050	2 450	1 850	650
折旧费		950	950	950	950	950		
摊销费		10	10	10	10	10		
利息支出		160	130	100	70	40	10	10
总成本		2 370	3 240	4 110	4 080	3 450	1 860	660

9. 某制造业新建项目建设投资为850万元(发生在第1年年末)，全部形成固定资产。项目建设期为1年，运营期为5年，投产第1年负荷60%，其他年份均为100%。满负荷流动资金为100万元，投产第1年流动资金估算为70万元。计算期末将全部流动资金回收。生产运营期内满负荷运营时，销售收入为650万元(对于制造业项目，可将营业收入记作销售收入)，经营成本为250万元，其中原材料和燃料动力为200万元，以上均以不含税价格表示。投入和产出的增值税税率均为17%，营业税金及附加按增值税的10%计算，企业所得税税率为33%。折旧年限为5年，不计残值，按年限平均法折旧。设定所得税前财务基准收益率为12%，所得税后财务基准收益率为10%。

问题：(1)识别并计算各年的现金流量(现金流量按年末发生计)，编制项目投资现金流量表(融资前分析)。

(2)计算项目投资财务内部收益率和财务净现值(所得税前和所得税后)，并由此评价项目的财务可行性。

10. 接第9题，该项目的初步融资方案为：用于建设投资的项目资本金为450万元，建设投资借款为400万元，年利率为6%，在生产期的前5年采用等额还本付息法偿还。流动资金全部来源于项目资本金，无流动资金借款。试编制项目资本金现金流量表，计算项目资本金财务内部收益率。若基准收益率为15%，试评价资本金的盈利能力。

11. 一条原长26 km的普通公路有两个改建方案：

方案 A：保持原有线路不变，只是对路基局部加固并重铺路面，一次性投资为 2 200 万元。

方案 B：按直线取直，线路缩短为 20 km 并提高等级，安装隔离栅，需要一次性投资 17 500 万元。此时，平均车速可以从 40 km/h 提高到 50 km/h，交通事故可从 100 次/年降低到 45 次/年。据统计，每次交通事故的平均费用为 8 400 元。

经测算，这段公路每天平均双向交通流量为 5 500 辆，其中小客车 1 500 辆、大客车 500 辆、货车 3 500 辆。这些车辆的每千米行驶费用分别为 0.4 元、0.6 元、0.3 元，车辆（包括车辆本身和车上司乘人员和货物）的时间节省价值分别为 20 元、75 元、10 元。

以 30 年为计算期，计算期内的路面翻修、日常保养、期末余值不计，社会折现率为 8%，试比较两方案的优劣。

第九章　风险与不确定性分析

通过本章的学习，了解风险与不确定性的概念、区别及性质；熟悉风险识别、评估、决策和应对；掌握不确定性分析的方法，即盈亏平衡分析、敏感性分析、概率分析。

能够根据工程项目的特点和客观变化特点，抓住关键因素，正确判断，提高不确定性分析和风险分析的水平。

第一节　概　述

一、不确定性与风险的来源

所谓不确定性与风险，是指由于对项目将来面临的运营条件、技术发展和各种环境缺乏准确的知识，产生的决策没有把握性。

影响工程项目未来经济效果的不确定因素几乎是不可计数的，但是以下四个方面是所有工程经济分析都要面临的不确定性或风险的来源：

第一，源于对分析用的现金流估计的不准确。由于市场需求量和价格较难把握，不同类别的项目的现金流估计的难度不同，如制造业项目产出现金流入就有较大的不确定性；而基础设施和公用事业需求和现金流入相对稳定，但在投资现金流出上可能有较大的不可预见的因素影响。

第二，源于宏观经济状况的变化。几乎所有项目的效果都受宏观经济冷热的影响，而这种变化周期的规律越来越难以捉摸，特别是资源性、基础性项目对这种变化的敏感性较大。

第三，取决于项目设备等实物形态。通用的设备、厂房和设施具有较广泛的适用性，其市场变现的价值也较高；而专用设备和设施就不具有这种柔性，一旦产品销售不畅，就有较大风险。

第四，取决于项目计算(研究)期设定的长短。从以前的分析可知，很多评价的判据和指标(如净现值和内部收益率)都取决于计算期的长短，而时间越久远，人们的估计离开实际的距离可能越大。因此，给定其他条件相同，投资项目设定的计算期越长，不确定性也越大。

二、不确定性分析与风险分析的区别与联系

不确定性与风险，是所有项目固有的内在特性，只是对不同的项目，其程度可能有所不同。不确定性是在缺乏足够信息的条件下所造成的实际值和期望值的偏差，其结果无法用概率分布规律来描述；风险是由于随机的原因而造成的实际值和期望值的差异，其结果可用概率分布规律来描述。

不确定性分析与风险分析的区别与联系如下：

(1)项目经济评价所采用的基本变量都是对未来的预测和假设，因而具有不确定性。通过对拟建项目具有较大影响的不确定因素进行分析，计算基本变量的增减变化引起的项目财务或经济效益指标的变化，找出最敏感的因素及临界点，预测项目可能承担的风险，使项目的投资决策建立在较为稳妥的基础上。

(2)风险是指未来发生不利事件的概率或可能性。投资建设项目经济风险是指不确定性的存在导致项目实施后偏离预期财务和经济效益目标的可能性。经济风险分析是通过对风险因素的识别，采用定性或定量分析的方法估计各风险因素发生的可能性及对项目的影响程度，揭示影响项目成败的关键风险因素，提出项目风险的预警、预报和相应的对策，为投资决策服务。经济风险分析的另一项重要功能还在于它有助于在可行性研究的过程中，通过信息反馈，改进或优化项目设计方案，直接起到降低项目风险的作用。

不确定性分析与风险分析既有联系，又有区别。人们对未来事物认识的局限性、可获信息的有限性及未来事物本身的不确定性，使投资建设项目的实施结果可能偏离预期目标，这就形成了投资建设项目预期目标的不确定性，从而使项目可能得到高于或低于预期的效益，甚至遭受一定的损失，导致投资项目"有风险"。通过不确定性分析，可以找出影响项目效益的敏感因素，确定敏感程度，借助风险分析可以得知不确定因素发生的可能性以及给项目带来经济损失的程度。不确定性分析找出的敏感因素又可以作为风险因素识别和风险估计的依据。

第二节　风险分析

工程经济活动大都是在有风险和不确定的情况下进行的，这种客观存在的不确定性会使建设项目的实施效果偏离评价目标，当实施效果低于预期目标时，项目即处于风险状态。现代化工程经济活动规模越来越大，技术越来越复杂，风险同样也在增大，因此，需要进行项目风险分析，以揭示风险，提高决策的可靠性。

一、风险的概念、分类、条件及特征

1. 风险的概念

风险是指实际状态和预期状态之间的不利偏离，建设项目风险是指不确定性的存在导致建设项目实施后偏离预期目标的可能性。

风险的定义可以概括为两个方面：一是指风险的不确定性。风险由不确定性引起。正是人们对复杂事物认识的局限性和对事物认识描述的局限性，使得不确定性成为客观存在。

由于不确定性的存在，项目可能产生高于或低于预期的效益偏离。当这种偏离表现为不利偏离时，导致投资"有风险"。二是指风险损失的不确定性。知道发生可能性的不确定性称为风险；不知道发生可能性的称为不确定性。不确定性(狭义的)是不能够估量的；而风险是可以或能够估量的不确定性。

2. 风险的分类

(1)按风险后果，可将风险划分为纯粹风险和投机风险。纯粹风险是指不确定性中仅存在损失的可能性，没有任何收益的可能；投机风险是指不确定性中既存在收益的不确定性，也存在损失的不确定性。

(2)按风险来源，可将风险划分为自然风险和人为风险。人为风险又分为行为风险、经济风险、技术风险、政治风险和组织风险等。

(3)按事件主体的承受能力，可将风险划分为可接受风险和不可接受风险。可接受风险一般指法人或自然人在分析自身承受能力、财产状况的基础上，确认能够接受的最大损失的限度。

(4)按风险的对象，可将风险划分为财产风险、人身风险和责任风险。财产风险是指财产遭受损害、破坏或贬值的风险；人身风险是指疾病、伤残、死亡所引起的风险；责任风险是法人或自然人的行为违背了法律、合同或道义上的规定，给他人造成财产损失或人身伤害的风险。

(5)按风险对工程项目的影响，可将工程项目风险划分为工期风险、费用风险和质量风险。

(6)按工程项目风险的主要来源，可将工程项目风险划分为组织风险、经济和管理风险、环境风险与技术风险。

3. 风险分析的条件

(1)存在着决策人希望达到的目标，如收益最大或损失最小等。

(2)存在着两个以上行动方案可供决策人选择，而最后只选一个方案。

(3)存在着两个或两个以上不以决策者的主观意志为转移的自然状态，如产品销路的好坏、产品价格的高低。

(4)不同行动方案在不同自然状态下相应的损益值可以计算出来。

(5)在几种不同的自然状态中，未来究竟将出现哪种状态，决策人不能肯定，但知道每种状态的状态概率。

4. 风险的特征

(1)不确定性。风险事件的发生及其后果都具有不确定性。其表现在：风险事件是否发生、何时发生、发生以后会造成什么样的后果等均是不确定的。

(2)相对性。风险总是相对于事件的主体而言的。同样的不确定性事件对不同的主体有不同的影响。人们对于风险事件都有一定的承受能力，但是这种能力因活动、人、时间而异。例如，汇率风险对于国际投资者来说可能是比较大的风险，而对于国内投资者来说则不是风险。

(3)可测性和可控性。根据过去的统计资料可以判断某种风险发生的频率及风险造成经济损失的程度。风险的可测性为风险的控制提供了依据，人们可以根据对风险的认识和估计，采取不同的手段对风险进行控制。

(4)可变性。在一定条件下任何事物总是会发展变化的。风险事件也是如此。当引起风险的因素发生变化时，必然会导致风险的变化。风险的可变性表现在以下几个方面：

1)风险性质的变化。

2)风险后果的变化。

3)出现了新的风险或风险因素已被消除。

(5)风险与效益共存。根据对风险的认识和把握，选择适当手段规避风险，可实现效益。一般来说，风险越大，效益越高，对效益的追求导致风险投资发展迅速。

二、风险分析的流程

风险分析的主要工作包括风险识别、风险估计、风险评价、风险决策和风险应对。

1. 风险识别

风险识别是指在风险事故发生之前，人们运用各种方法系统地、连续地对建设项目潜在的风险因素进行比较、分类、归纳，并探析风险事故发生的原因及过程。

敏感性分析是初步识别风险因素的重要手段。风险识别是风险分析和管理的一项基础性工作，其主要任务是明确风险存在的可能性，为风险估计、风险评价和风险应对奠定基础。在风险识别时，应抓住风险最基本的特征，即不确定性和预期效益损失。

2. 风险估计

风险估计是指在对风险进行定性识别后，通过定量分析的方法测度风险发生的可能性及对项目的影响程度。风险估计主要是确定风险因素的概率分布以及项目经济评价指标的概率、期望值和偏差。

风险估计可分为主观概率估计和客观概率估计。一般而言，风险事件的概率分布应由历史资料确定，是对大量历史进行统计分析得到的，这样得到的概率分布即客观概率。当没有足够的历史资料确定风险事件的概率分布时，由决策人自己或借助咨询机构或由专家凭经验进行估计得出的概率分布为主观概率。因为风险分析是针对拟建项目实施之前进行的，所以不可能拥有大量准确的项目客观信息。因此，在风险分析中，风险估计主要是主观概率估计。实际上，主观概率也是人们在长期实践基础上得出的，并非纯主观的随意猜想。

风险估计首先是要确定风险事件的概率分布，概率分布函数给出的分布形式、期望值、方差、标准差等信息，可直接或间接用来判断项目的风险。常用的概率分布类型有离散型概率分布和连续型概率分布。

(1)离散型概率分布。当变动因素的取值为离散的，并知道各取值的概率时，就可以在给定的条件下计算相应的指标值，从而得出判断指标的概率分布。在这种分布下的指标期望值为

$$\overline{x} = \sum_{i=1}^{n} p_i x_i \tag{9-1}$$

式中　$\overline{x}$——指标的期望值；

p_i——第 i 种状态发生的概率；

x_i——第 i 种状态发生的指标值；

n——可能的状态数。

指标的方差 D 为

$$D = \sum_{i=1}^{n} p_i (x_i - \bar{x})^2 \qquad (9\text{-}2)$$

【例 9-1】 某工程项目的净现值为随机变量，并有表 9-1 所示的离散型概率分布，求净现值的期望值与方差。

表 9-1　有关数据表

净现值的可能状态/万元	100	120	150	200
概率分布	0.1	0.5	0.4	0.2

【解】 净现值的期望值＝0.1×100＋0.5×120＋0.4×150＋0.2×200＝170（万元）

净现值的方差＝0.1×(100－170)²＋0.5×(120－170)²＋0.4×(150－170)²＋0.20×(200－170)²＝2 080（万元）

(2)连续型概率分布。当一个变量的取值范围为一个区间时，这种变量称为连续变量，其概率密度分布为连续函数。常用的连续概率分布有正态分布、三角分布、梯形分布、β 分布、均匀分布。在这里不作详细介绍。

3. 风险评价

风险评价是指根据风险识别和风险估计的结果，依据项目风险判断标准，找出影响项目成败的关键风险因素。项目风险大小的评价标准应根据风险因素发生的可能性及其造成的损失来确定，一般采用评价指标的概率分布或累计概率、期望值、标准差作为判别标准，也可以采用综合风险等级作为判别标准。

(1)以评价指标作为判别标准。财务经济内部收益率大于或等于基准收益率的累计概率值越大，风险越小；标准差越小，风险越小。

(2)以综合风险等级作为判别标准。根据风险因素发生的可能性及其造成损失的程度，建立综合风险等级的矩阵，将综合风险分为风险很强的 K(Kill)级、风险强的 M(Modify)级、风险较强的 T(Trigger)级、风险适度的 R(Review and reconsider)级和风险弱的 I(Ignore)级。综合风险等级见表 9-2。

表 9-2　综合风险等级

综合风险等级		风险影响程度			
		严重	较大	适度	低
风险的可能性	高	K	M	R	R
	较高	M	M	R	R
	适度	T	T	R	I
	低	T	T	R	I

附注：1. 本表来源：国家发改委，建设部. 建设项目经济评价方法与参数[M].3 版. 北京：中国计划出版社，2006.

2. 落在本表左上角的风险会产生严重的后果；落在本表右下角的风险可忽略不计。

4. 风险决策

风险估计估算出方案经济效益指标的期望值和标准差，以及经济效益指标的实际值发生在某一区间的可能性，而风险决策则着眼于风险条件下方案取舍的基本原则和多方案比较方法。

项目风险决策就是人们为了实现项目的目标，在占有一定信息的基础上，从若干可能实施的方案(或技术、措施、行动)中，根据项目的建设环境，采用一定的理论和方法，经过对各个方案的系统分析、评价和判断，选出满意的方案的过程。

(1)项目风险决策要素。项目风险决策一般具有下列要素：

1)决策人：包括项目经理、项目班子或项目一般管理人员。这取决于决策的对象和对项目管理人员的授权。

2)决策目标：决策行动所影响的项目范围和期望达到的成果。

3)决策信息：及时提供完备的、可靠的和决策目标相关的项目信息是决策行动的前提条件，也是作出科学决策的基础。

4)决策准则：选择项目实施方案所依据的原则。

5)决策成果：采取决策行动后，项目所发生的变化。其变化可能是某一方面的，也可能是多方面的。

(2)项目风险决策的原则。风险决策人应遵循以下决策原则：

1)优势原则。在两个可选方案中，如果无论什么条件下方案 A 总是优于方案 B，则称方案 A 为优势方案，方案 B 为劣势方案，应排除方案 B。应用优势原则一般不能决定最佳方案，但可以减少可选方案的数量，缩小决策范围。

2)期望值原则。如果选用的经济指标为收益指标，则应选择期望值大的方案；如果选用的指标是成本费用，则应选择期望值小的方案。

3)最小方差原则。方差反映了实际发生的方案可能偏离其期望值的程度。在同等条件下，方差越小，意味着项目的风险越小，稳定性和可靠性越高，应优先选择。

根据期望值和最小方差选择的结果往往会出现矛盾。在这种情况下，方案的最终选择与决策者有关。风险承受能力强的决策者倾向于作出乐观的选择(根据期望值)，而风险承受能力弱的决策者倾向于更安全的方案(根据方差)。

4)最大可能性原则。若某一状态发生的概率显著大于其他状态，则可根据该状态下各方案的技术经济指标进行决策，而不用考虑其他状态。只有当某一状态发生的概率大大高于其他状态，且各方案在不同状态下的损益值差别不是很大时方可应用最大可能原则。

5)满意度原则。在工程实践中，由于决策人的理性有限性和时空的限制，既不能找到一切方案，也不能比较一切方案，并非人们不喜欢"最优"，而是取得"最优"的代价太高。因此，最优准则只存在于纯粹的逻辑推理中。在实践中只能遵循满意度准则进行决策，即制定一个足够令人满意的目标值，将各种可选方案在不同状态下的损益值与此目标值相比较进而作出决策。

5. 风险应对

风险应对策略就是对已经识别的风险进行定性、定量分析和风险排序，制定相应的应对措施和整体策略。

风险应对应具有针对性、可行性、经济性，并贯穿于项目评价的全过程。

决策阶段风险应对的主要措施包括强调多方案比选；对潜在风险因素提出必要的研究与实验课题；对投资估算与财务(经济)分析，应留有充分的余地；对建设或生产经营期的潜在风险可建议采取回避、转移、分担和自担措施。结合综合风险因素等级的分析结果，应提出表 9-3 所示的应对方案。

表 9-3　综合风险应对方案

综合风险等级	风险的可能性	应对方案
K	风险很强	放弃项目
M	风险强	修正拟议中的方案，通过改变或采取补偿措施等
T	风险较强	设定某些指标的临界值，指标一旦达到临界值，就要变更设计或对负面影响采取补偿措施
R	风险适度（较小）	风险弱，可忽略

可见，风险应对具有风险回避、损失控制、风险转移和风险保留四种基本方法。

（1）风险回避是投资主体有意识地放弃风险的行为，可完全避免特定的损失风险，简单的风险回避是一种最消极的风险处理办法，因为投资者在放弃风险行为的同时，往往也放弃了潜在的目标收益。所以，一般只有在这些情况下才会采用这种方法：当出现 K 级很强风险时；投资主体对风险极端厌恶；存在可实现目标的其他方案，其风险更低；投资主体无能力消除或转移风险；投资主体无能力承担该风险，或承担风险得不到足够的补偿。

（2）损失控制不是放弃风险，而是制订计划和采取措施降低损失的可能性或者减少实际损失。控制包括事前、事中和事后三个阶段。事前控制的目的主要是降低损失的概率；事中和事后的控制主要是为了减少实际发生的损失。

（3）风险转移是指通过契约将让渡人的风险转移给受让人承担的行为。通过风险转移过程有时可大幅度降低经济主体所承担的风险程度。风险转移的主要形式是合同和保险。通过签订合同，可以将部分或全部风险转移给一个或多个其他参与者。保险是使用最为广泛的风险转移方式。

（4）风险保留即风险承担。也就是说，如果损失发生，经济主体将以当时可利用的人和资金进行支付。风险保留包括无计划自留和有计划自我保险。无计划自留是指风险损失发生后从收入中支付，即不是在损失前作出资金安排。当经济主体没有意识到风险并认为损失不会发生时，或将意识到的与风险有关的最大可能损失显著低估时，就会采取无计划自留方式承担风险。一般来说，无计划自留应当谨慎使用，因为如果实际总损失远远大于预计损失，将引起资金周转困难。有计划自我保险是指在可能的损失发生前，通过作出各种资金安排来确保损失出现后能及时获得资金以补偿损失。有计划自我保险主要通过建立风险预留基金的方式来实现。

三、风险分析的方法

风险型决策是指已知决策方案所需的条件，但每种方案的执行都有可能出现不同后果，多种后果的出现有一定的概率。风险型决策方法有决策树分析法、决策收益表法等。

1. 决策树分析法

（1）决策树分析法的含义。决策树分析法是指利用概率和期望值的概念，根据因素之间的逻辑关系，采用形象的树状结构描述各种状态下的因素值及其相应的概率，并据此计算评价因素的期望值、标准差及可行概率，进行方案风险分析的决策方法。它比较直观、形象，层次清晰，不易遗漏、出错，特别适用于分析比较复杂的问题。

（2）决策树的构成。决策树由决策节点、方案分枝、状态点和概率分枝构成。决策节点是决策树的起点，用矩形表示。从矩形方框引出的分支称为方案分枝，每个方案分枝代表一种可选的方案，各方案分枝末端的椭圆圈称为状态点，也称为随机状态点，表示一种客观状态。在状态点引出的分枝则是概率分枝。决策树的基本结构如图9-1所示。

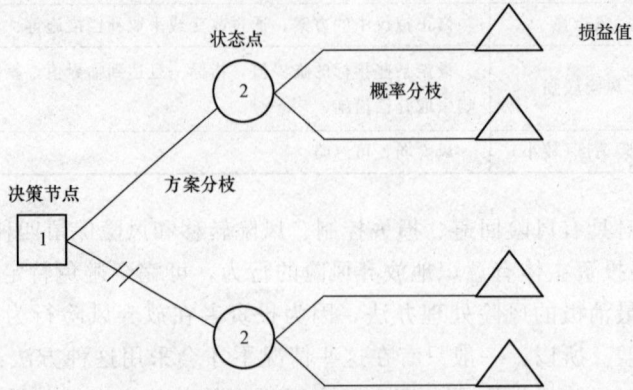

图 9-1　决策树的基本结构

（3）决策树分析法的步骤。决策树分析法主要包括以下步骤：

1）列出要考虑的各种风险因素，如投资、经营成本、销售价格等。

2）设想各种风险因素可能发生的状态，即确定其数值发生变化的个数。

3）分别确定各种状态可能出现的概率，并使可能发生的状态概率之和为1。

4）绘制决策树形图，按上述要求由左向右顺序展开。

5）分别求出各种风险因素发生变化时，方案净现金流量的各种状态和相应状态下的净现值 $NPV(f)$；

6）计算每个节点的期望值（均值）。

期望值是同时考虑项目经济效益指标的取值大小及取值概率的一种度量。其计算公式为

$$E(X) = \sum_{i=1}^{n} x_i p_i \tag{9-3}$$

式中　x_i——在 i 种状态下不确定性因素 x 的取值；

p_i——在 i 种状态下不确定性因素 x 的取值为 x_i 时的概率；

n——可能出现的状态数。

为了比较期望值不同的投资项目之间的风险程度的大小，需要引出"变异系数"进行衡量。变异系数为标准差与期望值的比值，通常用 V 表示：

$$V = \frac{\delta}{E(X)} \tag{9-4}$$

式中　V——变异系数；

δ——标准差，标准差的计算公式为

$$\delta = \sum_{i=1}^{n} x_i^2 p_i - [E(X)]^2 \tag{9-5}$$

【小提示】　变异系数越大，则该投资项目的风险越大。若两个方案的期望值相等，则标准差的大小是确定风险大小的依据，即标准差越大，风险也越大。

7)剪枝，即进行方案的优选。

$$\text{方案净效果}=\text{该方案状态点的期望值}-\text{该方案投资额} \tag{9-6}$$

8)对概率分析结果作出说明。一般来讲，期望值大的方案优于期望值小的方案。

【例 9-2】 某建筑企业生产的某种建筑产品在市场上供不应求，因此，该企业决定投资扩建新厂。据研究分析，该产品 10 年后将升级换代，目前的主要竞争对手也可能扩大生产规模，故提出以下三个扩建方案：

(1)大规模扩建新厂，需投资 3 亿元。据估计，该产品销路好时，每年的净现金流量为 9 000 万元；销路差时，每年的净现金流量为 3 000 万元。

(2)小规模扩建新厂，需投资 1.4 亿元。据估计，该产品销路好时，每年的净现金流量为 4 000 万元；销路差时，每年的净现金流量为 3 000 万元。

(3)先小规模扩建新厂，3 年后，若该产品销路好再决定是否再次扩建，需投资 2 亿元，其生产能力与方案(1)相同。

据预测，在今后 10 年内，该产品销路好的概率为 0.7，销路差的概率为 0.3。

基准折现率 $i_c=10\%$，不考虑建设期所持续的时间。现值系数见表 9-4。

表 9-4　现值系数

n	1	3	7	10
$(P/A, 10\%, n)$	0.909	2.487	4.868	6.145
$(P/F, 10\%, n)$	0.909	0.751	0.513	0.386

(1)画出决策树。

(2)试决定采用哪个方案扩建。

【解】 (1)根据背景资料所给出的条件画出决策树，标明各方案的概率和净现值流量，如图 9-2 所示。

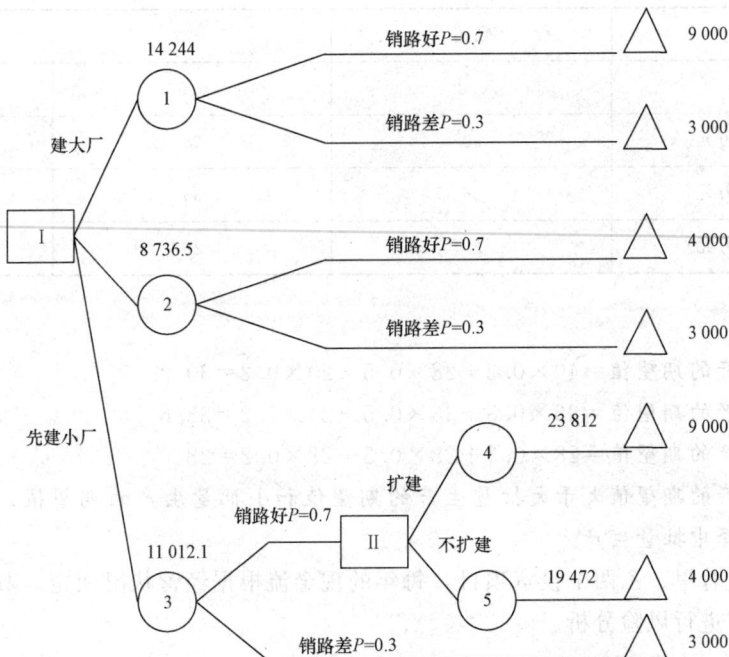

图 9-2　决策树

(2)计算图 9-2 中各机会点的期望值(将计算结果标在各机会点上方)。

点①：$(9\,000\times0.7+3\,000\times0.3)\times(P/A,10\%,10)-30\,000=7\,200\times6.144\,6-30\,000=14\,241.12$(万元)

点②：$(4\,000\times0.7+3\,000\times0.3)\times(P/A,10\%,10)-14\,000=3\,700\times6.144\,6-14\,000=8\,735.02$(万元)

点④：$9\,000\times(P/A,10\%,7)-20\,000=9\,000\times4.868\,4-20\,000=23\,815.6$(万元)

点⑤：$4\,000\times(P/A,10\%,7)=4\,000\times4.868\,4=19\,473.6$(万元)

对于决策点Ⅱ，机会点④的期望值大于机会点⑤的期望值，因此，应采用 3 年后销路好时再次扩建的方案。

机会点③期望值的计算比较复杂，包括以下两种状态下的方案：

销路好状态下的前 3 年小规模扩建，后 7 年再次扩建；

销路差状态下小规模扩建持续 10 年。

估计会点③的期望值为

$4\,000\times0.7\times(P/A,10\%,3)+3\,000\times0.3+23\,815.6\times0.7\times(P/F,10\%,3)+3\,000\times0.3\times(P/A,10\%,10)-14\,000=4\,000\times0.7\times2.486\,9+3\,000\times0.3+23\,815.6\times0.7\times0.751\,3+3\,000\times0.3\times6.144\,6-14\,000=11\,918.32$(万元)

对于决策点Ⅰ的决策，需比较机会点①、机会点②、机会点③的期望值，由于机会点①的期望值最大，故应采用大规模扩建新厂的方案。

2. 决策收益表法

【例 9-3】 某建设项目建成后拟在下一年生产某种产品，需要确定产品批量。根据预测估计，这种产品市场状况的概率是：畅销为 0.3，一般为 0.5，滞销为 0.2。产品生产采用大、中、小三种批量的生产方案，如何决策才能使本厂获得最大的经济效益？其有关数据见表 9-5。

表 9-5　不同状态的发生概率

	畅销	一般	滞销
概率	0.3	0.5	0.2
大批量(百万元)	40	28	20
中批量(百万元)	36	36	24
小批量(百万元)	28	28	28

【解】

大批量生产的期望值$=40\times0.3+28\times0.5+20\times0.2=30$

中批量生产的期望值$=36\times0.3+36\times0.5+24\times0.2=33.6$

小批量生产的期望值$=28\times0.3+28\times0.5+28\times0.2=28$

中批量生产的期望值大于大批量生产的期望值和小批量生产的期望值，最终企业的经营决策应当选择中批量生产。

【例 9-4】 有甲、乙两个投资项目，每年的现金流根据经营状况而定，其现金流及其概率见表 9-6，试进行风险分析。

表 9-6　现金流及其概率

经营状况	概率	甲方案现金流/万元	乙方案现金流/万元
差	0.25	1 000	0
一般	0.50	2 000	2 000
好	0.25	3 000	4 000

【解】期望值计算见表 9-7。

表 9-7　期望值计算　　　　　　　　　　　万元

	p_i	x_i	$x_i p_i$	x_i^2	$x_i^2 p_i$
方案甲	0.25	1 000	250	1 000 000	250 000
	0.50	2 000	1000	4 000 000	2 000 000
	0.25	3 000	750	9 000 000	2 250 000
合计	1.0		2 000		4 500 000
	p_i	x_i	$x_i p_i$	x_i^2	$x_i^2 p_i$
方案乙	0.25	0	0	0	0
	0.50	2 000	1 000	4 000 000	2 000 000
	0.25	4 000	1 000	16 000 000	4 000 000
合计	1.0		2 000		6 000 000

由于 $E(X)_甲 = E(X)_乙 = 2\,000$，所需计算标准差：

$$\delta_甲 = \sum_{i=1}^{n} [x_i - E(x)]^2 P_i = 707.11（万元）$$

$$\delta_乙 = \sum_{i=1}^{n} [x_i - E(x)]^2 P_i = 1\,414.21（万元）$$

由于甲、乙两方案的期望值均为 2 000 万元，因此其风险大小按标准差进行比较，通过计算，甲的标准差小于乙的标准差，因此，乙投资项目的风险大于甲投资项目。

3. 蒙特卡洛模拟法

蒙特卡洛模拟法，是通过反复地进行随机抽样来模拟各种随机变量的变化，进而计算分析项目经济效果指标概率分布的一种分析方法。其实施步骤一般为：

（1）通过敏感性分析，确定风险随机变量；

（2）确定风险随机变量的概率分布；

（3）通过随机数表或计算机求出随机数，根据风险随机变量的概率分布模拟输入变量；

（4）选取经济评价指标，如 NPV，IRR 等；

（5）根据基础数据计算评价指标值；

（6）整理模拟结果所得评价指标的期望值、方差、标准差和它的概率分布及累计概率，绘制累计概率图，计算项目可行或不可行的概率。

第三节　不确定性分析

建设项目的不确定性分析是项目经济评价中的一个重要内容。在项目实施的整个过程中，所有未来结果都是未知的，同时用于计算和评价的参数，如价格、产量、成本、利润、所使用的折现率、投资、经济寿命等，不可避免地带有一定程度的不确定性，从而对评价指标的计算产生影响。因此，为了有效地减少不确定性因素对项目经济效果的影响，需要对建设项目进行不确定性分析。

建设项目的不确定性分析就是研究和分析在项目实施过程中的各项不确定性因素对经济评价指标的影响，估计项目可能承担的风险，以便为正确决策提供服务的一项工作。

常用的不确定性分析的方法主要有三种：盈亏平衡分析、敏感性分析和概率分析。

一、盈亏平衡分析

(一)盈亏平衡分析的概念

盈亏平衡分析也叫作量本利分析或收支平衡分析，主要研究项目投产后正常年份的产品业务量(产量或销量)、成本、利润之间的相互制约平衡关系，是用来预测利润、控制成本、判断经营状况的一种数理分析方法。具体地说，盈亏平衡分析就是通过计算项目投产后正常年份的盈亏平衡分析点(BEP)，分析盈亏区间，判断项目的抗风险能力的一种方法。

各种不确定因素(如投资、成本、销售量、产品价格、项目寿命期等)的变化都会影响投资方案的经济效果，当这些因素的变化达到某一临界值时，就会影响方案的取舍。盈亏平衡分析的目的就是找出这种临界值，即盈亏平衡点(BEP)，判断投资方案对不确定因素变化的承受能力，为决策提供依据。

根据产量、成本和利润之间是否呈线性关系，盈亏平衡分析可分为线性盈亏平衡分析和非线性盈亏平衡分析。这里只要求掌握线性盈亏平衡分析。

(二)线性盈亏平衡

线性盈亏平衡分析的基本公式：

$$S = P \times Q \tag{9-7}$$

$$C = C_F + C_U \times Q + T_U \times Q \tag{9-8}$$

$$B = S - C \tag{9-9}$$

式中　S——年总销售收入；

P——单位产品销售价格；

Q——产销量；

C——年总成本；

C_F——固定成本；

C_U——单位产品变动成本；

T_U——单位产品销售税金及附加；

B——年利润。

当盈亏平衡时，$B=0$，则有如下内容。

1. 年产量的盈亏平衡点

$$BEP_Q = C_F/(P - C_U - T_U) \qquad (9\text{-}10)$$

【例9-5】 某项目的年设计能力为 15 万台，年固定成本为 1 200 万元，单台产品的销售价格为 800 元，单台产品的可变成本为 580 元，单台产品的营业税金及附加为 100 元。试求该产品年产量的盈亏平衡点。

【解】 根据式(9-10)可得：

$$BEP_Q = 12\,000\,000/(800 - 580 - 100) = 10(万台)$$

此计算结果表明，当项目的产销量低于 10 万台时，项目亏损；当项目的产销量大于 10 万台时，项目盈利。

2. 销售价格的盈亏平衡点

$$BEP_P = C_F/Q + C_U + T_U \qquad (9\text{-}11)$$

例 9-5 中的销售价格盈亏平衡点为

$$BEP_s = 12\,000\,000/150\,000 + 580 + 100 = 760(元/台)$$

此计算结果表明，当项目的销量单价低于 760 元/台时，项目亏损；当项目的销量单价高于 760 元/台时，项目盈利。

3. 盈亏平衡点的生产能力利用率

$$BEP(\%) = BEP_Q/Q \qquad (9\text{-}12)$$

例 9-5 中盈亏平衡点的生产能力利用率为

$$BEP(\%) = 100\,000/150\,000 \times 100\% = 66.7\%$$

以上分析如图 9-3 所示。

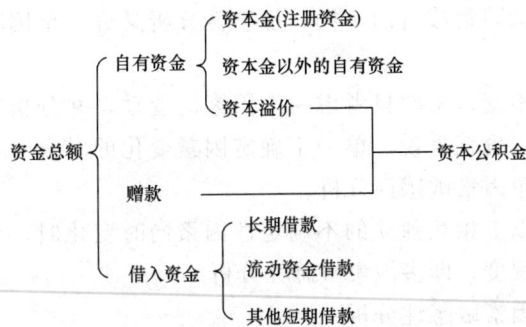

图 9-3　线性盈亏平衡分析

(三)非线性盈亏平衡

线性盈亏平衡分析的基本假设具有一定的合理性，但在实际生产中随着项目产销量的增加，市场上产品的单位价格将下降，同时原材料价格可能上涨，也可能致使人工费用增加等，这些因素使企业的总成本、销售收入与产量之间并非单一的线性关系，即非线性的盈亏平衡。这种情况下，盈亏平衡点可能会出现多个。

【小提示】 盈亏平衡分析虽然能够从市场适应性方面说明技术方案风险的大小，但并不能揭示产生技术方案风险的根源。因此，还需要采用其他方法来帮助其达到这个目标。

二、敏感性分析

(一)敏感性分析概述

1. 敏感性分析的概念

在项目方案经济效果评价过程中，有些因素可能仅发生较小幅度的变化就能引起经济效果评价指标产生较大的变动。这些因素称为敏感性因素。决策者有必要把握这些敏感性因素，对其进行敏感性分析。

敏感性分析是在方案确定分析的基础上，通过进一步研究和预测建设项目的主要不确定因素在产生变化的时候对项目经济指标的影响，找出敏感性因素，确定其敏感程度以及经济评价指标出现临界值时各主要敏感性因素变化的数量界限，并分析该项目达到临界值时项目承受风险的能力等。

敏感性分析考虑的影响因素主要有产量、销售价格、可变成本、固定成本、建设周期、折旧率等，评价指标包括内部收益率、利润、资本、利润率等。

2. 敏感性分析的目的

(1)掌握不确定性因素在什么范围内变化，项目方案的经济效果最好；在什么范围内变化，项目方案的经济效果最差，以便对不确定性因素实施有效的控制。

(2)区分敏感性大的方案和敏感性小的方案，以便选出敏感性小即风险小的方案。

(3)找出敏感性强的因素，向决策者提出是否需要进一步收集资料，进行研究，以提高经济分析的可靠性。

3. 敏感性分析的分类

依据每次考虑的变动因素数目的不同，敏感性分析又分为单因素敏感性分析和多因素敏感性分析两种。

假设其他因素保持不变，每次只考虑一个因素的变动，并分析其对经济效果评价指标的影响程度和敏感程度。也就是说，单一不确定因素变化的时候对项目经济效果的影响所进行的敏感性分析，即单因素敏感性分析。

假设两个或者两个以上相互独立的不确定性因素同时变化时，分析其对经济效果评价指标的影响程度和敏感程度，即多因素敏感性分析。

在此，主要学习单因素敏感性分析。

4. 单因素敏感性分析的步骤

(1)选定需要分析的不确定性因素。其主要包括：产品产量、产品单价、可变成本、固定资产投资、建设期贷款利率等。

(2)确定进行敏感性分析的经济评价指标。衡量经济效果的评价指标较多，通常不会都进行分析，一般只会对其中几个较为重要的进行敏感性分析，如财务净现值、财务内部收益率、投资回收期等。由于敏感性分析是在确定性经济评价的基础上进行的，所以敏感性分析选择的指标应与经济评价所选择的指标保持一致。

(3)计算不确定性因素变动所引起的评价指标的变动值。对所选定的不确定性因素，根据实际情况设若干级变动幅度(通常用变化率表示)，其他因素固定不变，然后计算与每级变动相对应的经济评价指标值，建立一一对应的数量关系，并用敏感性分析图或表的形式表示。

(4)计算敏感度系数并对敏感性因素进行排序。敏感度系数表示项目方案经济效果评价指标对不确定性因素的敏感程度，是项目效益指标变化的百分率与不确定性因素变化的百分率之比。敏感度系数的计算公式为

$$E = \Delta A / \Delta F \tag{9-13}$$

式中　E——敏感度系数；

　　　ΔA——不确定因素性 F 发生 ΔF 变化时评价指标 A 的相应变化率（%）；

　　　ΔF——不确定因素性 F 的变化率（%）。

随着不确定性因素变化百分率取值的不同，敏感度系数的数值会有所变化，借此可了解各不确定性因素的相对影响程度，从而可以得到各因素的敏感性程度排序，从中选出敏感度较大的不确定性因素。

【小提示】　$|E|$ 越大，表明评价指标 A 对于不确定性因素 F 越敏感；反之，则不敏感。由此可找出最为关键的因素。

【例9-6】　某项目以年销售收入 R、年经营成本 C 和建设投资 I 为不确定因素，并选择项目的内部收益率为评价指标，试进行敏感性分析。基准收益率为 8.2%。各因素变化对内部收益率的影响见表9-8。

表 9-8　各因素变化对内部收益率的影响　　　　　　　　万元

变化率　内部收益率　不确定因素	−10	−5%	基本方案	+5%	+10%
销售收入	3.01	5.94	8.79	11.58	14.30
经营成本	11.12	9.96	8.79	7.61	6.42
建设投资	12.70	10.67	8.79	7.06	5.45

【解】　由题意，内部收益率的敏感性分析图如图 9-4 所示。

由式(9-13)可得：

年销售收入平均敏感度 $= (14.30 - 3.01) \div 3.01 \div 20 \times 100\% = 18.75\%$

年经营成本平均敏感度 $= |6.42 - 11.12| \div 11.12 \div 20 \times 100\% = 2.11\%$

建设投资平均敏感度 $= |5.45 - 12.70| \div 12.70 \div 20 \times 100\% = 2.85\%$

因此，内部收益率对年销售收入变化的反应最为敏感。

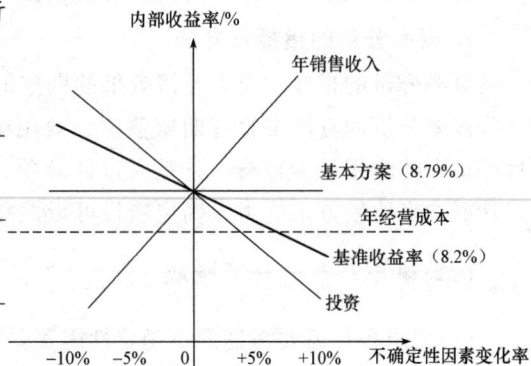

图 9-4　单因素敏感分析图

(5)计算变动因素的临界点。临界点是项目允许不确定性因素向不利方向变化的极限值。当超过极限，也就是不确定性因素的变化超过了临界点所表示的不确定性因素，此时项目的效益指标将不可行。例如，项目的内部收益率等于基准收益率（净现值为零）时的取值，即建设投资的临界点。临界点可用临界点百分比或者临界值分别表示某一变量的变化达到一定的百分比或者一定数值时，项目的评价指标将从可行转变为不可行。

【小提示】 通常情况下，可以通过敏感性分析图求得临界点的近似值，但项目效益指标的变化往往与不确定性因素变化之间不是直线线性关系，求得值的误差较大，因此最好采用专用软件进行计算求解。

(二)敏感性分析的局限性

敏感性分析在一定程度上就各种不确定性因素的变动对方案经济效果的影响作了定量描述。因此，敏感性分析的结果有助于决策者了解方案的风险情况，确定在决策过程中及各方案实施过程中需要重点研究与控制的因素。但是，敏感性分析具有局限性，并没有考虑各种不确定性因素在未来发生变化的概率，这就有可能影响分析结论的准确性。

实际上，未来市场、环境等的不确定性，致使项目建设过程中的各种不确定性因素在未来发生某一幅度变动的概率也不是固定不变的。可能现在通过敏感性分析找出的敏感性因素在未来发生的不利变动的概率很小，实际带来的风险并不大，甚至可以忽略不计；而另一不太敏感的因素在未来发生不利变动的概率却很大，实际所带来的风险比敏感性因素更大。这种问题是敏感性分析所无法解决的，因此必须借助概率分析方法。

三、概率分析

(一)概率分析概述

1. 概率分析的概念

概率分析又称为风险分析，是通过研究各种不确定性因素发生不同变动幅度的概率分布及其对项目经济效益指标的影响，对项目的可行性和风险性以及方案优劣作出判断的一种不确定性分析法。概率分析常用于对大、中型重要项目的评估和决策。

概率分析，通过计算项目目标值(如净现值)的期望值及目标值大于或等于0的累计概率来测定项目风险的大小，为投资者决策提供依据。

2. 概率分析的指标及方法

概率分析的指标主要以经济效果的期望值为主。

概率分析的方法主要有期望值法、效用函数法和模拟分析法等。其中，期望值法在项目评估中的应用最为普遍，它是通过计算项目净现值的期望值和净现值大于或等于0时的累计概率来比较方案优劣、确定项目可行性和风险程度的方法。

(二)概率分析的计算步骤

(1)列出各种需要考虑的不确定性因素，例如销售价格、销售量、投资和经营成本等。

(2)设想各不确定性因素可能发生的情况，即其数值发生变化的几种情况。

(3)分别确定每种可能发生情况产生的可能性，即概率。各不确定性因素可能发生的情况出现的概率之和必须等于1。

(4)计算各可能发生事件的净现值及其期望值。

(5)求出净现值大于或等于0的累计概率。

对于单个方案的概率分析应求出净现值大于或等于零的概率，该概率值越接近1，说明技术方案的风险越小；反之，方案的风险越大。

【小提示】 概率分析是使用概率研究预测各种不确定性因素在一定范围内的随机变动，确定这种变动的概率分布，分析对项目经济效益评价指标的影响，从而计算出其期望值，为项目的风险决策提供依据的一种分析方法。

本章小结

所谓不确定性与风险，是指由于对项目将来面临的运营条件、技术发展和各种环境缺乏准确的认识，产生的决策没有把握性。风险是指实际状态和预期状态之间的不利偏离，建设项目风险是指不确定性的存在导致建设项目实施后偏离预期目标的可能性。风险分析的主要工作包括风险识别、风险估计、风险评价、风险决策和风险应对。风险型决策方法有决策分析法、决策收益表法等。盈亏平衡分析也叫量本利分析或收支平衡分析，主要研究项目投产后正常年份的产品业务量(产量或销量)、成本、利润之间的相互制约平衡关系，是用来预测利润、控制成本、判断经营状况的一种数理分析方法。敏感性分析是在方案确定分析的基础上，通过进一步研究和预测建设项目的主要不确定性因素在产生变化的时候对项目经济指标的影响，找出敏感性因素，确定其敏感程度以及经济评价指标出现临界值时各主要敏感性因素变化的数量界限，并分析该项目达到临界值时项目承受风险的能力等。概率分析又称为风险分析，是通过研究各种不确定性因素发生不同变动幅度的概率分布及其对项目经济效益指标的影响，对项目的可行性和风险性以及方案优劣作出判断的一种不确定性分析法。

思考与练习

1. 简述不确定性分析与风险分析的区别与联系。
2. 简述风险识别、风险估计、风险评价、风险决策和风险应对的概念。
3. 盈亏平衡点的生产能力利用率的含义是什么？它能说明什么问题？
4. 敏感性分析的计算步骤有哪些？
5. 概率分析的方法有几种？分别是哪些？
6. 某企业生产某种产品，计划年产量为 6 000 件，每件产品的出厂价格估算为 50 元，企业每年固定开支为 6.6 万元，每件产品的成本为 28 元，求企业的最大可能盈利、企业不盈不亏时的最低产量以及企业年利润为 5 万元时的产量。
7. 某企业某种产品的销售额为 800 万元时，亏损 100 万元；当销售额达到 1 200 万元时，盈利 100 万元。试计算该产品盈亏平衡时的销售额。
8. 假设某化纤厂设计年产量为 18 万吨的涤纶纤维，总成本为 8.32 亿元，其中总固定成本为 1.12 亿元，单位可变成本为 4 000 元/t，销售单价为 7 000 元/t。试分别用实际生产量、生产能力利用率、销售收入和销售单价，计算此项目的盈亏平衡点。
9. 对某技术方案进行单因素敏感性分析时，设甲、乙、丙、丁四个因素分别发生 5%、10%、10%、15% 的变化，使评价指标财务净现值分别产生 10%、15%、25%、25% 的变化。相比而言，最敏感的因素是哪一个？

第十章 价值工程

学习目标

通过本章的学习，了解价值工程的产生和发展、价值工程的基本原理、价值工程的应用范围和原则；熟悉价值工程对象选择及信息资料收集；掌握功能分析与评价、方案创造与评价。

能力目标

能熟练掌握价值工程中的基本原理，尤其是功能分析和功能评价的方法，能灵活运用其对建筑设计方案与建筑施工方案进行经济分析、评价与选优。

第一节 概 述

一、价值工程的产生和发展

价值工程（简称 VE）是一门新兴的科学管理技术，是降低成本、提高经济效益的一种有效方法。它于 20 世纪 40 年代起源于美国。第二次世界大战结束前不久，美国的军事工业发展很快，造成原材料供应紧缺，一些重要的材料很难买到。当时，在美国通用电气公司有位名叫麦尔斯的工程师，他的任务是为该公司寻找和取得军工生产用材料。麦尔斯研究发现，采购某种材料的目的并不在于该材料本身，而在于材料的功能。在一定条件下，虽然买不到某一种指定的材料，但可以找到具有同样功能的材料来代替，仍然可以满足其使用效果。一次，该公司汽车装配厂急需一种耐火材料——石棉板，当时，这种材料价格很高且奇缺。他想：只要材料的功能（作用）一样，能不能用一种价格较低的材料代替呢？

他开始考虑为什么要用石棉板，其作用是什么。经过调查，原来汽车装配中的涂料容易漏洒在地板上，根据美国消防法的规定，该类企业作业时地板上必须铺上一层石棉板，以防火灾。麦尔斯弄清这种材料的功能后，找到了一种价格便宜且能满足防火要求的防火纸来代替石棉板。经过试用和检验，美国消防部门通过了这一代用材料。这就是价值工程史上有名的"石棉事件"。

麦尔斯从研究代用材料开始，逐渐摸索出一套特殊的工作方法，把技术设计和经济分析结合起来考虑问题，用技术与经济价值统一对比的标准衡量问题，又进一步把这种分析思想和方法推广到研究产品开发、设计、制造及经营管理等方面，逐渐总结出一套比较系统和科学的方法。1947 年，麦尔斯以《价值分析程序》为题发表了研究成果，这标志着价值工程正式产生。

价值工程首先在美国得到广泛重视和推广，由于麦尔斯《价值分析程序》的发展，1955年价值工程传入日本后，人们把价值工程与全面质量管理结合起来，形成具有日本特色的管理方法，并取得了极大成功。我国运用价值工程是从20世纪70年代末开始的。1984年，国家经济贸易委员会将价值工程作为18种现代化管理方法之一，向全国推广。1987年，国家标准局颁布了第一个价值工程标准《价值工程　基本术语和一般工作程序》。

二、价值工程相关概念及提高价值的途径

1. 价值、功能和成本

价值工程也称价值分析（简写VA），是指以产品或作业的功能分析为核心，以提高产品或作业的价值为目的，力求以最低寿命周期成本实现产品或作业使用所要求的必要功能的一项有组织的创造性活动，有些人也称其为功能成本分析。价值工程涉及价值、功能和寿命周期成本等三个基本要素。价值工程是一门工程技术理论，其基本思想是以最少的费用换取所需要的功能。这门学科以提高工业企业的经济效益为主要目标，以促进老产品的改进和新产品的开发为核心内容。

（1）价值。价值工程中所说的"价值"有其特定的含义，与哲学、政治经济学、经济学等学科关于价值的概念有所不同。价值工程中的"价值"就是一种"评价事物有益程度的尺度"。价值高说明该事物的有益程度高、效益大、好处多；价值低则说明该事物的有益程度低、效益差、好处少。例如，人们在购买商品时，总是希望"物美价廉"，即花费最少的代价换取最多、最好的商品。价值工程把"价值"定义为"对象所具有的功能与获得该功能的全部费用之比"，即

$$V = F/C \tag{10-1}$$

式中　V——价值；

　　　F——功能；

　　　C——成本。

功能是指产品的功能、效用、能力等，即产品所担负的职能或产品所具有的性能。

成本指产品周期成本，即产品在研制、生产、销售、使用过程中全部耗费的成本之和。衡量价值的大小主要看功能（F）与成本（C）的比值。人们一般对商品有"物美价廉"的要求，"物美"实际上就是反映商品的性能、质量水平；"价廉"就是反映商品的成本水平，顾客购买时考虑"合算不合算"就是针对商品的价值而言的。

价值工程的主要特点是：以提高价值为目的，要求以最低的寿命周期成本实现产品的必要功能；以功能分析为核心；以有组织、有领导的活动为基础；以科学的技术方法为工具。提高价值的基本途径有5条：

1）功能不变，成本降低，价值提高。

2）成本不变，功能提高，价值提高。

3）功能提高的幅度高于成本增加的幅度。

4）功能降低的幅度低于成本降低的幅度。

5）功能提高，成本降低，价值大大提高。

（2）功能。价值工程认为，功能对于不同的对象有着不同的含义：对于物品来说，功能就是它的用途或效用；对于作业或方法来说，功能就是它所起的作用或要达到的目的；对于人来说，功能就是它应该完成的任务；对于企业来说，功能就是它应为社会提供的产品

和效用。总之，功能是对象满足某种需求的一种属性。价值工程所阐述的"功能"内涵，实际上等同于使用价值的内涵。也就是说，功能是使用价值的具体表现形式。任何功能无论是针对机器还是针对工程，最终都是针对人类主体的一定需求目的，最终都是为了人类主体的生存与发展服务，因而最终将体现为相应的使用价值。因此，价值工程所谓的"功能"实际上就是使用价值的产出量。

(3)成本。价值工程中的成本指的是寿命周期成本，包括产品从研究、设计、制造、销售、使用至报废为止的整个期间的全部费用。它由生产成本和使用成本两部分构成，生产成本包括研究开发费、设计费、原材料费、能源费、加工费、包装费、运输费、销售费、税收等；使用成本包括使用过程中的安装费、运行费、维修费等各项费用。

对于用户而言，他们对产品所支付的费用，除了包括种种费用在内的生产成本外，还有使用成本，特别是一些产品，如空调、冰箱、住宅等耐用性产品，其维护使用费用往往远高于购置费用。因此，把整个寿命周期成本的多少作为选择产品的依据是非常重要的。生产企业只有站在用户的角度，把企业的利益和用户的利益紧密地结合在一起，在考虑降低设计制造成本的同时，考虑降低用户的维护使用成本，企业的产品才能具有真正的生命力；否则，只降低设计制造成本，反而提高了维护使用成本，用户买得起却用不起，企业产品就不可能有持久的生命力。在价值工程活动中，虽然把重点放在产品的设计阶段，但既要重视降低设计制造成本，也必须重视降低维护使用成本，把产品的生产和使用作为一个整体。这样做不仅对企业有利、对用户有利，对整个社会也有极大的益处。

2. 提高价值的途径

根据价值、功能、成本的上述关系，提高价值的途径总体上可以分为两类：一类是以提高功能为主的途径，另一类是以降低成本为主的途径。既提高功能，又降低成本，则是一条理想途径。提高价值的基本途径具体表现在以下几个方面：

(1)功能不变，成本降低。这是开展价值工程活动普遍采用的基本途径，也是企业提高经济效益常用的方法之一。企业生产产品，在保证用户需求功能的前提下，当然是尽量降低成本，以提高企业的经济效益；用户购买产品，在保证所需功能的前提下，也自然是选购价格便宜的产品，以提高用户的资金效益。显然，这一途径多用于对现有产品的工艺改进、材料代用、结构简化等方面，以求在保证产品功能不变的条件下，降低产品的成本。特别需要指出的是，成本的降低应不损害用户所需功能，否则将根本违背价值工程活动的目的。

(2)成本不变，功能提高。若产品的价格不变，功能提高，就会增强企业产品的竞争能力。用户花同样的钱，买到的是质量和性能更好的产品，必然扩大企业产品的市场。显然，这是一条企业和用户均会受益的途径。

这种措施对于美学功能在功能系统中占有较大比重的产品的效果非常明显。像改变颜色、式样、包装等，无须增加成本，却能使功能显著提高。

(3)功能提高，成本降低。随着科学技术的进步，新技术、新材料的不断涌现，特别是价值工程活动的日益深入，人们在改进产品设计、研制更新换代产品时，有所创新、有所突破，既提高了产品的功能，又降低了产品的成本。例如，从计算机的发展历史来看，随着科技进步，计算机依次经历了电子管、晶体管和集成电路三阶段发展，其成本越来越低，运算速度越来越快，体积也越来越小。

(4)成本略增，功能大幅度提高。一般而言，提高产品的功能往往会引起产品成本的提高。当功能提高的幅度大于成本提高的幅度时，产品的价值也会提高。在市场竞争更加激烈的今天，企业要想提高市场占有率，增加市场竞争力，就必须不断推出新颖、多功能的产品或具有"与众不同"功能的产品。只要用户喜欢，哪怕价格稍高一些，也会赢得顾客。

(5)功能略减，成本大幅度下降。任何一种产品的用户都不会处在一个需求层次上，因此，企业必须生产不同功能档次的产品以适应各种层次用户的需求。这就意味着，为适应某种层次用户的需求，虽然功能略有下降，但价格（成本）大幅度降低，从而使产品的价值提高了。这样，不仅用户会得到经济实惠，企业也会因薄利多销而取得良好的经济效益。当然，这里需要指出的是，所谓功能略有下降，是以满足使用者需求为前提的，并在认真进行功能分析的基础上，确保产品的基本功能或不可缺少的使用功能，剔除不必要功能，削减过剩功能，从而使产品成本有较大幅度的下降。如 AMD 公司生产的电脑芯片从性能上比英特尔公司略差一些，但价格有大幅降低，所以多年来依然能够能在市场上占得一席之地。

上述 5 个方面，仅是依据价值工程的基本关系式 $V=F/C$，从定性的角度所提出来的一些思路。在价值工程活动中，具体选择提高价值的途径时，则需进一步进行市场调查，依据用户的要求，按照价值分析的重点，针对不同途径的适用特点和企业的实际条件进行具体的选择。

三、指导原则及工作程序

麦尔斯在长期实践过程中，总结了一套开展价值工作的原则，用于指导价值工程活动的各步骤的工作。

1. 价值工程的指导原则

(1)分析问题要避免一般化、概念化，要作具体分析。

(2)收集一切可用的费用数据。

(3)使用最可靠的情报资料。

(4)打破现有框框，进行创新和提高。

(5)发挥真正的独创性。

(6)找出障碍，克服障碍。

(7)请教有关专家，扩大专业知识面。

(8)对于重要的公差，要换算成加工费用，以便认真考虑。

(9)尽量采用专业化工厂的现成产品。

(10)利用和购买专业化工厂的生产技术。

(11)采用专门生产工艺。

(12)尽量采用标准件。

(13)以"我是否这样花自己的钱"作为判断标准。

进行一项价值分析，首先需要选定价值工程的对象。一般来说，价值工程的对象要考虑社会生产经营的需要及对象价值本身被提高的潜力。例如，选择占成本比例大的原材料部分，如果能够通过价值分析降低费用、提高价值，那么，这次价值分析对降低产品总成本的影响也会很大。选定分析对象后需要收集对象的相关情报，包括用户需求、销售市场、科学技术进步状况、经济分析及本企业的实际能力等。价值分析中能够确定的方案的多少及实施成果的大小；与情报的准确程度、及时程度、全面程度紧密相关。有了较为全面的情报之后就可以进入价值工程的核心阶段——功能分析。在这一阶段要进行功能的定义、分类、整理、评价。经过分析和评价，分析人员可以提出多种方案，从中筛选出最优方案加以实施。在决定实施方案后，应该制订具体的实施计划，提出工作的内容、进度、质量、标准、责任等方面的内容，确保方案的实施质量。为了掌握价值工程实施的成果，还要组织成果评价。成果的鉴定一般以实施的经济效益、社会效益为主。

2. 价值工程的工作程序

(1)选择价值工程对象。价值工程的主要途径是进行分析，选择对象是在总体中确定功能分析的对象。它是根据企业、市场的需要，从得到效益出发来分析确定的。对象选择的基本原则是：在生产经营上有迫切的必要性，在改进功能、降低成本上有取得较大成果的潜力。

(2)收集情报。通过收集情报，可以从情报中得到进行价值工程活动的依据、标准、对比对象，同时可以受到启发、打开思路，深入地发现问题，科学地确定问题所在和问题的性质，以及设想改进方向、方针和方法。

(3)功能系统分析。功能分析也称为功能研究，对新产品来说，也叫作功能设计，是价值工程的核心。价值工程的活动就是围绕这个中心环节进行。因为价值工程的目的是用最低的寿命周期成本，可靠地实现用户所需的必要的功能。因此，价值工程师对产品的分析，首先不是分析产品的结构，而是分析产品的功能，也即从传统的对产品结构的分析(研究)转移到对产品功能的分析(研究)。这样就摆脱了现存结构对设计思路的束缚，为广泛联系科学技术的新成果找出实现所需功能的最优方案，提供了一种有效方法。

功能分析包括功能定义、功能分类和功能整理。功能定义是指确定分析对象的功能。功能分类是指确定功能的类型和重要程度，如基本功能、辅助功能，使用功能、美观功能，必要功能、不必要功能等。功能整理是指制作功能系统图，用来表示功能间的"目的"和"手段"关系，确定和去除不必要功能。

1)确定功能定义。对功能要给予科学的定义，进行按类整理，理顺功能之间的逻辑关系，为功能分析提供系统资料。

2)功能整理。功能整理的目的是确切地定义功能，正确地划分功能类别，科学地确定功能系统，发现和提出不必要的功能和不正确或可以简化的功能。

(4)功能评价。其目的是寻求功能最低的成本。它是用量化手段来描述功能的重要程度和价值，以找出低价值区域。明确实施价值工程的目标、重点和大致的经济效果。功能评价的主要尺度是价值系数，可由功能和费用来求得。此时，要将功能用成本来表示，以此将功能量化，并可确定与功能的重要程度相对应的功能成本。

(5)方案创新和评价。为了改进设计，就必须提出创新方案。麦尔斯曾说过，要得到价值高的设计，必须有20～50个可选方案。提出实现某一功能的各种各样的设想，逐步使其完善和具体化，形成若干个在技术上和经济上比较完善的方案。提出改进方案是一个创造的过程，在进行中应注意以下几点：

1)敢于打破框框，不受原设计的束缚，完全根据功能定义来设想实现功能的手段，从各种不同的角度来设想。

2)发动大家参加这一工作，组织不同学科、不同经验的人在一起商讨改进方案，互相启发。

3)把不同的想法集中，发展成方案，逐步使其完善。

在提出设想阶段形成的若干种改进新方案，不可能十分完善，也必然有好有坏。因此，一方面要使方案具体化，另一方面要分析其优缺点进行评价，最后选出最佳方案。方案评价要从两方面进行：一方面要从满足需要、满足要求、保证功能等方面进行评价；另一方面要从降低费用、降低成本等经济方面进行评价。总之，要看是否提高了价值，增加了经济效果。

(6)方案试验和提案。为了确保选用的方案是先进可行的，必须对选出的最优方案进行试验。验证的内容有方案的规格和条件是否合理、恰当，方案的优缺点是否确切，存在的问题有无进一步解决的措施。将选出的方案及有关技术经济资料编写成正式提案。

(7)评价活动成果。在方案实施以后，要对实施方案的技术、经济、社会效果进行分析总结。

以上工作程序和分析问题见表 10-1。

表 10-1　价值工程的工作程序

一般决策程序	价值工程程序			价值工程提问
	基本步骤	详细步骤		
分析问题	确定 VE 工作对象	1. 选择对象		1. 这是什么？
		2. 收集情报		
	功能系统分析	3. 功能定义、分类和整理		2. 它的作用是什么？
	功能评价	4. 功能评价		3. 它的成本是什么？
				4. 它的价值是什么？
综合研究	方案创造	5. 方案创造		5. 有其他方法实现这个功能吗？
方案评价	方案评价	6. 概略评价	7. 方案具体化	6. 新方案的成本是多少？
		8. 详细评价	9. 方案评审	
	方案实施	10. 方案试验、实施		7. 新方案能满足要求吗？
		11. 成果评价		

第二节　价值工程对象选择及信息资料收集

选择价值工程活动的对象，就是要具体确定功能成本分析的产品与零部件。这是决定价值工程活动收效大小的第一个步骤。在一个企业里，并不是对所有产品都要进行价值工程分析，而是要有选择、有重点地进行。这样才可以提高价值工程活动的效果，在工作量相同的情况下，力争取得最好的成效。一般来说，选择价值工程活动的对象，必须遵循一定的原则，运用适当的方法保证对象选择得合理。

一、价值工程对象选择的原则

价值工程是就某个具体对象开展的有针对性的分析评价和改进，有了对象才有分析的具体内容和目标。价值工程的对象选择过程就是逐步收缩研究范围、寻找目标、确定主攻方向的过程。一般来说，对象的选择有以下几个原则：

(1)选择设计因素多、结构复杂、体积大的产品。

(2)选择造价高、占总成本比重大，而且对经济效益影响大的产品。

(3)选择质量差、退货多、用户意见多的产品。

(4)选择同类产品中技术指标差的产品。

(5)选择对国计民生影响大的产品。

(6)选择对企业生产经营目标影响大的产品和零部件。

(7)选择社会需求量大、竞争激烈的产品。

(8)选择寿命周期长的产品。

二、价值工程对象选择的方法

1. 经验分析法

经验分析法是一种定性分析法，又称为因素分析法，它依靠价值工程人员的经验和知识来选择和确定分析对象。在对各因素进行综合分析时，既要区别轻重缓急考虑需要，又要考虑可能性。经验分析法的优点是简便易行，不需要特殊训练，能综合考虑问题，其缺点是缺乏定量依据，受分析人员的水平和主观因素的影响较大，可结合决策树分析法使用。一般用于下列情况：

(1)供选择的对象，其条件比较悬殊。

(2)预计几种对象能够提高经济效益的差异比较明显。

(3)在繁多的产品、品种(或零部件)中，粗略筛选工作对象。

2. ABC 分析法

ABC 分析法也称为不均匀定律法。这个方法是帕莱脱氏所提出的，现已广泛应用。该方法的基本思路是将某一产品的成本组成逐一分析，将每一个零件占多少成本从高到低排出一个顺序，再归纳出少数零件占多数成本的是哪些零件。一般来说，零件个数占零件总数的 10%～20%，而成本占总成本的 70%～80% 的零件为 A 类零件；零件个数占零件总数的 70%～80%，而成本占总成本的 10%～20% 的零件为 C 类零件；其余为 B 类零件。其中，A 类零件是研究的对象。ABC 分析法还可以用图表反映出来，如图 10-1 所示。

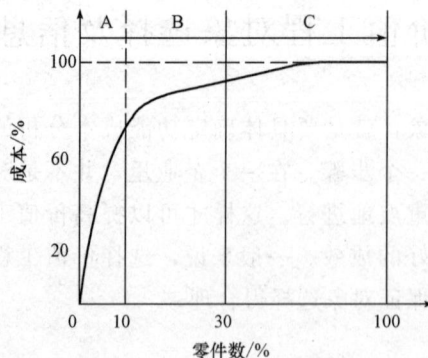

图 10-1　ABC 曲线图

ABC 分析法的具体步骤如下：

(1)将所有研究对象(零部件或工序、项目)，按其成本由高到低进行排列编号。

(2)计算每个研究对象的累计个数占全部研究对象总数的百分比。

(3)计算研究对象的累计成本。

(4)计算累计成本占总成本的百分比。

(5)按 ABC 分析法的分类原则进行分类。

(6)画出 ABC 曲线图。

(7)将 A 类作为价值工程的主要研究对象。

【小提示】 在产品较多的企业中，应选择占主导地位或对利润影响最大的产品作为 A 类对象。

3. 强制确定法

强制确定法是以功能重要程度作为选择价值工程对象决策指标的一种分析方法。它的出发点是：功能重要程度高的零部件是产品的关键，因此，应当重点分析对象。强制确定法不仅能用于产品，也可用于工程项目、工序、作业、服务项目或管理环节的分析。强制确定法分为 01 评分法和 04 评分法两种，评分时由熟悉产品的专家(5~15 人)参加，各自独立打分，不讨论、不干扰。

(1)01 评分法。01 评分法是先将构成产品的各零件(或项目因素)排列成矩阵，并站在用户的角度按功能重要程度进行一对一循环对比，两两打分，功能相对重要的零件得 1 分，不重要的得 0 分，每作一次比较有一个得 1 分，另一个得 0 分，合计各零件的得分值(取人均值)除以全部零件的得分值总和，就得出各零件的功能评价系数。系数大者，表明此零件重要，应该列为重点。

有时某一零件的得分总值为 0，但实际上该零件不能说是没有价值，为了避免这种误差，往往可对评分值加以修正，修正的方法是在全部零件得分的基础上都各加 1 分，用修正后的得分值作为计算功能重要系数的参数。01 评分表示例见表 10-2。

表 10-2 01 评分表示例

零部件名称（或功能名称）	两两对比评分					得分值	修正值	功能重要度系数
	A	B	C	D	E			
A	×	1	1	1	1	4	5	0.333
B	0	×	1	1	1	3	3	0.200
C	0	0	×	0	1	1	2	0.133
D	0	1	1	×	1	3	4	0.267
E	0	0	0	0	×	0	1	0.067
合计	0					11	15	1.000

(2)04 评分法。01 评分法虽然能判别零件的功能重要程度，但评分规定过于绝对，准确度不高，可以采用 04 评分法来计算功能重要系数，示例见表 10-3。

表 10-3 04 评分表示例

评分者 零部件名称	甲	乙	丙	丁	戊	总得分	平均值分值	功能评价系数	VE 选择
			评分值						
A	3	4	4	4	4	19	3.8	0.38	√
B	2	3	2	3	2	12	2.4	0.24	
C	0	1	1	2	3	7	1.4	0.14	
D	4	2	3	1	1	11	2.2	0.22	
E	1	0	0	0	0	1	0.2	0.02	
合计	10	10	10	10	10	50	10	1.00	

04 评分法的步骤、方法与 01 评分法基本相同，它也是采用一对一比较打分的方法，但两零件得分之和为 4 分。

04 评分法的评分规则如下：

1）功能非常重要的零件得 4 分，另一个相对很不重要的得 0 分。

2）功能比较重要的零件得 3 分，另一个功能比较不重要的得 1 分。

3）功能相同的两个零件各得 2 分。

4）功能很不重要的零件得 0 分，另一个相对很重要的得 4 分。

各零件的得分值除以全部零件的得分值的总和，就得到该零件的功能评价系数。

【小提示】 强制确定法是国内外应用十分广泛的方法之一，它虽然在逻辑上不十分严密，又含有定性分析的因素，却有一定的实用性。只要运用得当，在多数情况下其指示的方向与实际大致相同。

4. 百分比法

百分比法是通过对不同产品在各类技术经济指标中所占的百分数来比较，据此选择价值工程对象，示例见表 10-4。

表 10-4 百分比分析表示例

零部件	件	A	B	C	D	E	F	G	合计
材料消耗比重	％	34	29	17	10	5	3	2	100
产值比重	％	36	30	7	12	7	6	2	100

从表中可以看出，C 类零件材料消耗较多，但产量比重小，应选为价值功能分析对象；A、B 类零件虽然材料消耗较多，但产值比重大，两者比较吻合。

三、信息资料的收集

价值工程的目标是提高价值，为实现目标所采取的任何行动或决策，都离不开必要的情报。一般来说，情报越多，价值提高的可能性也越大。因为通过情报可以进行有关问题的分析对比，而通过对比可以找到解决问题的方向、方针和方法，并从情报中找到提高价值的依据和标准。因此从一定意义上可以说，价值工程成果的大小取决于情报搜集的质量、数量与时间。

1. 情报收集需注意的方面

(1)情报收集要广泛，要掌握全面的信息，以便从全局去观察、研究和分析问题，避免得出片面的结论，同时要注意所收集的信息资料应是可靠无误的。

(2)收集信息资料的目的必须明确，避免盲目性。

(3)收集情报前，要了解对象和明确范围，只有对对象的功能及寿命周期有足够了解，才能透过现象弄清本质，与用户的真正要求作比较，有效地进行研究分析。

(4)要注意时间的重要性，错过时机无可挽回，因而信息要及时，这样才能适应国民经济迅速发展、市场需求瞬息万变、竞争激烈的需要。

2. 情报收集的内容

多数情况下，围绕价值工程的某一课题所需情报的内容不尽一致，一般来说涉及以下几个方面：

(1)用户方面的情报。用户方面的情报对价值改善具有规定性作用，是产品设计的基本依据，主要包括如下内容：

1)用户的基本要求。用户要求产品必备的基本功能及其水平；对产品寿命与可靠性的要求；希望价格降低幅度及交货时间；对技术服务的具体要求；对产品产生副作用的最高限度等。

2)用户的基本条件。用户所处的销售地区及其市场阶层；用户的经济条件及购买力水平；用户的文化水平及操作能力；用户的使用环境及维修、保养能力等。

(2)销售方面的情报。销售方面的情报对价值改善具有指导性作用，是确定产品设计目标的重要基础，主要包括如下内容：

1)产品方面。产品销售的市场范围及其发展趋势；产品销售数量的演变及其缘由；国家需求计划与市场需求预测；产品的技术现状及其发展的可能。

2)竞争方面。主要竞争对手的技术经济现状及其未来发展趋势；竞争对手的主要特性与问题；名牌产品的优势与特色；各家的产量、销量及售后服务等。

(3)技术方面的情报。技术方面的情报对价值改善具有方向性作用，是改进设计的主要来源，主要包括如下内容：

1)科技方面。有关的科研成果及其应用情况新结构、新材料、新工艺的现状及其发展；标准化的具体要求及其存在问题；国内外同类产品的开发与研究方向。

2)设计方面。产品设计的主要功能标准与其相关要求；产品的结构原理及零部件配合的先进程度；材料的价格、尺寸、精度；产品造型的适时程度及其体积、质量、色泽的发展趋向。

(4)成本方面的情报。成本方面的情报，对价值改善具有参考性作用，是确定成本目标的参照系统，主要有如下内容：

1)同类企业成本。同类企业的生产成本、使用成本；主要原材料、能源费用的构成情况及其变化趋势；车间经费、企业管理费等有关资料；产品及其组件等历史资料中的最低成本。

2)供料企业成本。供料企业成本的变动必将引起供应材料价格的变动，具体包括原材料、燃料生产企业的各种成本的现状、各历史时期的发展变化状况、未来发展的趋势与可能。

第三节 价值工程功能分析和评价

一、功能分析

功能分析是价值工程活动的基本内容。从功能上入手，系统地对产品进行研究和分析是价值工程活动的核心。功能分析通过分析对象资料，正确表达分析对象的功能并予以满足，明确功能的特征要求，从而弄清产品与部件各功能之间的关系，去掉不合理的功能，使产品功能结构更合理，以达到降低产品成本的目的。通过功能分析，可以对对象"是干什么用的"这种价值工程提问做出问答，从而准确地掌握用户的功能要求。

1. 功能分类

依据功能的特性，可以将功能分为以下几类：

(1)使用功能与美学功能。这是从功能性质的角度进行分类。使用功能从功能的内涵上反映其使用属性，是一种动态功能；美学功能是从产品外观反映功能的艺术属性，是一种静态的外观功能。

(2)基本功能与辅助功能。这是从功能重要程度的角度进行分类。基本功能是产品的主要功能，对实现产品的使用目的起着最主要和必不可少的作用；辅助功能是次要功能，是为了实现基本功能而附加的功能。

(3)必要功能与不必要功能。这是从用户需求的角度进行分类。必要功能是用户要求的功能，使用功能、美学功能、基本功能、辅助功能等均为必要功能；不必要功能是不符合用户要求的功能，包括三类：第一类是多余功能，第二类是重复功能，第三类是过剩功能。

(4)过剩功能与不足功能。这是相对于功能的标准而言的，从定量角度对功能采用的分类方法。过剩功能是指某些功能虽属必要，但满足需要有余，在数量上超过了用户要求或标准功能水平。不足功能是相对于过剩功能而言的，表现为产品整体功能或零部件功能水平在数量上低于标准功能水平，不能完全满足用户需要。

(5)上位功能和下位功能。

2. 功能定义

功能定义就是对价值工程对象用简单明确的语言表述它的作用或效用。

通过功能定义，可以准确掌握用户的功能要求，抓住问题的本质，扩大思考范围，开拓设计思路，深化对功能的理解，为功能评价和创造改进方案奠定基础。

功能定义的语言应简明、准确，通常用一个动词加一个名词表述，如梁的功能是传递荷载；隔墙的功能是分隔空间；灯的功能是发光等。

(1)功能定义的方法。

1)使用功能的定义方法。使用功能大多是以一定的动作行为作用于某一特定的对象。由于动作行为必然以动词来表述，被作用的对象是动词的宾语。因此，对使用功能下定义时，要用动词和名词构成的动宾词组来描述。动宾词组作为功能定义的主要形式，不仅适用于使用功能的定义，还适用于基本功能的定义。

2)辅助功能的定义方法。辅助功能的定义是对产品基本功能实施过程中的辅助性要求所进行的限定与描述。例如，收音机的基本功能是"发生音响信息"，其辅助功能有音质优美、性能稳定、造型大方、色泽美观等。

3）美学功能的定义方法。对美学功能下定义，就是对研究对象所具有的外观、特性或艺术水平进行定性的表述。一般情况下，对象的外观、特性或艺术水平用形容词来描述，由此构成一个名词加形容词的陈述与被陈述关系的主谓词组。例如，前述收音机的"造型大方""色泽美观"就是这种结构。

（2）在给功能下定义时，必须注意以下几点：

1）抓住功能本质。在给功能下定义时要围绕用户所要求的功能，对事物进行本质思考。只有这样，才能正确理解产品应具备的功能，抓住问题的本质。有些产品之所以给用户提供不必要的功能、过剩功能，或漏掉用户所需要的功能，或功能水平不能满足用户要求等，往往是由于设计者没有从用户的要求出发真正理解产品应具备的功能。因此，能否抓住问题的本质来准确描述功能定义，对价值工程活动的好坏与成败有着重大影响。

2）表达准确简明。对产品及其组成部分的功能定义得正确与否，直接关系到以后价值工程活动的成果。因此，必须定性准确；否则，以后在改进产品及组成部分的功能时，就会发生混乱现象。例如，对于钢笔的功能定义，"写字"这种表述就是不太合适的，因为这是站在人们使用钢笔的角度给钢笔下的定义，所以定性不准。如果站在客体的立场来给钢笔下功能定义，则可以是"有节奏均匀地流出墨水"，这就相对准确些了。为此，有时在给产品下功能定义时，还要加上一个对客体功能说明的规定性副词。通过这样准确性的描述，才能为今后改进产品的功能指出方向。还要注意功能定义的表达必须简单明了，切合实际，不可一词多义，含混不清。

3）尽可能定量化。尽可能使用能够测定数量的名词来定义功能，以便在功能评价和方案创造过程中将功能数量化，这有利于价值工程活动中的定量分析。例如，吊车的功能，不能用"起吊物品"来表述，因为物品这种表述是无法测量的，若改用"起吊重物"的表述，就可以通过吊车的起重质量来具体量化，而且，在评价功能和成本高低时，就有了定量化的依据。

4）考虑实现功能的制约条件。虽然功能定义是从对象的实体中抽象"功能"这一本质的活动，但在进行功能定义时，不能忘记可靠的实现功能所应具备的制约条件。例如，对轴承和润滑油的功能，不能简单地定义为"减小摩擦"，而应根据其特点（制约条件）描述为"减小滚动摩擦"或"减小滑动摩擦"。

在功能定义时，应该考虑的实现功能所需要的制约条件有：

①功能的承担对象是什么？

②实现功能的目的是什么？

③功能何时实现？

④功能在何处实现？

⑤实现功能的方式有哪些？

⑥功能实现的程度怎样？

5）注意功能定义表述的唯一性。在给功能下定义时，对研究对象及其构成要素所具有的功能要一项一项地明确，每一项功能只能有一个定义。若一个构成要素有几项功能，就要分别逐项下定义。如暖水瓶外壳有两项功能，则要分别定义为"保护瓶胆"和"美化外观"。若几个构成要素同时具有某一项功能，则这些构成要素的功能定义中都应具有这一功能定义。也就是说，不论是构成要素具有几项功能，还是功能需要几个要素同时实现，都要满足某一特定功能必须对应于唯一确定的功能定义。

功能定义确定后，为了保证其准确无误，还可以通过以下检查提问的办法来验证：

①是否用主谓词组或动宾词组简明扼要地给功能下定义？

②对功能的理解是否一致？

③功能的表达是否一致？

④功能定义是否存在遗漏之处？

⑤功能的表达是否有利于定量化？

⑥给功能下定义时，是否考虑扩大改进思想？

⑦是否存在凭主观推断对功能下定义的现象？

⑧是否考虑了功能实现的制约条件？

⑨是否存在无法下定义的功能？

⑩是否每项功能只有一个定义？

3. 功能整理

所谓功能整理，就是在功能定义的基础上，按照功能之间的逻辑关系，把产品构成要素的功能按照一定的关系进行系统的整理与排列，然后绘制功能系统图，以便从局部与整体的相互关系上把握问题，从而达到掌握必要功能和发现不必要功能的目的，并提出改进的办法。对产品及其零部件进行功能定义和功能分类，只是单独对各个零部件进行功能分析，而没有研究它们之间的内在依存关系。一个产品所属的零部件在结构上既相对独立，又相互联系；产品功能通过各零部件功能的相互联结得到实现，所以一个产品既存在一个结构系统，又存在一个功能系统。而功能系统是更本质的东西，是生产者和使用者最终的目的。因此，必须从功能的角度去分析研究产品各零部件担负的功能，零部件越多，它们之间的关系也越复杂。特别是一件大型产品，其零部件繁多，功能之间的内在关系错综复杂。如果不从功能系统的角度进行研究分析，就很难看清各个功能之间的逻辑关系及其重要程度。这样，就不便于开展价值工程活动。

(1)功能整理的作用。

1)明确功能体系关系。功能体系主要由两种关系构建：一种是从属关系，即某一部分功能是从属于另一部分功能的，表现为"目的与手段"的关系，手段是从属于目的的，是为目的服务的；另一种是并列关系，即它们在功能系统中相互独立，都是为了达到同一目的而设置的功能。通过功能整理，可以明确哪些是目的功能，哪些是手段功能，它们又是由哪些零部件(构成要素)来实现的，进而可以从大量的功能中明确它们之间的层次和从属关系，明确它们是如何组成与产品结构相对应的体系来实现产品总体功能的，并进一步整理出一个与产品结构系统相对应的功能系统来。

2)判别功能的必要性。在功能整理过程中，可能会发现某些特有目的或接不上上下位关系的功能。那么，这些功能是否必要，就会突现出该功能的零部件是否必要的问题，就很值得进一步探讨了。如果目的功能十分肯定，却找不到手段功能，就要考虑是否应追加或补充其下位功能。同样，当有若干项手段功能为同一目的功能服务时，则要考虑是否存在重复功能的问题。

3)检查功能定义的准确性。在进行功能整理时，有时会发现有的功能找不到其目的功能。没有目的功能是否就是不必要功能呢？这时还需重新审核已有的功能定义。因为，有可能或功能定义表达不当，以致形成了目的性不明确的功能项目；或在功能定义过程中，遗漏了其目的功能。通过功能整理，进一步检查功能定义，通过修改和补充，达到完善功能定义的目的。

4）奠定功能定量分析基础。功能分析的最终步骤是功能定量分析，通过功能整理，可以定性地分析出各单项功能之间的内在逻辑关系，并绘制出各功能系统框图，最终为进行有效的功能定量分析提供依据。

5）明确改进重点。通过功能整理，可以清晰透彻地了解产品功能系统与产品结构系统的对应关系，可以准确地划分功能区域并相应地确定价值工程活动的范围，做到抓大放小，突出重点，避免盲目低效价值工程工作。

（2）功能整理的工作程序。

1）把功能定义写在小卡片上，每条写一张卡片，这样便于排列、调整和修改。

2）从基本功能中挑选出一个最基本的功能，也就是最上位的功能（产品的目的），排列在左边。其他卡片按功能的性质，以树枝状结构的形式向右排列。

3）逐个研究功能之间的关系，也就是找出功能之间的上下位关系。例如，分析某一个功能时，如果提出一个问题，即为什么需要这个功能、这个功能要达到什么目的，就能找到它的上位功能。要查问它的下位功能，可以提问这个功能是怎样实现的。这样通过回答为什么和怎么样，就能找到上位功能和下位功能。上位功能和下位功能的关系为上位功能是目的，下位功能是手段。当然，目的和手段的关系是相对的。就某一个功能而言，对它的上位功能来说是手段，对它的下位功能来说是目的。图 10-2 所示为上位功能与下位功能的关系。

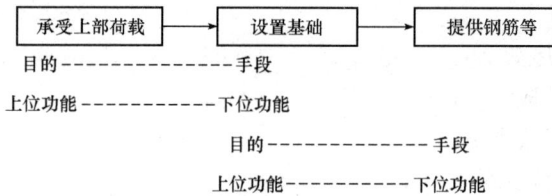

图 10-2　上位功能与下位功能的关系

4）功能的并列关系。功能的并列关系是指在功能系统中，在上位功能之后，往往有几个并列的功能存在，这些并列的功能又各自形成一个子系统，构成一个功能区域，称为"功能区"。

5）编制功能系统图。根据上面所确定的功能间的上下关系和并列关系，把上位功能画在左边，把下位功能排在右边，并列关系功能并列排列，即按其逻辑关系，从整体出发，用图形表示，就形成了功能系统图。对初步形成的功能系统图，必须进一步检查和验证功能关系是否正确，再经过充分讨论和严格审查，最后整理成逻辑严密、结构清晰的功能系统图。

二、功能评价

功能评价就是确定功能的现实成本、目标成本、目标成本与现实成本的比值、现实成本与目标成本的差值及根据价值系数或上述差值选择价值工程对象的功能领域。

产品功能的重要性是通过评价之后予以评定的。通过评价特定性的概念转化为定量的数值，有了定量的数值就可以进行比较。产品功能是由产品的各零部件来实现的，所以对产品的功能评价要通过对其零部件进行评价来实现。将那些功能价值低、成本改善期望值大的功能，作为开展价值工程的重点对象。

功能评价的基本内容包括功能的成本分析、功能评价和选择对象区域。进行功能评价、首先要进行功能成本分析，即确定功能的实际成本 C，然后确定实现这一功能的最低成本，即确定功能评价值 F，以此得出该功能成本的降低目标，称为功能目标成本。将功能的目标成本与实现功能的实际成本比较，便得到该功能的功能价值系数 V；将实现功能的实际成本减去功能的目标成本，得到功能成本改善期望值 E，E 值大的功能将作为价值工程活动的重点对象。其公式为

$$V = F/C$$
$$E = C - f$$

功能评价的目的是探讨功能价值，找出低功能区域，即 $V<1$ 的部分，进而明确需要改进的具体对象及优先次序。

对 V 值的分析：

(1)$V=1$，表明实现评价对象功能的目前成本与实现此对象功能的最低成本(目标成本)大致相当，一般无须改进。

(2)$V<1$，表明实现此对象功能的目前实际成本偏高，这时有两种可能：其一是此对象功能过剩；其二是虽无功能过剩，但实际功能的手段不佳，以致实现功能的实际成本大于功能的实际需要(目标成本)，应将其纳入改进的范围。

(3)$V>1$，此时应首先检查功能评价值是否定得合理，若 F 定得太高，则应降低 F；其次，可能是该对象的功能不足，没有达到用户的功能要求，应适当增加成本，提高功能水平。

功能评价的一般程序如下：

(1)确定功能的实际成本 C；

(2)确定功能的目标成本 F；

(3)计算功能价值(价值系数)V；

(4)计算功能成本改善期望值 E；

(5)按价值系数(V)由低到高、功能成本改善期望值由大到小的顺序排列，确定价值工程的重点改进对象。

第四节　价值工程的应用

一、方案创造与方案评价

1. 方案创造

方案创造，就是从改善对象的价值出发，针对应改进的具体目标，依据已建立的功能系统图和功能目标成本，通过创造性的思维活动，提出实现功能的各种改进方案。方案的提出是在收集情报和功能分析的基础上进行创造和开拓的过程，也是把经验和知识进行分析、提炼、组合的过程，需要有效的方法进行引导和激发，才能充分发挥分析能力、综合能力和创造技巧，并提出改进方案。

方案创造的主要方法如下:

(1)哥顿法。哥顿法是美国人哥顿在1964年提出的方法。这种方法的指导思想是:把要研究的问题适当抽象,以利于开阔思路。会议主持者并不把要解决的问题全部摊开,只把问题抽象地介绍给大家,要求海阔天空地提出各种设想。例如,要研究一种新型割稻机,则只提出如把东西割断和分开的问题,大家围绕这一问题提方案。会议主持者要善于引导,步步深入,等到适当时机再把问题讲明,以作进一步研究。

(2)头脑风暴法。头脑风暴法是一种专家会议法,是用来产生有助于查明和概念化问题的思想、目标和策略的方法。它是1948年由创造性思维专家奥斯本首先提出的一种加强创造性思维的手段,它可以用来产生大量关于问题的潜在解决办法的建议。它通过召集一定数量的专家(通常为10~15人)一道开会研究,共同对某一问题作出集体判断。

(3)德尔菲法。德尔菲法(Delphi technique)采用函询调查的形式,向与预测问题有关领域的专家分别提出问题,使专家在彼此不见面的情况下发表意见、交流信息,而后将他们的答复意见加以整理、综合。

2. 方案评价

方案评价是对创新阶段提出的设想和方案的优缺点与可行性作分析、比较、论证及评价,并在评论过程中对有希望的方案进一步完善的过程。方案评价的标准是价值的高低而不是功能成本的优劣,即以功能费用比作为最终的评价标准。方案评价分为概略评价和详细评价两大步骤,其评价内容均围绕着技术评价、经济评价、社会评价进行,并在此基础上进行综合评价。概略评价是对方案创新中所提出的设想方案进行大致的粗略评价,筛选出有价值的设想,以便进行方案的具体制定。概略评价内容比较粗略,评价方法较简单,力求尽快得出结论,以便有效利用时间。详细评价是对已经粗略筛选的若干有前途的方案进行细致评价,其主要目的是筛选出最佳方案,以便正式提交审查。因此,详细评价必须提供详尽、有说服力的数据,论证方案实施的效果,如图10-3所示。

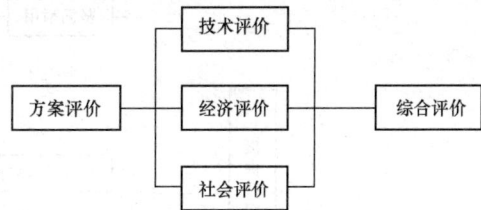

图 10-3　方案评价图

二、价值工程在项目中的应用

下面举例说明价值工程在项目中的应用。

【例 10-1】 某厂储备煤槽筒仓是我国目前最大的群体钢筋混凝土结构储煤仓之一。它由3组24个直径为11 m、壁厚为0.2 m的圆柱形薄壁联体仓筒组成。工程体积庞大,地质条件复杂,施工场地狭小,实物工程多,结构复杂。设计储煤量为4.8万吨,预算造价近千万元,为保证施工质量,按期完成施工任务,施工单位决定在施工组织设计中展开价值工程活动。

1. 对象选择

该施工单位对工程情况进行分析,工程主体由三个部分组成:地下基础,地表至16 m为框架结构并安装钢漏斗,16 m以上为底环梁和筒仓。针对三个部分的主体工程就施工时间、实物工程、施工机具占用、施工难度和人工占用等进行测算,用百分比分析法选择价值工程对象的结果表明，筒仓工程在指标对比中占首位，指标预算见表 10-5。

表 10-5 某筒仓工程各项指标预算

工程名称指标	施工时间	实物工程	施工机具占用	人工占用	施工难度
地下基础/%	15	12	11	17	5
框架结构，钢漏斗/%	25	34	33	29	16
底环梁，筒仓/%	60	54	56	54	79

能否如期完成施工任务的关键在于能否正确处理筒仓工程面临的问题，能否选择符合本企业技术经济条件的施工方法。

总之，筒仓工程是整个工程的主要矛盾，是关键工程。该施工单位决定以筒仓工程为价值工程研究对象，优化筒仓工程施工组织设计。

2. 功能分析

(1)功能定义。筒仓的基本功能是坚固耐用、形成储煤空间，其辅助功能主要为方便使用和增加美观。

(2)功能整理。在筒仓工程功能定义的基础上，根据筒仓工程内在的逻辑联系，采取剔除、合并简化等措施对功能定义进行整理，绘出筒仓工程功能系统图，如图 10-4 所示。

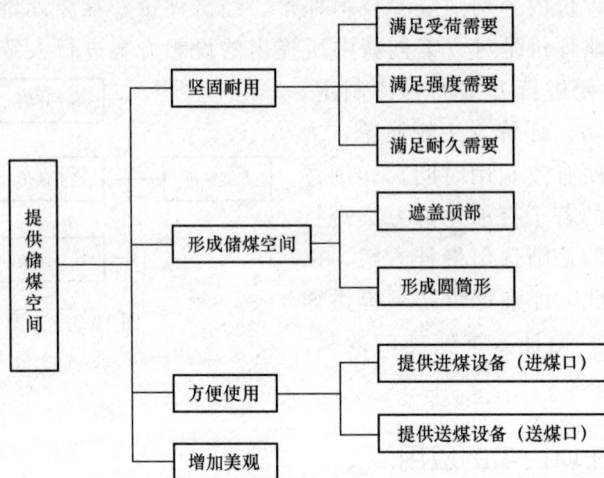

图 10-4 筒仓工程功能系统图

(3)功能评价和方案创造。由功能系统图可以明确看出，施工对象是混凝土筒仓体。在施工阶段运用价值工程不同于在设计阶段运用价值工程，其重点不在于如何实现储煤空间这个功能，而在于考虑怎样实现。这就是说，采用什么样的方法组织施工，保质保量地浇灌混凝土筒仓体，是应用价值工程编制施工组织设计中所要解决的中心问题。根据"质量好、时间短、经济效益好"的原则，工程技术人员、施工人员、管理人员初步建立滑模、翻模、大模板和施工合同外包 4 个方案，在此基础上进一步进行技术经济评价。

(4)施工方案评价。价值工程人员运用"给定定量法"进行方案评价。以 A、B、C、D 分别代表滑模、翻模、大模板、施工合同外包 4 种施工方案，评价情况和具体打分结果见表 10-6。

表 10-6　施工方案评价表(1)

方案评价			方案			
指挥体系	评分等级	分值	A	B	C	D
施工平台	1. 需要制作	0	0			
	2. 不需要制作	10		10	10	10
模板	1. 制作专用模板	0	0		0	
	2. 使用标准模板	10		10		
	3. 不需要制作模板	15				15
千斤顶	1. 需购置	0	0			
	2. 不需购置	10		10	10	10
施工人员	1. 少工种、少人员	10	10			
	2. 多工种、多人员	5		5	5	
	3. 无须参加	15				15
施工准备时间	1. 较短	15		15		
	2. 中等	10				
	3. 较长	5	5		10	
	4. 无须准备	20				20
受气候、机械等影响	1. 较大	5	5			
	2. 较小	10		10	10	
	3. 不受影响	15				15
施工时间	1. 保证工期	10	10			
	2. 拖延工期	0		0	0	0
施工难度	1. 复杂	5	5			
	2. 中等程度	10			10	
	3. 简单	15		15		
	4. 无难度	20				20
合计			35	75	55	105

由表 10-6 可知,施工合同外包方案得分最高,其次为翻模和大模板施工方案。施工合同外包方案较其他方案更优,还需作进一步分析。利用"给分定量法"对施工方案作进一步的分析,见表 10-7。

表 10-7　施工方案评价表(2)

方案评价			方案			
指挥体系	评分等级	分值	A	B	C	D
技术水平	1. 清楚	10	10	10	10	
	2. 不清楚	5				5
材料	1. 需求量小	5				5
	2. 需求量大	10	10	10	10	

方案评价			方案			
指挥体系	评分等级	分值	A	B	C	D
成本	1. 很高	5				5
	2. 较低	10	10	10	10	
工程质量	1. 保证质量	10	10	10	10	
	2. 难以保证	5				5
安全生产	1. 避免事故责任	10				10
	2. 尽量避免事故责任	5	5	5	5	
施工质量	1. 需要参加	5		5	5	
	2. 不需要参加	10				10
合计			50	50	50	40

表 10-7 表明，虽然施工合同外包方案可以坐享其成，但权衡利弊，应选翻模施工方案。为了证明这种选择的正确性，进一步对各方案作价值分析。各方案的预算成本及价值系数见表 10-8，由表可知，方案 B 最优。

表 10-8　各方案预算成本及价值系数　　　　　　万元

方案	A	B	C	D
目标成本		630		
预算成本	＞608.30	630.30	660.70	＞750.00
价值系数	＜0.880	0.999	0.950	＜0.840

(5)翻模施工方案的进一步优化。由于翻模施工方案存在多工种、多人员作业和总体施工时间长的问题，适合用价值工程方法作进一步优化。

经考察，水平运输和垂直运输使大量人工消耗在无效益的搬运上。为减少人工耗用，提出以下三种途径，同时对应提出三个施工方案：

1)成本不增加，人员减少。提出方案一：单纯减少人员。

2)成本略有增加，人员减少而工效大大提高。提出方案二：变更施工方案为单组流水作业。

3)成本减少，总人数不变而工效提高。提出方案三：采用双组流水作业。

对以上三个方案采用"给分定量法"进行评价，方案三为最优，即采用翻模施工双组流水作业，在工艺上采用二层半模板和二层角架施工。

(6)整体效果评价。通过运用价值工程，使该工程施工方案逐步完善，施工进度按计划完成，产值小幅度增加，利润提高，工程质量好，被评为全优工程。从降低成本方面看，筒仓工程实际成本为 577.2 万元。其与原滑模施工方案相比节约 31.1 万元；与大模板施工方案相比节约 83.5 万元；与合同外包方案相比节约 172.8 万元；与翻模施工方案相比节约 53.1 万元，成本降低率为 8.4%；与目标成本相比下降 52.8 万元，成本降低率为 8.3%，成效显著。

本章小结

　　价值工程也称为价值分析，是指以产品或作业的功能分析为核心，以提高产品或作业的价值为目的，力求以最低寿命周期成本实现产品或作业使用所要求的必要功能的一项有组织的创造性活动，有些人也称其为功能成本分析。价值工程的对象选择过程就是逐步收缩研究范围、寻找目标、确定主攻方向的过程。从一定意义上可以说，价值工程成果的大小取决于情报搜集的质量、数量与时间。功能分析是价值工程活动的基本内容。从功能上入手，系统地对产品进行研究和分析是价值工程活动的核心。功能评价就是确定功能的现实成本、目标成本、目标成本与现实成本的比值、现实成本与目标成本的差值及根据价值系数或上述差值选择价值工程对象的功能领域。方案创造，就是从改善对象的价值出发，针对应改进的具体目标，依据已建立的功能系统图和功能目标成本，通过创造性的思维活动，提出实现功能的各种改进方案。方案评价是对创新阶段提出的设想和方案的优缺点和可行性作分析、比较、论证和评价，并在评论过程中对有希望的方案进一步完善的过程。

思考与练习

　　1. 什么是价值工程？价值工程中的价值的含义是什么？提高价值有哪些途径？

　　2. 价值功能的工作程序是什么？

　　3. ABC 分析法和强制确定法选择分析对象的基本思路和步骤是什么？

　　4. 什么是功能？功能如何分类？什么是功能定义？怎样进行功能定义？

　　5. 什么是功能整理？怎样绘制功能系统图？对你熟悉的某种生活日用品及其组成部分进行功能分析，并绘出功能系统图。

　　6. 什么是功能评价？常用的功能评价方法有哪几种？其基本思想和特点是什么？怎样根据功能评价结果选择价值工程的改进对象？

第十一章 建设项目可行性研究

第一节 概 述

一、可行性研究的概念

所谓可行性研究（Feasibility Study），是运用多种科学手段（技术科学、社会学、经济学及系统工程学等）对拟建工程项目的必要性、可行性、合理性进行技术经济论证的综合科学。其基本任务是通过广泛的调查研究，综合论证一个工程项目在技术上是否先进、实用和可靠，在经济上是否合理，在财务上是否盈利，为投资决策提供科学的依据。同时，可行性研究还能为银行贷款、合作者签约、工程设计等提供依据和基础资料，它是决策科学化的必要步骤和手段。

工程项目可行性研究主要是在建设投资前期，它是工程建设的首要环节，其分析结果决定了建设项目的可靠程度。在项目投资前期，主要是解决项目的决策实施或决定不实施问题，可分为机会研究、初步可行性研究、可行性研究、评价和决策四个阶段。从广义角度或整个该时期的内容来讲，这四个阶段都是属于可行性研究的范围，只是各阶段要求的深度和标准不同，它们由粗到细、由浅到深、由不明朗到明朗，最终的目的是要判明所研究的项目是可行还是不可行。对于那些已经判明没有前途的项目，在任何阶段都可以终止下一阶段的研究，只是对于那些有前途的项目才有必要继续进行深入、详细的研究，得出供投资抉择的结论。

对项目进行可行性分析的一个核心是对项目投资合理性的论证，也就是对项目进行经济评价（财务评价和国民经济评价），需要运用所学的工程经济学的基本原理与方法对拟投资项目在整个项目寿命期内的各种投入和产出（经济性评价要素）进行分析，因此，工程经济学的基本原理和方法在实践中的一个应用领域就是对项目的可行性研究。

二、可行性研究的工作程序

可行性研究的基本工作程序大致可以用图 11-1 表示。

三、可行性研究的作用

可行性研究作为其他各项投资准备工作的主要依据，可以为投资者进行项目投资决策、申请项目贷款以及寻求合作者、机构设置等提供依据。总结起来，可行性研究有以下几个作用：

(1)作为项目投资决策的依据。

(2)作为向银行等金融机构或金融组织申请贷款、筹集资金的依据。

(3)作为项目主管部门商谈合同、鉴定协议的依据。

(4)作为编制设计和进行建设工作的依据。

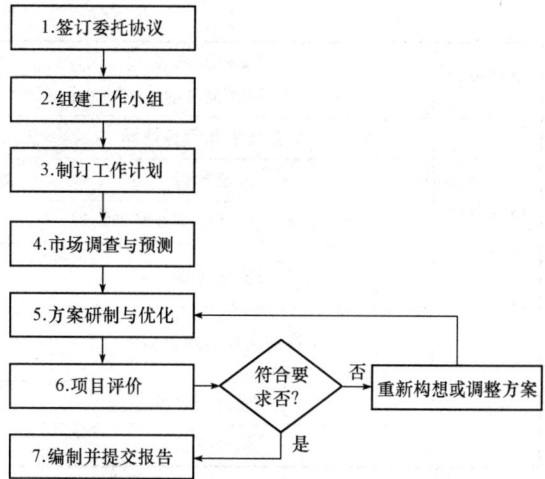

图11-1　可行性研究的基本工作程序

(5)作为项目组织管理，机构设置，技术、设备采用等工作的依据。

(6)作为申报项目和接受相关部门评审的依据。

通过可行性研究，要能够针对拟建项目回答以下七个问题：

(1)拟建项目在技术上是否可行？

(2)建设周期多长？

(3)拟建项目需要多少投资？

(4)投资通过哪些渠道和方式筹集(项目融资)，如何使用和偿还？

(5)拟建项目在经济上是否合理？

(6)拟建项目在财务上是否盈利？各种财务指标如何？

(7)项目建成后对国民经济和社会环境有哪些影响？

所以概括来说，可行性研究的作用就是解决工程建设项目技术是否先进、经济是否合理及对社会是否有益等问题。

四、可行性研究的主要内容

为了能够回答上述针对拟建项目提出的七个问题，解决好建设项目在技术上是否先进、实用和可靠，在经济上是否合理，在财务上是否盈利这三个方面的疑问，根据国家相关管理部门的规定，一般工程建设项目可行性研究应包括三大关键内容、十二个方面的主要内容，具体见表11-1。

表11-1　可行性研究的主要内容

关键内容	主要研究内容 （按可行性研究报告的编制顺序）	具体研究内容
市场分析	项目概要	项目背景；投资建设必要性；经济意义
	市场需求预测 和拟建规模	市场需求规模分析；拟建项目规模；产品方案和发展方向的分析和比较
	原材料、能源、公共基础设施情况	供应情况；价格；运输条件
	建厂条件和厂址方案	建厂的地区选择；建厂的地点及布置方案选择
	环境保护与劳动安全	环境调研；投产后对环境的影响；"三废"治理方案；劳动保护措施；编制审批环境影响报告

关键内容	主要研究内容 （按可行性研究报告的编制顺序）	具体研究内容
技术分析	工艺技术和设备选择	技术方案比较；工艺方案及设备选型方案比较
	节能分析	项目关于减少能源浪费、降低废气排放的措施
	企业组织、劳动定员及员工培训	组织结构；组织方式；劳动定额
	项目实施进度计划	项目进度总安排；各项任务所需时间和进度要求；最佳实施进度计划方案选择
经济分析	投资估算与项目融资	建设投资估算；建设期利息估算；流动资金估算；项目总投资使用计划；资金筹措（来源、方式）
	经济评价	财务评价；国民经济评价
	综合评价	建设方案综合性评价与方案选择

第二节　可行性研究报告的编制

在完成可行性研究工作后，要形成可行性研究报告，以书面形式阐述项目可行性研究的主要内容（三个分方面），即项目建设的"必要性"——市场调查和预测，项目在技术上的"可行性"——建设条件和技术方案，项目在经济上的"合理性"——经济效益分析与评价。这是可行性研究的核心内容，也是可行性研究报告中重点要阐述的内容。可行性研究通过上述三个方面对项目进行优化研究，从而提交可行性研究报告作为正式文件。

可行性研究报告既是投资决策的依据，也是向银行贷款的依据。同时，也是向政府主管部门申请批复，或同其他单位合作谈判、签订协议的依据。因此，在可行性研究报告中体现的内容很重要，所以，要对可行性研究报告的编制框架进行详细介绍（注：这里阐述的主要是针对生产性建设项目可行性研究报告内容的编制，大部分可行性研究报告所包括的范围都相同或类似，但由于项目的特点、性质、规模和复杂程度，以及所需投资费用和其他费用等因素，研究的侧重点或要求的细节会有很大的不同）。

一、可行性研究报告的编制依据

1. 国民经济中长期发展规划和产业政策

国家和地方国民经济与社会发展规划是一个时期国民经济发展的纲领性文件，对项目建设具有指导作用。另外，产业发展规划也同样可以作为项目建设的依据。例如，国家关于一定时期内优先发展产业的相关政策、国家为缩小地区差别确立的地区开发战略，以及国家为加强民族团结而确定的地区发展规划。

2. 项目建议书

项目建议书是工程项目投资决策前的总体设想，主要论证项目的必要性，同时初步分析项目建设的可能性，它是进行各项投资准备工作的主要依据。基础性项目和公益性项目只有经国家主管部门核准，并列入建设前期工作计划后，方可开展可行性研究的各项工作。可行性研究确定的项目规模和标准原则上不应突破项目建议书相应的指标。

3. 委托方的意图

可行性研究的承担单位应充分了解委托方建设项目的背景、意图、设想，认真听取委托方对市场行情、资金来源、协作单位、建设工期以及工作范围等情况的说明。

4. 有关的基本资料

进行厂址选择、工程设计、技术经济分析需要可靠的自然、地理、气象、水文、地质、经济、社会等基础资料和数据。对于基础资料不全的还应进行地形勘测、地质勘探、工业试验等补充工作。

5. 有关的技术经济规范、标准、定额等指标

例如，钢铁联合企业单位生产能力投资指标、饭店单位客房投资指标等，都是进行技术经济分析的重要依据。

6. 有关经济评价的基本参数和指标

例如，基准收益率、社会折现率、基准投资回收期、汇率等，这些参数和指标都是对工程项目经济评价结果进行衡量的重要依据。

二、可行性研究报告的编制框架

1. 总论

(1)阐述项目提出的背景、投资环境、项目投资建设的必要性和经济意义，项目投资对国民经济的作用和重要性。

(2)阐述项目可行性研究阶段的研究过程。

(3)阐述项目可行性研究的原则及编制依据。

(4)综述可行性研究的主要结论、存在问题与建议，列表说明项目的主要技术经济指标。

2. 市场需求调查、预测和拟建规模

(1)阐述针对项目的国内、外市场需求调查与预测。

(2)阐述国内现有的针对项目产出品生产能力的估计。

(3)阐述项目产出品销售预测、价格分析、产品竞争能力、进入国际市场的前景。

(4)项目产出品竞争力、市场风险分析。

(5)阐述拟建项目的规模、产品方案的构成。拟建项目的规模是指项目的全部生产能力或使用效益，例如，工业项目中的主要产品品种、规格、产量，交通运输项目中的铁路、公路、管线的总长度。产品方案主要说明产品机构、中间产品衔接和工艺路线。例如，钢铁联合企业应说明铁矿石开采、选别、烧结系统，焦化系统，炼铁、炼钢系统，钢材初轧、精轧等产品结构、衔接和配套安排；以石油为原料的石油化工联合企业，应说明原来的加工路线、中间产品品种的衔接平衡、最终产品的结构等；改建、扩建项目应包括原有固定资产的利用程度和现有生产能力的发挥情况。

3. 原材料、能源、公共基础设施情况

(1)阐述项目产出品原材料的资源可利用量、资源品质情况、资源赋存条件、资源开发价值。

(2)阐述厂址选择，包括厂址方案比选、推荐的厂址方案。

(3)对于所有新建工业项目，在上报可行性研究报告时，都应当完成规划性选点工作，并附有关部门或地区对拟建厂址的倾向性意见；铁路、公路、管线工程、输变电工程，应说明线路(线网)的经由和走向；某些有特殊要求的项目，如水利水电工程、桥梁工程，应

完成工程的选址，确定具体的坝址或桥位；一般民用建筑工程的大体方位，在工程选址阶段，允许在可行性研究报告确定的范围内变动。

（4）针对所有新建、扩建（场外扩建）项目，在确定地点时，应说明所在地区的地震基本烈度以及建筑防震要求。对建设占土地的数量和质量（耕地、山地、荒地）应加以估算，并附有项目所在地区征地管理部门的原则性意见。

4. 工艺技术和设备选择

阐述技术方案选择、主要设备方案选择、工程方案选择。

5. 节能分析

阐述节能措施、能耗指标分析、节水措施、水耗指标分析。

6. 环境影响评价

环境影响评价主要包括三个方面的内容：阐述环境条件调查、分析影响环境因素、提出环境保护措施。尤其针对新建工业项目，应编写环境影响评价报告，凡可能产生污染、影响环境、破坏生态平衡的，必须提出治理"三废"、控制污染、保护环境的措施，以便做到"三废"治理工程能与主体工程同步建成。

7. 劳动安全卫生与消防

阐述危险因素和危害程度分析，提出安全防范措施、卫生保健措施、消防措施。

8. 企业组织、劳动定员及员工培训

编制组织机构图；人力资源配置，即项目正式投产后所需的劳动定员，包括生产技术和经营管理人员和生产操作工人的定员；员工培训。

9. 项目实施进度

说明项目建设工期，即从项目正式破土动工到全部建成投产所需的天数，以及对工程建设的起止年限的建议；实施进度安排；进行技术改造项目建设与生产的衔接。

10. 投资估算与项目融资

（1）说明按照投资估算指标估算的建设项目本身所需的全部投资费用，作为编制工程设计概算的控制数；说明建设投资估算、建设期利息估算、流动资金估算及资金使用计划。

（2）阐述建设资金的来源或筹集方式，包括国家预算投资、地方预算统筹投资、自筹投资、银行贷款、利用外资、合资经营等；属于银行贷款项目的，应附有贷款银行的签署意见。

11. 经济评价

（1）财务评价。阐述财务评价基础数据与参数选取；营业收入与成本费用估算；编制财务评价报表；盈利能力分析；偿债能力分析；财务生存能力分析；不确定性分析，包括项目主要风险识别；风险程度分析；制定防范风险对策；阐述财务评价结论。

（2）国民经济评价。阐述国民经济评价的内容（针对有些项目），包括影子价格及评价参数选取、效益费用范围与数值调整、国民经济评价报表、国民经济评价指标、国民经济评价结论。

12. 社会评价

阐述项目对社会影响分析、项目与所在地互适性分析、社会风险分析等社会评价结论。

13. 综合评价

（1）阐述建设方案的综合分析评价与方案选择。

（2）运用以上内容中的各项技术经济数据结果，从技术、经济、社会等方面论述建设项目的可行性，提出项目存在的问题、改进建议及结论性意见，提供决策参考。

14. 附件

通常应在可行性研究报告最后附有相应的一些重要的附件和附图，如环境影响报告、需要的市场调查报告、厂址地形或位置图、总平面布局方案图、工艺流程图、主要车间布置方案简图。

【小提示】 目前，也有一些项目可行性研究报告编制软件，在依据2006年国家发改委与建设部共同发布的《建设项目经济评价方法与参数》(第三版)的相关参数及原则的基础上，这些软件能够通过基础数据的输入，自动生成可行性研究中的主要报表，技术参数及不定性分析、风险分析的结论。

➤ 本章小结

所谓可行性研究，是运用多种科学手段(技术科学、社会学、经济学及系统工程学等)对拟建工程项目的必要性、可行性、合理性进行技术经济论证的综合科学。可行性研究作为其他各项投资准备工作的主要依据，可以为投资者进行项目投资决策、申请项目贷款以及寻求合作者、机构设置等提供依据。在完成可行性研究工作后，要形成书面可行性研究报告，以书面形式阐述项目可行性研究的主要内容。

➤ 思考与练习

1. 简述可行性研究的含义与作用。

2. 简述可行性研究的基本工作程序。

3. 可行性研究的基本内容有哪些？

4. 简述可行性研究报告的编制依据。

第十二章　建筑工程经济在建设工程项目中的应用

学习目标

通过本章的学习，了解工业与民用建筑设计中的常用经济指标；熟悉设计方案的分析与选择的基本方法、设备的经济寿命的计算方法；掌握设备经济寿命的概念。

能力目标

能灵活运用建筑工程经济学的知识，解决建筑工程项目中的相关问题。

第一节　建筑工程经济在建筑设计、施工方案经济分析中的应用

一、建筑设计方案经济分析

在工程产品寿命的不同阶段进行造价控制，其意义和内容是完全不同的。据分析，投资决策和初步设计阶段对投资结果的影响程度占所有影响的90%，以往的工程项目当中广受重视的施工阶段对投资结果的影响程度仅为10%左右。工程项目的工艺流程方案一旦确定，工程项目的造价也就基本得到确定，因此，工程成本控制的关键在于施工前的投资决策和初步设计阶段。工程设计中的经济分析也成为一项非常重要的，值得引起广泛重视的工作。

（一）工业建设设计与工程经济性的关系

工业设计中经常采用的技术经济指标包括以下几个方面：

（1）建筑系数。建筑系数即建筑密度，指厂区内（一般指厂区围墙内）建筑物、构筑物和各种露天仓库及堆场、操作场地等的占地面积与整个厂区建筑用地面积的总和。它是反映总平面设计用地是否经济合理的指标。建筑系数越大，表明布置越紧凑，对土地的使用越节约。同时紧凑的平面设计还可以减少土石方量，缩短管线距离与运输距离，从而降低工程造价。

（2）土地利用系数。土地利用系数指厂区内的建筑物、构筑物、露天仓库及堆场，操作场所铁路、道路、广场、排水设施、地上地下管线等所占面积与整个厂区建设用地面积之比，它综合反映总平面布置的经济合理性和土地利用效率。

（3）工程量指标。工程量指标指反映工厂总投资的经济指标。其包括：场地平整土石量，铁路、道路、广场铺砌面积，排水工程，围墙长度及绿化面积。

（4）运营费用指标。运营费用指标指反映运输设计是否经济合理的指标。其包括：铁路、无轨道路、每吨货物的运输费用及其经常费用等。

（5）合理确定厂房建筑的平面布置。平面布置应满足生产工艺的要求，力求合理地确定厂房的平面与组合形式，各车间、各工段的位置和柱网、走道、门窗等单个平面形状越接近方形越经济，并尽量避免设置纵横跨，以便采用统一的结构方案，尽量减少构件类型和简化构造。

（6）厂房的经济层数。单层厂房：对于工艺上要求跨度大和层高大，拥有重型生产设备和起重设备，生产时常有较大振动和散发大量热汽和气体的重工业厂房，采用单层厂房是经济合理的。而对于工艺紧凑，可采用垂直工艺流程和利用重力运输方式，设备与产品重量不大，并要求恒温条件的各种轻型车间，采用多层厂房可减少占地面积与基础工程量、缩短运输线路及厂区围墙的长度等。厂房层数的多少应根据地质条件、建筑材料的性能、建筑结构形式、建筑面积、施工方法和自然条件（地震、强风）等因素以及工艺要求等具体情况确定。

多层厂房的经济层数的确定主要考虑两个因素：一是厂房展开面积的大小，展开面积越大，经济层数就越可以增加；二是与厂房的长度和宽度有关，长度与宽度越大，经济层数越可增加，造价也随之降低。

（7）合理确定厂房的高度和层高。层高增加，墙与隔墙的建造费用、粉刷费用、装饰费用都要增加，水电、暖通的空间体积与线路增加，楼梯间与电梯间设备费用也会增加，起重运输设备及其有关费用都会提高，还会增加顶棚施工费。

决定厂房高度的因素是厂房内的运输方式、设备高度和加工尺寸。其中，以运输方式的选择较为灵活。因此，为降低厂房高度，常选用悬挂式起重机、龙门式起重机以及地面上的无轨运输方式。

（8）柱网选择。对单跨厂房，当柱距不变时，跨度越大则单位面积造价越低。这是因为除屋架外，其他结构分摊在单位面积上的平均造价随跨度的增大而降低；对于多跨厂房，当跨度不变时，中跨数量越多越经济，这是因为柱子和基础分摊在单位面积上的造价降低。

（9）厂房的体积与面积。在满足工艺要求和生产能力的前提下，尽量减小厂房的体积和面积，以减少工程量和降低工程造价。为此，要求设计者尽可能地选用先进的生产工艺和高效能设备，合理而紧凑地布置总平面图和设备流程图以及运输路线；尽可能把可以露天作业的设备尽量露天而不占厂房的设计方案，如炉窑、反应塔等；尽可能将小跨度、小柱距的分建小厂设计方案合并为大跨度、大柱距的大厂房设计方案，以提高平面利用率，减少工程量，降低造价。

（二）民用建筑设计与工程经济性的关系

民用建筑中住宅建筑占了很大比例，因而要重点论述住宅建筑设计参数的经济性问题。住宅设计中的经济性指标主要包括用地指标与造价指标两个方面，本书分别从这两个方面来分析方案设计对工程经济性的影响。

1. 影响用地指标的因素分析

土地是一种宝贵的资源，如何做到科学、合理地利用土地，在住宅设计中探求提高土地利用率的途径，对人多地少、城市用地紧张的我国来说具有十分重大的现实意义。住宅设计中影响用地的参数主要包括以下几个方面：

(1)平面形状对用地的影响。住宅的平面形状对节约用地有显著的影响，平面形状越规则，越有利于提高土地利用率。如图 12-1 所示，虽然 A、B 两栋住宅楼的用地面积均为 304 m²。A 住宅的建筑面积为 304 m²。而 B 住宅的建筑面积只有 256.5 m²。但是，不能为节约用地而千篇一律地把住宅设计成方形或矩形，既要讲究艺术风格，又要注意节约用地，做到两者兼顾。

(2)剖面形状对用地的影响。如果将住宅的剖面形式做成台阶状，可降低檐口的高度，从而更好地满足住宅的日照要求（如图 12-1 所示，图中两斜线平行，在住宅高度相同的情况下两栋住宅为获得同等日照要求，住宅间距 $d_2 > d_1$）。

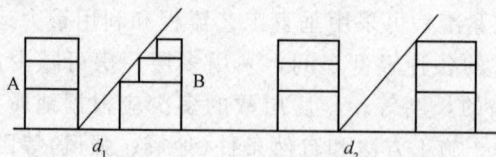

图 12-1 平面/剖面形状对用地的影响

(3)住宅层数对用地的影响。

住宅用户基本用地＝（进深×层数×间距系数）×（每户平均面宽＋平均山墙间距）/层数

根据上面的公式可知：提高住宅层数，可有效地节约用地，但由于在住宅建设时必须考虑到建筑密度的问题，所以住宅设计时，不是层数越多就越节约用地。对于住宅层数对用地的影响，可通过实际数据来分析。例如，某地区住宅设计标准如下：进深为 10.1 m，层高为 2.8 m，长为 63.6 m，每户平均面宽为 5.3 m，每户平均山墙间距为 0.7 m，在间距系数为 2 时住宅层数与节约用地的关系见表 12-1。

表 12-1 住宅层数与节约用地的关系

层数	每户用地/m²	与上一层比较节约用地/m²	与第一层比较所占百分比/%
1	94.2		100
2	63.9	30.3	67.8
3	53.8	10.1	57.1
4	48.8	5.0	51.8
5	45.7	3.1	48.5
6	43.7	2.0	46.4
7	42.3	1.4	44.9

从表 12-1 中可以看出，住宅层数由 1 层增至 4 层时，节约用地的效果是十分显著的，在 6 层以上继续增加层数时，节约用地的效果明显减弱。这是因为随着层数的增加，住宅与住宅之间的日照间距也相应增加，基地面积在每户建筑面积中所占比重逐步减少，所以节约用地的效果逐渐减弱。同时，在设计时还要考虑到高层住宅在建筑成本、建设周期、抗震、防火避难等方面的问题，所以在住宅设计中一定要注意把握好节约用地与降低造价及其他指标的关系。从土地费用、工程造价和其他社会因素的角度综合分析，一般来说，中小城市以建造多层住宅较为经济；在大城市可沿主要街道建设一部分高层住宅，以合理利用空间，美化市容；对于土地价格昂贵的地区来讲，以高层住宅为主也是比较经济的。

当然，在满足城市规划要求等条件下，开发住宅的类型是由房地产开发单位根据市场行情进行经济分析比较后决定的。随着我国居民的生活水平和居住水平的提高，一些城市出现了低密度住宅群。

(4)住宅层高对用地的影响。住宅与住宅之间的日照间距与住宅总高度成正比，所以降低层高可降低住宅的总高度，从而减少住宅间的日照间距，达到节约用地的目的。因为国家对住宅的层高有明确规定，所以住宅设计时在遵循国家有关规定的前提下尽量降低层高是一种有效节约用地的方法。

(5)每户面宽对用地的影响。在每户建筑面积相同的前提下，加大进深，尽量缩小每户面宽，可以有效地节约用地。但在实际设计中要考虑到进深的加大会不利于采光，甚至出现暗室，即使用内天井采光的方法也会降低住宅的环境质量。

(6)住宅间距对用地的影响。合理确定住宅间距可有效地节约用地。住宅间距的确定，除日照条件外，还要考虑通风、视野、绿化、道路、庭院、施工、防火、私密性等一系列问题，在住宅设计的时候应分清主次对各因素进行综合分析研究，在保证住宅功能及居民环境质量的前提下，降低住宅间距，达到节约用地的目的。

(7)住宅群体布置对用地的影响。在住宅设计时，采取高低搭配、点条结合、前后错列及局部东西向布置、斜向布置或拐角单元等手法，可有效地节约用地，并提高住宅区的环境条件，这也是住宅设计中一个不可忽略的因素。

2. 影响造价的设计参数分析

(1)平面形状对造价的影响。平面设计中用每平方米建筑面积的平均外墙周长作为评价造价的指标之一。由于立面装修及建筑热工要求，外墙造价一般比内墙造价高，所以缩短外墙周长的经济效果比较显著。外墙周长与平面形状有关，在设计中可采用如下方式来缩短外墙周长：

1)平面形状力求规则。规则的平面形状，如方形或矩形，既可缩短外墙周长，又方便施工。如设计时平面形状凹凸曲折，则增加墙体长度和转角。

2)合适的住宅深度。通过加大住宅进深，可缩短外墙周长，节省基础和墙体的工程量。

3)合适的住宅长度。当住宅进深一定时，适当增加住宅长度，外墙周长会缩短。住宅长度在 60 m 范围内，当地基条件允许时应尽量采用多单元拼接，增加住宅长度。但住宅长度不宜过长，否则因有温度缝的要求设置双墙造价反而会上升。

(2)平面系数对造价的影响。平面设计合理，可以提高面积利用率，增加使用面积，相应地降低造价。在住宅设计中，平面系数是评价使用面积是否经济合理的一个参考指标，其意义是以相同的造价取得最大的使用面积。不同的平面布置、不同的住宅层数，其平面系数也不同。多层住宅的平面系数一般在 50% 以上。影响平面系数的因素主要有以下几个方面：

1)结构面积。住宅的结构面积与结构形式、住宅层数、墙体的功能要求有关。减小结构面积，应发展新型建筑材料，合理选择结构体系，尤其是工业化住宅建筑群体系。

2)交通面积。与交通面积有关的是住宅的层数以及住宅对交通的功能要求。例如，在高层住宅中，电梯间的设置便增加了交通面积的比重。交通面积过小直接影响使用功能，交通面积过大则增加住宅的造价。提高平面系数，关键是在满足使用要求的前提下，合理布置门厅过道、走廊、楼梯及电梯间等的交通面积。

(3)住宅层高对造价的影响。降低层高可以减少墙柱和粉饰工程量。据理论测算，住宅层高每降低 10 cm，可降低造价 1.2%～1.5%。例如，当住宅层高从 3 m 降至 2.8 m 时，可降低造价 3%～3.5%。

层高降低可提高住宅区建筑密度，以六层住宅为例，层高降低 20 cm 或 30 cm，可分别提高建筑密度 5%，因此可以节约征地拆迁费和城市市政工程费。在寒冷地区，降低层高可节约冬季采暖费用，经济效益也十分可观。

(4)住宅层数对造价的影响。住宅层数对造价的影响是一个比较复杂的问题。对多层住宅(2～6 层)来说，增加层数可相应降低平均每户造价 1% 左右。但对于高层住宅(7 层以上)来说，由于要设置电梯和加压水泵等，造价则相应上升。高层住宅的使用功能和环境质量较多层住宅差，因此，一般应控制高层住宅的建造，在大城市的特定地区，当高层住宅节约用地效果显著时，可以建造少量高层住宅。

【小提示】 住宅设计时，必须以满足住宅的使用功能和环境质量要求为前提，这是合理选择设计参数的先决条件。同时，必须防止牺牲必要的安全、卫生条件而片面强调降低造价的错误做法。

3. 评价住宅设计中的常用技术经济指标

评价住宅设计中的常用技术经济指标见表 12-2。

表 12-2 评价住宅设计中常用的经济指标

指标名称	计算公式	指标名称	计算公式
居住用地系数/%	居住用地面积/小区占地总面积	居住面积净密度/%	居住建筑总居住面积/居住用地
公共建筑系数/%	公共建筑用地面积/小区占地总面积	居住建筑工程造价/(元·m^{-2})	居住建筑总投资/居住建筑总面积
人均用地指标/(m^2·人$^{-1}$)	总居住建筑用地面积/小区居住总人口	平面系数/%	居住面积/建筑面积
绿化用地系数/%	绿化用地面积/小区占地总面积	辅助面积系数/%	辅助面积/居住面积
居住建筑面积毛密度/(万 m^2·hm^{-2})	居住建筑面积/居住区总用地	结构面积系数/%	结构面积/建筑面积
居住建筑面积净密度/(万 m^2·hm^{-2})	居住建筑面积/居住区居民用地	墙体面积系数/%	墙体面积/建筑面积
居住建筑净密度/%	居住建筑占地面积/居住用地		

(三)设计方案的经济分析与比较

投资决策中的各项技术经济决策对项目的工程造价均有重大影响，甚至影响到项目的整个寿命过程。而工艺流程的设计与确定、材料设备的选用、建设标准的确定，对工程造价的影响更大。工程设计人员应参与主要方案的讨论，各部门人员共同办公，密切合作，做好多方案技术经济的分析比较，进行事前控制，选出技术先进、经济合理的最优方案。设计方案的经济分析与比较就是根据前面章节介绍的方法，解决工程设计中的多个优选问题。

1. 多指标综合评分法

评价重大技术方案时，判别好坏的客观标准不是单一的经济标准，应有多个方面的标准，如政治、国防、社会、技术、经济、环境、生态和自然资源等。因此，必须对这些多个方面的效益进行综合评价。

综合评价的方法有两种：一是评分法，其分为调查咨询评分法（即通过调查咨询的方法对被评价的标准予以打分）和定量计算评分法（即按评价标准要求和实际达到数值的相对关系予以打分）两种；二是指数法，其是根据评价标准的实际数值同评价标准规定数值的比值进行评价。

在综合评价中，对每个标准的评价包含两个内容：一是评价技术方案对每个标准的满足程度；二是评价每个标准的相对重要程度。满足系数是反映满足程度的一个数值，这个数值有两种表示方法：一种是用评分法和指数法所得数值表示；另一种是用它们的百分数表示。重要系数是反映每个标准相对重要程度的一个数值。有两种确定重要系数的方法：一种是非强制打分法，打分者可以通过调查咨询，根据实际重要程度的相对大小任意打分；另一种是强制打分法，如 04 法、01 法、五分制法、百分制法、13579 法。

技术综合评价实际上是一个多目标决策问题。多目标决策方法的实质是将不同的评价标准的满足系数和重要系数进行相加、相乘、加乘混合、相除或用最小二乘法求得综合的单目标数值（即综合评价值），然后以此值大小选择最优方案。

2. 单指标评价法

单指标可以是效益性指标，也可以是费用性指标。效益性指标主要是对于其收益或者功能有差异的多方案的比较选择，对于专业工程设计方案和建筑结构方案的比选来说，尽管设计方案不同，但收益或功能没有太大的差异，在这种情况下可采用单一的费用指标，即采用最小费用法选择方案。

采用费用法比较设计方案时，根据工程项目的不同有两种方法：一种是只考察方案初期的一次费用，即造价或投资；另一种方法是考察设计方案全寿命期的费用。设计方案全寿命期的费用包括工程初期的造价（投资）、工程交付使用后的经常性开支费用（包括经常费用、日常维护修理费用、使用过程中的大修费用和局部更新费用等），以及工程使用期满后的报废拆除费用等。考虑全寿命周期费用是比较全面合理的分析方法，但对于一些设计方案，如果建成后的工程在日常使用费用上没有明显的差异或者以后的日常使用费用难以估计，可直接用造价（投资）来比较优劣。

3. 价值分析法

价值分析（即价值工程）法是一种相当成熟和行之有效的管理技术与经济分析方法，这种方法力求以最低的寿命周期费用，可靠地实现产品或作业的必要功能，借以提高其价值，其着重于功能研究的、有组织的活动。

下面通过一些例子说明设计方案的经济比较与选择。

【例 12-1】 某市住宅试点小区有两栋科研楼及一栋综合楼，设计方案对比如下：

A 方案：结构方案为大柱网框架轻墙体系，采用预应力大跨度叠合楼板，墙体材料采用多孔砖及移动式可拆装式分室隔墙，窗户采用单框双玻璃钢塑窗，面积利用系数为 93%，单方造价为 1 437.58 元。

B 方案：结构方案同 A 方案墙体，采用内浇外砌，窗户采用单框双玻璃空腹钢窗，面积利用系数为 87%，单方造价为 1 108 元。

C 方案：结构方案采用砖混结构体系，采用多孔预应力板，墙体材料采用烧结普通砖，窗户采用单玻璃空腹钢窗，面积利用系数为 70.69%，单方造价为 1 081.8 元。

经专家分析评价确定，方案功能得分及重要系数见表 12-3。

表 12-3 A、B、C 三方案功能得分及重要系数对比

功能方案	方案得分			方案功能重要系数
	A	B	C	
结构体系	10	10	8	0.25
模板类型	10	10	9	0.05
墙体材料	8	9	7	0.25
面积系数	9	8	7	0.35
窗户类型	9	7	8	0.10

(1)试用价值工程方法选择最优设计方案。

(2)为了控制工程造价及进一步降低费用，拟对最优方案的土建部分以工程材料费为对象进行价值分析，现将土建工程划分为四个功能项目，各功能项目的评分值及其目前成本见表 12-4，而且已确定目标成本额为 12 170 万元。试分析各功能项目的目标成本及成本可能降低的程度，并确定功能改进顺序。

表 12-4 最优方案工程材料

序号	功能项目	功能评分	优化前成本/万元
1	桩基围护工程	11	1 520
2	地下室工程	10	1 482
3	主体结构工程	35	4 705
4	装饰工程	38	5 105
合计		94	12 812

【解】 对于第一个问题，根据价值分析原理，首先计算各方案的成本系数，见表 12-5。

表 12-5 成本系数计算

方案	造价/(元·m⁻²)	成本系数
A	1 437.48	0.396 3
B	1 108.00	0.305 5
C	1 081.80	0.298 2
合计	3 627.28	1.000 0

第二步，功能因素评分与功能系数计算，见表 12-6。

表 12-6 功能因素评分与功能系数计算

功能因素	重要系数	方案功能得分加权值(方案功能得分×功能重要系数)		
		A	B	C
结构体系	0.25	0.25 × 10 = 2.50	0.25 × 10 = 2.50	0.25×8 = 2.00
模板类型	0.05	0.05 × 10 = 0.50	0.05 × 10 = 0.50	0.05 ×9 = 0.45
墙体材料	0.25	0.25 ×8 = 2.00	0.25×9 = 2.25	0.25×7 = 1.75
面积系数	0.35	0.35 ×9 = 3.15	0.35 ×8 = 2.80	0.35×7 = 2.45

功能因素	重要系数	方案功能得分加权值(方案功能得分×功能重要系数)		
		A	B	C
窗户类型	0.10	0.10×9=0.90	0.10×7=0.70	0.10×8=0.80
各方案加权平均总分		9.05	8.75	7.45
功能系数		9.05	8.75	7.45
		0.358	0.347	0.295

第三步，计算各方案价值系数，见表 12-7。

表 12-7　各方案价值系数计算

方案名称	功能系数	成本系数	价值系数	方案选优
A	0.358	0.396 3	0.903	
B	0.347	0.305 5	1.136	最优方案
C	0.295	0.298 2	0.989	

通过对比，方案 B 的价值系数为 1.136 ＞1，且为最大，所以方案 B 为最优方案。对于第二个问题，根据已知，可分别计算各功能项目的功能系数和成本系数，再求出其价值系数，然后根据功能系数和总目标成本计算各功能项目目标成本。通过目标成本和现有成本可计算其成本降低幅度，具体计算见表 12-8。

表 12-8　各方案目标成本及成本降幅计算

序号	功能项目	功能评分	功能系数	优化前成本/万元	成本系数	价值系数	目标成本/万元	成本降幅/%
1	桩基围护工程	11	0.117 0	1 520	0.118 6	0.986 5	1 423.89	96.11
2	地下室工程	10	0.106 4	1 482	0.115 7	0.919 6	1 294.89	187.11
3	主体结构工程	35	0.372 3	4 705	0.367 2	1.013 9	4 530.89	174.11
4	装饰工程	38	0.404 3	5 105	0.398 5	1.014 6	4 920.33	184.67
	合计	94	1.000 0	12 812	1.000 0		12 170	642.00

二、施工方案的技术经济分析

工程施工的技术经济分析，是为了获得最优施工方案，从若干可行的施工工艺方案、施工组织方案中，分析、比较和评价诸方案的经济效益，从中择优选择实施的施工方案。工程施工中的经济分析在很大程度上决定了施工组织的质量和施工任务完成的好坏，是施工任务顺利完成的前提条件。

在工程施工阶段进行技术经济评价时，主要有两项工作，即施工方案的评价和采用新结构、新材料的评价。施工方案是单位工程或建筑群施工组织设计的核心，是编制施工进度计划，绘制施工平面图的重要依据。施工方案技术经济分析的主要内容如下。

（一）施工工艺方案的技术经济分析指标

施工工艺方案，是指分部(项)工程和工种工程的施工方案，如主体结构工程、基础工程、安装工程、装饰工程、水平运输、垂直运输、大体积混凝土浇筑、混凝土运送以及模板支撑方案等。在施工中采用新工艺、新技术问题，实际上仍属于施工工艺方案问题。

1. 技术性指标

技术性指标是指用来反映方案的技术特征或适用条件的指标，可用各种技术性参数表示。如主体结构为现浇框架工程施工工艺方案时，可用现浇混凝土总量、混凝土运输高度等参数；如装配式结构工程施工工艺方案的指标，可用安装构件总量、构件最大尺寸、构件最大重量、最大安装高度等参数；如模板工程施工工艺方案的技术性指标，可用模板型号数、各型模板尺寸、模板单件重量等参数。

2. 经济性指标

经济性指标主要反映完成施工任务必要的劳动消耗，由一系列实物量指标、劳动量指标所组成，主要有：

（1）工程施工成本。其主要用施工直接费用和成本来表示，包括人工费、材料费、施工设施的成本或摊销费、防止施工公害的设施费等。

（2）主要专用机械设备需要量。其包括设备型号、台数、使用时间、总台班数等。

（3）施工中的主要资源需要量。这里的资源不是指构成工程实体的材料、半成品或结构件，而是指顺利进行施工所必需的资源，主要包括施工所需的材料、不同施工工艺方案引起的材料消耗增加量和能源需要量等。

（4）主要工种工人需要量。其可用主要工种工人需用总数、需用期、月平均需用数、高峰期需用数来表示。

（5）劳动消耗量。其可以用总劳动消耗量、月平均劳动消耗量、高峰期劳动消耗量来表示。

3. 效果（效益）指标

效果指标主要反映采用该施工工艺方案后所能达到的效果，主要有：

（1）工程效果指标，如施工工期、工程效率等指标。

（2）经济效果指标，如成本降低率或降低额、材料（资源）节约额或节约率等指标。

4. 其他指标

其他指标是指未包括在上述三类中的指标，如施工临时占地所采用施工方案对工程质量的保证程度、抗拒自然灾害的能力，以及采用该工艺方案后对企业技术装备、素质、信誉、市场竞争力和专有技术拥有程度等方面的影响。这些指标可以是定量的，也可以是定性的。

（二）施工组织方案的技术经济评价指标

施工组织方案是指单位工程以及包括若干个工程的建筑群体的施工组织方法，如流水施工、平行流水立体交叉作业等组织方法。施工组织方案包括施工组织总设计、单位工程施工组织设计、分部工程施工组织设计和施工装备的选择等。施工组织方案的评价指标如下：

（1）技术性指标，主要有：

1）反映工程特征的指标，如建筑面积、主要分部（分项）工程量等。

2）反映施工方案特征的指标，如施工方案有关的指标说明等。

（2）经济性指标，主要有：

1）工程施工成本；

2）主要专用机械设备需要量；

3）主要材料资源消耗量；

4)劳动消耗量;

5)反映施工均衡性的指标。

(3)效果指标,主要有:

1)工程总工期。

2)工程施工成本节约。

3)施工机械效率,可用两个指标评价:一是主要大型机械单位工程(单位面积、长度或体积等)耗用台班数;二是施工机械利用率,即主要机械在施工现场的工作总台班数与在现场的日历天数的比值。

4)劳动效率(劳动生产率),可用三个指标评价:一是单位工程量(单位面积、长度或体积等)用工数(如总工日数建筑面积);二是分工种的每工产量(m、m²、m³ 或 t/工日);三是生产工人的日产值(元/工日)。

5)施工均衡性,可用下列指标评价(系数越大越不均衡):

主要工种工程施工不均衡性系数=高峰月工程量/平均月工程量

主要材料资源消耗不均衡性系数=高峰月耗用量/平均月耗用量

劳动量消耗不均衡性系数=高峰月劳动消耗量/平均月劳动消耗量

(4)其他指标,如施工临时占地等。

(三)施工方案的经济分析与比较的方法

施工方案总体来说包括前面提到的三大类,具体而言最为常见的有施工机械的选择与调度、人员的安排、运输方案的选择、施工流水作业方案设计、现场总平面布置等。一般来说,小型工程的方案选择不需要花费大量人力、物力及时间,一般施工管理人员就可完成。但大型工程项目或有各种特殊要求的项目施工方案选择时,就需要进行详细的分析、评价与比较,才能及时作出正确的选择。施工方案选择与评价的方法和本章前面相关内容类似,常用的同样有多指标综合评价法、单指标评价法及价值分析方法三种。由于设计与施工中的评价指标体系不同,在分析时的着重点也就不同。下面通过实例对施工中的一些常见问题进行分析与选择。

【例 12-2】 某机械化施工企业承担了某工程的基坑土方施工,土方量为 20 000 m³,平均运土距离为 8 km,计划工期为 15 天,每天一班制施工。该企业现有 WY50、WY75、WY100 挖掘机各 2 台以及 5 t、8 t、10 t 自卸汽车各 20 台,其主要参数见表 12-9 和表 12-10。

表 12-9 挖掘机主要参数

型号	WY50	WY75	WY100
容量/m³	0.50	0.75	1.00
台班产量/(m³·台班⁻¹)	480	558	690
台班单价/(元·台班⁻¹)	618	689	915

表 12-10 自卸汽车主要参数

载重能力/t	5	8	10
运输 8 km 台班产量/(m³·台班⁻¹)	32	51	81
台班单价/(元·台班⁻¹)	413	505	978

(1)若挖掘机和自卸汽车按表中型号各取一种，WY50＋5 t自卸、WY75＋8 t自卸、WY100＋10 t自卸，哪种组合最经济？相应的每立方米土方的挖土、运输直接费为多少？

(2)根据该公司现有的挖掘机和自卸汽车的数量，完成土方挖运任务每天应安排几台何种型号的挖掘机和几台何种型号的自卸汽车？

(3)根据所安排的挖掘机和自卸汽车数量，该土方工程可在几天内完成？相应的每立方米土方的挖土、运输直接费用为多少？

【解】 问题(1)：

步骤1：分析各种机械的单位费用。

挖掘机 WY50：$618/480＝1.29$（元$/m^3$）

WY75：$689/558＝1.23$（元$/m^3$）

WY100：$915/690＝1.33$（元$/m^3$）

自卸汽车 5 t：$413/32＝12.91$（元$/m^3$）

8 t：$505/51＝9.90$（元$/m^3$）

10 t：$978/81＝12.07$（元$/m^3$）

步骤2：分别计算三种组合的每立方米挖土、运输直接费用。

WY50 ＋5 t自卸：$1.29 ＋ 12.91＝14.20$（元$/m^3$）

WY75＋8 t自卸：$1.23 ＋ 9.90＝11.13$（元$/m^3$）

WY100 ＋ 10 t自卸：$1.33＋12.07＝13.40$（元$/m^3$）

所以 WY75＋8 t自卸是最佳经济组合。

问题(2)：

步骤1：从费用最低的机械选起。

先选挖掘机，若选取 WY75 型，则每天需要的台数为

$20\ 000/(558 × 15)＝2.39$（台）

企业拥有2台WY75，每天完成

$558× 2＝1\ 116$（m^3）

而要满足工期要求，则日产量必须$≥20\ 000/15＝1\ 333.3$（m^3）。另选1台WY50型挖掘机，日产量达到$558×2＋480＝1\ 596$（m^3）。

步骤2：选择自卸汽车与挖掘机配合。

自卸汽车从8 t的选起，要达到日产$1\ 596\ m^3$，与开挖量配合，所需台数为

$1\ 596/51≈31.3$（台）

企业拥有20台8 t自卸汽车，全部选用，每天还有不能完工的余土为

$1\ 596－20×51＝576$（m^3）

余土由5 t和10 t自卸汽车进行运输，选取6台10 t自卸汽车和3台5 t自卸汽车，则其每天运量为

$81×6＋32×3＝582$（m^3）

可以满足要求。

每天应安排1台WY50、2台WY75挖掘机和3台5 t、6台10 t、20台8 t自卸汽车来完成挖运任务。

问题(3)：

步骤1：计算施工天数，即

20 000/1 596≈13(天)

步骤 2：计算每立方米挖运成本，即

$$(618×1＋689×2＋413×3＋505×20＋978×6)×13/20\ 000＝12.48(元/m^3)$$

第二节　建设工程项目经济评价案例

一、项目概述

×××有限公司(以下简称"公司")是一家集食品加工生产、食品销售为一体的中外合作企业。公司注册资金为 2 000 万元人民币，年产值为 5 000 余万元人民币；公司现有员工 300 余名，其中大学以上学历 50 余人、各类专业职称人员 30 余人。

公司博众家之长，研制、开发了 30 余种特色汤料、20 余种招牌药膳锅底，以及"××"牌系列调味品，产品外销全国 26 个省、市、自治区，取得了良好的市场品牌和经济效益。

在管理方面，公司全面建立了 ISO 9001：2000 质量体系，通过了 QS、HACCP 体系认证，获得了食品出口生产卫生注册证书。此外，公司还先后荣获"国际美食质量金奖""中国十佳调味品""全国食品安全示范单位""食品卫生达标先进单位""最受消费者喜爱调味品""××市著名商标"等数十项荣誉。

公司以当地××大学为技术依托，组建了技术开发队伍，走产、学、研与科、工、贸一体化道路，已初步形成一条较完整的食品加工、生产、销售产业链。

公司是一家全国性餐饮连锁企业，全国各地共有餐饮连锁店近 800 家。公司目前有一个食品加工厂，主要产品有火锅底料、餐桌调味品、火锅调味品，年加工能力 5 000 t，其中的大部分产品主要销售到加盟连锁企业，部分产品公开销售。随着公司餐饮业的发展，该加工厂的生产能力以及产品的种类已经远远不能满足连锁加盟商和消费市场的需求，因此公司决定在某工业城投资建设新的食品加工厂，扩大生产能力，改善产品结构，满足不断增长的餐饮连锁店和商场消费需求。

二、基础数据

根据大量的市场调查数据研究，最后确定了产品方案、建筑方案、劳动定员、原材料成本及产成品售价。

1. 产品方案

项目产品方案及市场定位见表 12-11。

表 12-11　项目产品方案及市场定位

产品种类	市场定位	预期消费对象	产量/t
一次性火锅底料	高、中、低档产品	餐饮加盟配送、居家	7 000
特色复合调味品	高、中、低档产品	居家、餐饮加盟配送	3 000
鸡肉精深加工食品	高、中、低档产品	居家、旅游、休闲、餐饮	6 000
复合营养鸡汤	高、中档产品	居家、旅游、餐饮配送	4 000

因为产品市场的需求，项目投产第一年即达到设计生产能力。

2. 建筑方案

(1)总用地面积	23 446.7 m²(折 35.17 亩)
其中：一期用地面积	21 446.7 m²
二期用地面积	2 000 m²
(2)一期建筑物面积	26 658.8 m²
其中：科研办公楼(含负一楼)	4 073.8 m²
宿舍楼	3 630.1 m²
食堂	1 391.1 m²
新产品开发及实验检验楼	3 817.6 m²
底料车间	9 994.8 m²
鸡精车间(含机修、配电房、锅炉房)	3 691.4 m²
其他辅助建筑(含门卫室、垃圾站)	60 m²
(3)二期建筑物面积	6 000 m²
(4)围墙工程	700 m
(5)环境工程	4 853 m²
(6)道路工程	900 m

3. 劳动定员

公司设置公司级管理人员 35 人左右(公司级管理人员包括总经理 1 人、副总经理 2 人、总会计师 1 人、总工程师 1 人)，车间管理人员及工人 240 名左右、市场部 35 人、技术部 10 人、加工基地办公室 3 人、质检部 3 人、供应部 3 人、行政部 3 人、财务部 3 人、后勤部门 15 人，共约 350 名职工。新增 50 名职工，在新增的 50 个就业岗位中，安置移民 5 人。

4. 原材料成本及产成品售价

(1)外购原辅材料消耗量及费用。根据产品外购原材料的单位消耗量和燃料及动力的定额消耗量，并按现行市场价测算其费用，经测算达产正常年的外购原材料费用为 76 520 万元，达产年外购燃料及动力费用为 350 万元。外购原材料年消耗量见表 12-12。

表 12-12　外购原材料年消耗量

原料	数量	价格	金额/万元
土鸡	560 万只	80 元/只	44 800
干辣椒	3 000 t	1.4 万元/t	4 200
花椒	1 000 t	5 万元/t	5 000
牛油	4 000 t	1.6 万元/t	6 400
食盐	2 000 t	0.16 万元/t	320
生姜	2 000 t	1.3 万元/t	2 600
其他辅料			8 400
包装材料	6 000 万套	0.8 元/套	4 800
合计			76 520

(2)工资及福利。预计项目建成后有员工 350 人，按人年均工资和福利费 30 000 元测算（福利费按工资的 14％ 计算）。经测算年工资和福利共计 1 050 万元。

(3)折旧及摊销费用。固定资产按分类折旧的平均年限法测算折旧费，房屋及构筑物按 15 年折旧，机器设备按 12 年折旧，固定资产残值率取 5％，经测算年折旧费为 664 万元。

(4)修理费用。修理费用按各年折旧及摊销费用的 10％ 计，取经测算达产正常年的修理费用为 66 万元。

(5)财务费用。财务费用指企业为筹集资金而发生的各项费用，主要包括：企业生产经营期间发生的利息支出及筹集资金发生的其他财务费用，本项目的财务费用主要是流动资金贷款利息和长期借款第三、四年的利息。

长期借款利息按年利率 6.15％ 计息，贷款后头两年只还利息，第三年还本 1 500 万元并付利息，第四年还本 1 500 万元并付利息。

(6)管理费用。管理费用指企业行政管理部门为管理和组织经营活动而发生的各项费用，主要包括：工会经费、职工教育经费、待业保险费、排污费、咨询费、审计费、开办费摊销、业务招待费等，根据企业及同行业的现有水平进行，按销售收入的 4％ 测算。经测算年费用为 3 900 万元。

(7)销售费用。销售费用指企业在销售产品过程中发生的各项费用，以及专设销售机构的各项费用，主要包括：广告费、销售服务费、保险费、低值易耗品摊销等费用，按销售收入的 6％ 测算。经测算达产正常年的销售费用为 5 850 万元。

(8)各类产品预计销售价格。销售税金中的增值税按产品增值部分的 17％ 计取，城市维护建设税、教育费附加分别按增值税的 7％、3％ 计取。

各数据见表 12-13～表 12-15。

表 12-13　产品预计售价

序号	项目名称	销售单价/(万元·t⁻¹)	达产量/t
1	产品销售收入		
1.1	复合酶一次性火锅底料	3.2	7 000
2	特色调味品		
2.1	佐餐复合调味品	2.8	1 000
2.2	烹饪复合调味品	2.8	1 000
2.3	火锅专用调味品	4.0	1 000
3	土鸡火锅食品		
3.1	鸡肉调理预制品	4.8	3 000
3.2	鸡肉灌肠制品	7.1	2 000
3.3	鸡肉酱卤制品	7.1	1 000
4	复合营养鸡汤		
4.1	浓缩营养鸡汤	7.1	2 000
4.2	自热式鸡汤罐头	4.6	1 000
4.3	速溶固体鸡汤	11.0	1 000

表 12-14　总成本费用测算表

万元

序号	项目＼年份	1	2	3	4	5	6	7	8	9	10	11	12
1	生产成本												
1.1	外购原辅材料		0	76 520	76 520	76 520	76 520	76 520	76 520	76 520	76 520	76 520	76 520
1.2	外购燃料、动力		0	350	350	350	350	350	350	350	350	350	350
1.3	工资及福利		0	1 050	1 050	1 050	1 050	1 050	1 050	1 050	1 050	1 050	1 050
1.4	折旧及摊销		0	664	664	664	664	664	664	664	664	664	664
1.5	修理费(10%)		0	66	66	66	66	66	66	66	66	66	66
	生产成本合计		0	78 650	78 650	78 650	78 650	78 650	78 650	78 650	78 650	78 650	78 650
2	销售费用		0	5 850	5 850	5 850	5 850	5 850	5 850	5 850	5 850	5 850	5 850
3	财务费用	0	0	899	1 003	933	776	776	776	776	776	776	776
3.1	长期借款利息	0	0	123.0	227	157							
3.2	流动资金借款利息		0	776	776	776	776	776	776	776	776	776	776
4	管理费用	0	0	3 900	3 900	3 900	3 900	3 900	3 900	3 900	3 900	3 900	3 900
	总成本费用	0	0	89 298.9	89 402.7	89 333.4	89 176.3	89 176.3	89 176.3	89 176.3	89 176.3	89 176.3	89 176.3
	其中:固定成本	0	0	6 578.9	6 682.7	6 613.4	6 456.3	6 456.3	6 456.3	6 456.3	6 456.3	6 456.3	6 456.3
	可变成本	0	0	82 720.0	82 720.0	82 720.0	82 720.0	82 720.0	82 720.0	82 720.0	82 720.0	82 720.0	82 720.0
5	经营成本	0	0	87 736.4	87 736.4	87 736.4	87 736.4	87 736.4	87 736.4	87 736.4	87 736.4	87 736.4	87 736.4

表 12-15 销售收入及销售税金测算表

序号	项目名称	销售单价/(万元·t⁻¹)	达产量/t	1	2	3	4	5	6	7	8	9	10	11	12
1	产品销售收入														
1.1	复合酶一次性火锅底料	3.2	7 000		0	22 400	22 400	22 400	22 400	22 400	22 400	22 400	22 400	22 400	22 400
1.2	特色调味品				0	9 600	9 600	9 600	9 600	9 600	9 600	9 600	9 600	9 600	9 600
1.2.1	佐餐复合调味品	2.8	1 000		0	2 800	2 800	2 800	2 800	2 800	2 800	2 800	2 800	2 800	2 800
1.2.2	烹饪复合调味品	2.8	1 000		0	2 800	2 800	2 800	2 800	2 800	2 800	2 800	2 800	2 800	2 800
1.2.3	火锅专用调味品	4.0	1 000		0	4 000	4 000	4 000	4 000	4 000	4 000	4 000	4 000	4 000	4 000
1.3	土鸡火锅食品					35 700	35 700	35 700	35 700	35 700	35 700	35 700	35 700	35 700	35 700
1.3.1	鸡肉调理预制品	4.8	3 000			14 400	14 400	14 400	14 400	14 400	14 400	14 400	14 400	14 400	14 400
1.3.2	鸡肉汤灌制品	7.1	2 000			14 200	14 200	14 200	14 200	14 200	14 200	14 200	14 200	14 200	14 200
1.3.3	鸡肉酱卤制品	7.1	1 000			7 100	7 100	7 100	7 100	7 100	7 100	7 100	7 100	7 100	7 100
1.4	复合营养鸡汤					29 800	29 800	29 800	29 800	29 800	29 800	29 800	29 800	29 800	29 800
1.4.1	浓缩营养鸡汤	7.1	2 000			14 200	14 200	14 200	14 200	14 200	14 200	14 200	14 200	14 200	14 200
1.4.2	自热式鸡汤罐头	4.6	1 000			4 600	4 600	4 600	4 600	4 600	4 600	4 600	4 600	4 600	4 600
1.4.3	速溶固体鸡汤	11.0	1 000			11 000	11 000	11 000	11 000	11 000	11 000	11 000	11 000	11 000	11 000
	销售收入合计				0	97 500	97 500	97 500	97 500	97 500	97 500	97 500	97 500	97 500	97 500
2	销售税金及附加														
2.1	增值税				0	3 048.4	3 048.4	3 048.4	3 048.4	3 048.38	3 048.4	3 048.4	3 048.4	3 048.4	3 048.4
2.2	城市建设维护费				0	213.4	213.4	213.4	213.4	213.4	213.4	213.4	213.4	213.4	213.4
2.3	教育费附加				0	91.5	91.5	91.5	91.5	91.5	91.5	91.5	91.5	91.5	91.5
	销售税金及附加合计				0	3 353.3	3 353.3	3 353.3	3 353.3	3 353.3	3 353.3	3 353.3	3 353.3	3 353.3	3 353.3

三、财务评价

根据国家现行财税制度和价格体系，分析、计算项目直接发生的财务效益和费用，编制财务报表，计算评价指标，考察项目的盈利能力、清偿能力等财务状况。

1. 辅助报表

(1)投资估算表。根据拟建项目的建设规模，以及相关收费文件的计费标准，铺底流动资金按正常生产年份所需流动资金的30%计算。测算项目总投资见表12-16。

表 12-16　投资估算表　　　　　　　　　　万元

序号	项目名称	建筑面积/m²	建筑工程费用	设备购置及安装费用	其他费用	合计	投资比例
1	工程费用						
1.1	建筑工程费用		3 426.9	3 415		6 841.9	
1.1.1	科研办公楼	4 073.8	366.6	50		416.6	
1.1.2	宿舍楼	3 630.1	217.8			217.8	
1.1.3	食堂	1 391.1	111.3	30		141.3	
1.1.4	新产品开发及实验检验楼	3 817.6	343.6	50		393.6	
1.1.5	底料车间	9 994.8	999.5			999.5	
1.1.6	鸡精车间	3 691.4	369.1			369.1	
1.1.7	其他辅助建筑	60	8.0			16.0	
	门卫	3 座	6.0	8		14.0	
	垃圾站	1 座	2.0			2.0	
1.1.8	道路	900 m	360.0			360.0	
1.1.9	污水处理系统		30.0	150		180.0	
1.1.10	环境工程		200.0			200.0	
1.1.11	厂区管线		400.0			400.0	
1.1.12	围墙	700 m	21.0			21.0	
1.2	设备购置及安装			3127		3127	
	工程费用合计					6 841.9	46.5%
2	工程建设其他费用						
2.1	土地使用权出让金				399.0	399.0	
2.2	勘察设计费				171.0	171.0	
2.3	建设单位管理费				136.8	136.8	
2.4	工程监理费				136.8	136.8	
2.5	招标代理费				53.0	53.0	
2.6	生产准备费				82.1	82.1	
2.7	城市建设配套费				373.2	373.2	

序号	项目名称	建筑面积 /m²	建筑工程费用	设备购置及安装费用	其他费用	合计	投资比例
2.8	人防异地建设费				80.0	80.0	
2.9	前期有关的其他费用				205.3	205.3	
	工程建设其他费用合计					1 637.2	11.1%
3	预备费				593.5	593.5	4.0%
	静态投资合计					9 072.7	
4	建设期利息				246.0	246.0	1.7%
	固定资产投资					9 318.7	
5	铺底流动资金					5 404.8	36.7%
	工程项目总投资					14 723.5	100.0%

（2）流动资金估算表（表 12-17）。据业主方现有产品生产情况与市场调查，统计得出各类资产、负债的周转天数与年周转次数，然后统计得出每个周转周期所需的流动资金数额。

（3）投资计划与资金筹措表（表 12-18）。根据项目建设规模和类似工程建设计划，本工程拟定建设期为 2 年，第一年固定资产投资约 3 000 万元，第二年约 6 319 万元。建设期计划贷款 3 000 万元，其中第一年贷款 1 000 万元，第二年贷款 2 000 万元。

正常生产年份所需流动资金为 18 016 万元，其中 5 405 万元为自有资金，剩余部分拟向银行借贷。

2. 盈利能力分析

（1）项目投资财务现金流量表（表 12-19）。项目投资财务现金流量表是以全部投资为计算基础，用来计算项目全部投资的所得税前和所得税后的财务内部收益率、财务净现值、投资回收期等指标，以考察全部投资的盈利能力。其中表格中的所得税按当年销售收入的 25% 计取。

根据测算，所得税后内部收益率为 16%，财务净现值为 7 325 万元，静态投资回收期为 7.3 年。

（2）利润及利润分配表（表 12-20）。利润及利润分配表反映项目计算期内各年的利润总额、所得税及所得税后利润分配情况。

经测算，总投资收益率为 39%，项目资本金利润率为 25.3%。

（3）盈亏平衡分析。根据总成本费用表测算，项目固定成本为 6 456.3 万元，达到设计生产能力后的年可变成本为 82 720 万元，根据销售收入及税金表，达到设计使用年限，年销售收入为 97 500 万元，税金合计为 3 353 万元。其中可变成本、销售收入与产品生产量成正比。盈亏平衡点的生产能力利用率为 56.50%。盈亏平衡测算表见表 12-21。

（4）敏感性分析。该项目有产品销售价格、经营成本、产品产量三个影响因素，线性盈亏分析如图 12-2 所示。分析它们上、下浮动 20% 时对项目所得税后收益率的影响（表 12-22）。不确定性因素变化率如图 12-3 所示。

表 12-17 流动资金估算表

万元

序号	项目	周转天数	周转次数	2	3	4	5	6	7	8	9	10	11	12
1	流动资产													
1.1	应收账款	20	18	0	5 416.7	5 416.7	5 416.7	5 416.7	5 417	5 417	5 417	5 417	5 417	5 417
1.2	存货			0	14 197	14 197	14 197	14 197	14 197	14 197	14 197	14 197	14 197	14 197
1.2.1	外购原辅料及外协件	15	24	0	3 188	3 188	3 188	3 188	3 188	3 188	3 188	3 188	3 188	3 188
1.2.2	外购燃料及动力	15	24	0	14.6	14.6	14.6	14.6	14.6	14.6	14.6	14.6	14.6	14.6
1.2.3	在产品	17	21	0	3 683	3 683	3 683	3 683	3 683	3 683	3 683	3 683	3 683	3 683
1.2.4	产成品	30	12	0	7 311	7 311	7 311	7 311	7 311	7 311	7 311	7 311	7 311	7 311
1.3	现金	30	12	0	965	965	965	965	965	965	965	965	965	965
	流动资产合计			0	20 578	20 578	20 578	20 578	20 578	20 578	20 578	20 578	20 578	20 578
2	流动负债			0	2 562.3	2 562.3	2 562.3	2 562.3	2 562	2 562	2 562	2 562	2 562	2 562
2.1	应付账款	30	12	0	2 562.3	2 562.3	2 562.3	2 562.3	2 562	2 562	2 562	2 562	2 562	2 562
3	流动资金合计			0	18 016	18 016	18 016	18 016	18 016	18 016	18 016	18 016	18 016	18 016
4	流动资金本年增加额			0	18 016	0	0	0	0	0	0	0	0	0
5	自有流动资金本年增加额			0	5 405	0	0	0	0	0	0	0	0	0
6	自有流动资金			0	5 405	5 405	5 405	5 405	5 405	5 405	5 405	5 405	5 405	5 405
7	流动资金借款本年增加额			0	12 611	0	0	0	0	0	0	0	0	0
8	流动资金借款			0	12 611	12 611	12 611	12 611	12 611	12 611	12 611	12 611	12 611	12 611
9	流动资金借款利息			0	776	776	776	776	776	776	776	776	776	776

表 12-18　投资计划与资金筹措表

万元

序号	项　目 ＼ 年　份	1	2	3	4	5	6	7	8	9	10	11	12
1	项目投资												
1.1	建设项目投入	2 939	6 134										
1.2	建设期利息	61.5	184.5										
1.3	新增流动资金	0	0	18 016	0	0	0	0	0	0	0	0	0
	合计	3 000	6 319	18 016	0	0	0	0	0	0	0	0	0
2	资金筹措												
2.1	企业自筹资金	2 000	4 319	5 405	0	0	0	0	0	0	0	0	0
2.1.1	用于固定资产投资	2 000	4 319										
2.1.2	新增用于铺底流动资金			5 405									
2.2	银行贷款	1 000	2 000	12 611	0	0	0	0	0	0	0	0	0
2.2.1	用于固定资产投资	1 000	2 000										
2.2.2	新增用于项目流动资金			12 611									
	合计	2 939	6 134	18 016	0	0	0	0	0	0	0	0	0

表 12-19　项目投资财务现金流量表

万元

序号	项目 \ 年份	1	2	3	4	5	6	7	8	9	10	11	12
1	现金流入												
1.1	产品销售（营业）收入		0	97 500	97 500	97 500	97 500	97 500	97 500	97 500	97 500	97 500	97 500
1.2	回收固定资产余值												
1.3	回收流动资金												
	流入小计	0	0	97 500	97 500	97 500	97 500	97 500	97 500	97 500	97 500	97 500	97 500
2	现金流出												
2.1	固定资产投资	3 000	6 319	18 016									
2.2	流动资金												
2.3	经营成本			87 736	87 736	87 736	87 736	87 736	87 736	87 736	87 736	87 736	87 736
2.4	销售税金及附加			3 353	3 353.2	3 353.2	3 353	3 353	3 353	3 353	3 353	3 353	3 353
2.5	所得税			1 212	1 186	1 203.4	1 243	1 243	1 243	1 243	1 243	1 243	1 243
	流出小计	3 000	6 319	110 318	92 276	92 293	92 332	92 332	92 332	92 332	92 332	92 332	92 332
3	税后净现金流量(1－2)	−3 000	−6 318.73	−12 818	5 224.4	5 207	5 167.8	5 167.8	5 167.8	5 167.8	5 167.8	5 167.8	5 167.8
	税后累计净现金流量	−3 000	−9 318.73	−22 136	−16 912	−11 705	−6 537	−1 369	3 798.48	8 966.3	14 134	19 302	24 470
	税前净现金流量(3＋2.5)	−3 000	−6 318.73	−11 606	6 410.4	6 410.4	6 410.4	6 410.4	6 410.4	6 410.4	6 410.4	6 410.4	6 410.4
	税前累计净现金流量	−3 000	−9 318.73	−20 924	−15 726	−10 502	−5 294	−126.7	5 041.09	10 209	15 377	20 544	25 712

表 12-20　利润及利润分配表

万元

序号	项　目 年　份	1	2	3	4	5	6	7	8	9	10	11	12
1	产品销售（营业）收入		0	97 500	97 500	97 500	97 500	97 500	97 500	97 500	97 500	97 500	97 500
2	销售税金及附加		0	3 353	3 353	3 353	3 353	3 353	3 353	3 353	3 353	3 353	3 353
3	总成本费用		0	89 299	89 403	89 333	89 176	89 176	89 176	89 176	89 176	89 176	89 176
4	利润总额（1－2－3）		0	4 848	4 744	4 814	4 971	4 971	4 971	4 971	4 971	4 971	4 971
5	累计利润总额		0	4 848	9 592	14 405	19 376	24 346	29 317	34 287	39 258	44 228	49 199
6	所得税		0	1 212	1 186	1 203	1 243	1 243	1 243	1 243	1 243	1 243	1 243
7	税后利润			3 636	3 558	3 610	3 728	3 728	3 728	3 728	3 728	3 728	3 728
8	公积金			545	534	542	559	559	559	559	559	559	559
9	未分配利润			3 091	3 024	3 069	3 169	3 169	3 169	3 169	3 169	3 169	3 169
10	累计未分配利润			3 091	6 115	9 183	12 352	15 521	18 689	21 858	25 027	28 195	31 364

表 12-21　盈亏平衡测算表　　　　　　　　　　　　　　　　　　万元

生产能力利用率	固定成本	销售收入－税金	总成本	变动成本
0%	6 456	0	6 456	0
100%	6 456	94 147	89 176	82 720

表 12-22　影响因素的变动对收益率的影响　　　　　　　　　　　%

序号	变化幅度	销售价格	经营成本	基本方案	基准收益率	产品产量
1	20.0	130.0	<－10	16.0	8.0	70.0
2	15.0	101.0	<－10	16.0	8.0	57.0
3	10.0	72.0	<－10	16.0	8.0	44.0
4	5.0	44.0	0.0	16.0	8.0	30.0
5	0.0	16.0	16.0	16.0	8.0	16.0
6	－5.0	<－10	30.0	16.0	8.0	－1.2
7	－10.0	<－10	44.0	16.0	8.0	<－10
8	－15.0	<－10	57.0	16.0	8.0	<－10
9	－20.0	<－10	71.0	16.0	8.0	<－10

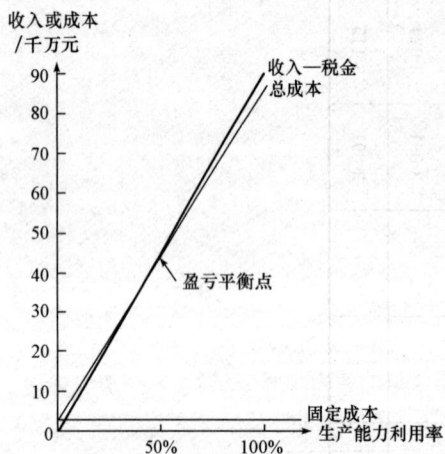

图 12-2　线形盈亏平衡图　　　　　　图 12-3　不确定性因素变化率

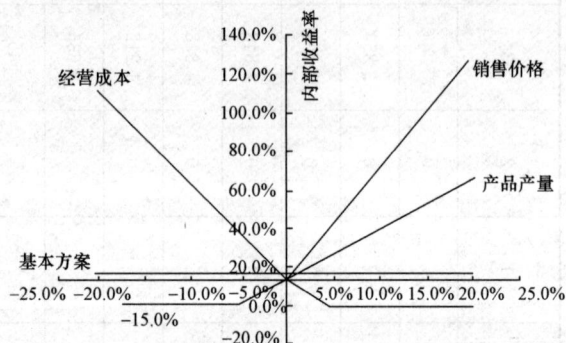

经分析，该项目的内部收益率对项目经营成本、销售单价都较为敏感，因此，在生产过程中要重点做好成本与售价的管理工作。

3. 偿债能力分析

借款偿还平衡表见表 12-23。

经测算利息备付率为 6.1，偿债备付率为 2.48，项目具有清偿能力。

表 12-23　借款偿还平衡表

万元

序号	项目 \ 年份	1	2	3	4	5	6	7	8	9	10	11	12
1	借款支用及还本计息												
1.1	年初借款本金累计	1 000	3 000	3 000	1 500								
1.2	本年借款支用	2 938.5	0	0	1 500								
1.3	本年应计利息	61.5	184.5	899	1 002	933	776	776	776	776	776	776	776
	其中:建设期利息	61.5	184.5	0	0	0							
	经营期利息			899	1 002.4	933.05	776	776	776	776	776	776	776
1.4	本年还本付息	61.5	184.5	2 399	2 502	933	776	776	776	776	776	776	776
1.4.1	还本	0	0	1 500	1 500								
1.4.2	应付利息	61.5	184.5	899	1 002	933	776	776	776	776	776	776	776
1.5	年末借款累计	1 000	3 000	1 500	0								
2	偿还借款本金的资金来源												
2.1	可用于还款的折旧、摊销	0	0	664	664	664	664	664	664	664	664	664	664
2.2	可用于还款的利润	0	0	3 091	3 024	3 069	3 169	3 169	3 169	3 169	3 169	3 169	3 169
	偿还借款本金的资金合计	0	0	3 754	3 688	3 732	3 833	3 833	3 833	3 833	3 833	3 833	3 833

四、国民经济评价及评价结论

1. 国民经济评价

本项目的建设符合国家和地区发展地方经济的要求，能够推动当地农业科技园区的发展步伐，与项目所在地的互适性较强，社会风险不大。同时，项目可安置部分当地居民就业，对建设和谐社会具有积极的推动作用。本项目社会效益较好。

2. 评价结论

本项目的建设内容主要包括新建 7 000 t 复合酶一次性火锅底料生产线、3 000 t 特色调味品生产线、6 000 t 土鸡火锅食品加工生产线、4 000 t 复合营养鸡汤加工生产线各 1 条。

经论证，本项目 20 000 t/年生产能力的建设规模适度，设备配置合理，建设方案合理、可行，项目建设选址恰当，基础配套设施较齐全。

经测算，项目总投资为 14 723.5 万元，财务税后内部收益率达 16%，税后投资回收期为 7.3 年，总投资收益率为 39%，资本金净利润率为 25.3%，利息备付率为 6.1，偿债备付率为 2.48，项目在经济上可行。

可行性研究表明，该建设项目可行。

本章小结

投资决策中的各项技术经济决策对项目的工程造价均有重大影响，甚至影响到项目的整个寿命过程，而工艺流程的设计与确定、材料设备的选用、建设标准的确定，对工程造价的影响更大。工程施工的技术经济分析，是为了获得最优施工方案，从若干可行的施工工艺方案、施工组织方案中，分析、比较和评价诸方案的经济效益，从中择优选择实施的施工方案。

思考与练习

1. 在工业设计中经常采用的技术经济指标有哪些？
2. 在住宅设计中影响用地指标的参数主要有哪些？
3. 设计方案的经济分析的方法有哪些？
4. 施工工艺方案的技术经济分析指标有哪些？
5. 用价值工程的观点分析下面的实际案例。

某公司施工的住宅项目 1～6 号楼、9～12 号楼，根据图纸设计，其飘窗隔断立板采用 100 mm 厚钢筋混凝土施工。此种做法施工烦琐、困难，而且混凝土成品不美观，工程造价较高，同时也制约着工程的施工进度。为在保证工程质量的同时降低施工难度、加快工程整体施工进度、减少建设单位工程造价，公司建议飘窗隔断采用砌体结构施工。表 12-24 是两者的详细的对比情况。

表 12-24 成本对比表

序号	材质	高度每米造价(0.7 m²)	总量/m²	总造价/万元
1	钢筋混凝土	129.48 元	约 13 230.65	171.31
2	砌体	40.66 元	约 13 230.65	53.79
3	差价	88.82 元	—	117.52

进度对比：

钢筋混凝土结构：绑扎钢筋→支设模板→浇筑混凝土→拆除模板→修正堵孔，工期约为 5 天一层。

砌体结构：焊接拉墙筋→砌墙→顶部嵌缝，工期约为 3 天一层。可节约工期每层 2 天，合计 28 层共计 56 天。

附录

附录1 复利因子表

附表1 复利系数表($i=1\%$)

n	$(F/P, i, n)$	$(P/F, i, n)$	$(F/A, i, n)$	$(A/F, i, n)$	$(A/P, i, n)$	$(P/A, i, n)$	$(F/G, i, n)$	$(A/G, i, n)$
1	1.010 0	0.990 1	1.000 0	1.000 0	1.010 0	0.990 1	0.000 0	0.000 0
2	1.020 1	0.980 3	2.010 0	0.497 5	0.507 5	1.970 4	1.000 0	0.497 5
3	1.030 3	0.970 6	3.030 1	0.330 0	0.340 0	2.941 0	3.010 0	0.993 4
4	1.040 6	0.961 0	4.060 4	0.246 3	0.256 3	3.902 0	6.040 1	1.487 6
5	1.051 0	0.951 5	5.101 0	0.196 0	0.206 0	4.853 4	10.100 5	1.980 1
6	1.061 5	0.942 0	6.152 0	0.162 5	0.172 5	5.795 5	15.201 5	2.471 0
7	1.071 2	0.932 7	7.213 5	0.138 6	0.148 6	6.728 2	21.353 5	2.960 2
8	1.082 9	0.923 5	8.285 7	0.120 7	0.130 7	7.651 7	28.567 1	3.447 8
9	1.093 7	0.914 3	9.368 5	0.106 7	0.116 7	8.566 0	36.852 7	3.933 7
10	1.104 6	0.905 3	10.462 2	0.095 6	0.105 6	9.471 3	46.221 3	4.417 9
11	1.115 7	0.896 3	11.566 8	0.086 5	0.096 5	10.367 6	56.683 5	4.900 5
12	1.126 8	0.887 4	12.682 5	0.078 8	0.088 8	11.255 1	65.250 3	5.381 5
13	1.138 1	0.878 7	13.809 3	0.072 4	0.082 4	12.133 7	80.932 8	5.860 7
14	1.149 5	0.870 0	14.947 4	0.066 9	0.076 9	13.003 7	94.742 1	6.338 4
15	1.161 0	0.861 3	16.096 9	0.062 1	0.072 1	13.865 1	109.989 6	6.814 3
16	1.172 6	0.852 8	17.257 9	0.057 9	0.067 9	14.717 9	125.786 4	7.288 6
17	1.184 3	0.844 4	18.430 4	0.054 3	0.064 3	15.562 3	143.044 3	7.761 3
18	1.196 1	0.836 0	19.614 7	0.051 0	0.061 0	16.398 3	161.474 8	8.232 3
19	1.208 1	0.827 7	20.810 9	0.048 1	0.058 1	17.226 0	17.226 0	8.701 7
20	1.220 2	0.819 5	22.019 0	0.045 4	0.055 4	18.045 6	201.900 4	9.169 4
21	1.232 4	0.811 4	23.239 2	0.043 0	0.053 0	18.857 0	223.919 4	9.635 4
22	1.244 7	0.803 4	24.471 6	0.040 9	0.050 9	19.660 4	247.158 6	10.099 8
23	1.257 2	0.795 4	25.716 3	0.038 9	0.048 9	20.455 8	271.630 2	10.562 6
24	1.269 7	0.787 6	26.973 5	0.037 1	0.047 1	21.243 4	297.346 5	11.023 7
25	1.282 4	0.779 8	28.243 2	0.035 4	0.045 4	22.023 2	324.320 0	11.483 1
26	1.295 3	0.772 0	29.525 6	0.033 9	0.043 9	22.795 2	352.563 1	11.940 9
27	1.308 2	0.764 4	30.820 9	0.032 4	0.042 4	23.559 6	382.088 8	12.397 1
28	1.321 3	0.756 8	32.129 1	0.031 1	0.041 1	24.316 4	412.909 7	12.851 6
29	1.334 5	0.749 3	33.450 4	0.029 9	0.039 9	25.065 8	445.038 8	13.304 4
30	1.347 8	0.741 9	34.784 9	0.028 7	0.038 7	25.807 7	478.489 2	13.755 7
31	1.361 3	0.734 6	36.132 7	0.027 7	0.037 7	26.542 3	513.274 0	14.205 2
32	1.374 9	0.727 3	37.494 1	0.026 7	0.036 7	27.269 6	549.406 8	14.653 2
33	1.388 7	0.720 1	38.869 0	0.025 7	0.035 7	27.989 7	586.900 9	15.099 5
34	1.402 6	0.713 0	40.257 7	0.024 8	0.034 8	28.702 7	625.769 9	15.544 1
35	1.416 6	0.705 9	41.660 3	0.024 0	0.034 0	29.408 6	666.027 6	15.987 1
36	1.430 8	0.698 9	43.076 9	0.023 2	0.033 2	30.107 5	707.687 8	16.428 5
37	1.445 1	0.692 0	44.507 6	0.022 5	0.032 5	30.799 5	750.764 7	16.868 2
38	1.459 5	0.685 2	45.952 7	0.021 8	0.031 8	31.484 7	795.272 4	17.306 3
39	1.474 1	0.678 4	47.412 3	0.021 1	0.031 1	32.163 0	841.225 1	17.742 8
40	1.488 9	0.671 7	48.886 4	0.020 5	0.030 5	32.834 7	888.637 3	18.177 6
41	1.503 8	0.665 0	50.375 2	0.019 9	0.029 9	33.499 7	937.523 7	18.610 8
42	1.518 8	0.658 4	51.879 0	0.019 3	0.029 3	34.158 1	987.898 9	19.042 4
43	1.534 0	0.651 9	53.397 8	0.018 7	0.028 7	34.810 0	1039.777 9	19.472 3
44	1.549 3	0.645 4	54.931 8	0.018 2	0.028 2	35.455 5	1093.175 7	19.900 6
45	1.564 8	0.639 1	56.481 1	0.017 7	0.027 7	36.094 5	1148.107 5	20.327 3
46	1.580 5	0.632 7	58.045 9	0.017 2	0.027 2	36.727 2	1204.588 5	20.752 4
47	1.596 3	0.626 5	59.626 3	0.016 8	0.026 8	37.353 7	1262.634 4	21.175 8
48	1.612 2	0.620 3	61.222 6	0.016 3	0.026 3	37.974 0	1322.260 8	21.597 6
49	1.628 3	0.614 1	62.834 8	0.015 9	0.025 9	38.588 1	1383.483 4	22.017 8
50	1.644 6	0.608 0	64.463 2	0.015 5	0.025 5	39.196 1	1446.318 2	22.436 3

n	$(F/P, i, n)$	$(P/F, i, n)$	$(F/A, i, n)$	$(A/F, i, n)$	$(A/P, i, n)$	$(P/A, i, n)$	$(F/G, i, n)$	$(A/G, i, n)$
1	1.020 0	0.980 4	1.000 0	1.000 0	1.020 0	0.980 4	0.000 0	0.000 0
2	1.040 4	0.961 2	2.020 0	0.495 0	0.515 0	1.941 6	1.000 0	0.495 0
3	1.061 2	0.942 3	3.060 4	0.326 8	0.346 8	2.883 9	3.020 0	0.986 8
4	1.082 4	0.923 8	4.121 6	0.242 6	0.262 6	3.807 7	6.080 4	1.475 2
5	1.104 1	0.905 7	5.204 0	0.192 2	0.212 2	4.713 5	10.02 0	1.960 4
6	1.126 2	0.888 0	6.308 1	0.158 5	0.178 5	5.601 4	15.406 0	2.442 3
7	1.148 7	0.870 6	7.434 3	0.134 5	0.154 5	6.472 0	21.714 2	2.920 8
8	1.171 7	0.853 5	8.583 0	0.116 5	0.136 5	7.325 5	29.148 5	3.396 1
9	1.195 1	0.836 8	9.754 6	0.102 5	0.122 5	8.162 2	37.731 4	3.868 1
10	1.219 0	0.820 3	10.949 7	0.091 3	0.111 3	8.982 6	47.486 0	4.336 7
11	1.243 4	0.804 3	12.168 7	0.082 2	0.102 2	9.786 8	58.435 8	4.802 1
12	1.268 2	0.788 5	13.412 1	0.074 6	0.094 6	10.575 3	70.604 5	4.264 2
13	1.293 6	0.773 0	14.680 3	0.068 1	0.088 1	11.348 4	84.016 6	5.723 1
14	1.319 5	0.757 9	15.973 9	0.062 6	0.082 6	12.106 2	98.696 9	6.178 6
15	1.345 9	0.743 0	17.293 4	0.058 7	0.077 8	12.849 3	114.670 8	6.630 9
16	1.372 8	0.728 4	18.639 3	0.053 7	0.073 7	13.577 7	131.964 3	7.079 9
17	1.400 2	0.714 2	20.012 1	0.050 0	0.070 0	14.291 9	150.603 5	7.525 6
18	1.428 2	0.700 2	21.412 3	0.046 7	0.066 7	14.992 0	170.615 6	7.968 1
19	1.456 8	0.686 4	22.840 6	0.043 8	0.063 8	15.678 5	192.027 9	8.407 3
20	1.485 9	0.673 0	24.297 4	0.041 2	0.061 2	16.351 4	214.868 5	8.843 3
21	1.515 7	0.659 8	25.783 3	0.038 8	0.058 8	17.011 2	239.165 9	9.276 0
22	1.546 0	0.646 8	27.299 0	0.036 6	0.056 6	17.658 0	264.949 2	9.705 5
23	1.576 9	0.634 2	28.845 0	0.034 7	0.054 7	18.292 2	292.248 2	10.131 7
24	1.608 4	0.621 7	30.421 9	0.032 9	0.052 9	18.913 9	321.093 1	10.554 7
25	1.640 6	0.609 5	32.030 3	0.031 2	0.051 2	19.523 5	351.515 0	10.974 5
26	1.673 4	0.597 6	33.670 9	0.029 7	0.049 7	20.121 0	383.545 3	11.391 0
27	1.706 9	0.585 9	35.344 3	0.028 3	0.048 3	20.706 9	417.216 2	11.804 3
28	1.741 0	0.574 4	37.051 2	0.027 0	0.047 0	21.281 3	452.560 5	12.214 5
29	1.775 8	0.563 1	38.792 2	0.025 8	0.045 8	21.844 4	489.611 7	12.621 4
30	1.811 4	0.552 1	40.568 1	0.024 6	0.044 6	22.396 5	528.404 0	13.025 1
31	1.847 6	0.541 2	42.379 4	0.023 6	0.043 6	22.937 7	568.972 0	13.425 7
32	1.884 5	0.530 6	44.227 0	0.022 6	0.042 6	23.468 3	611.351 5	13.823 0
33	1.922 2	0.520 2	46.111 6	0.021 7	0.041 7	23.988 6	655.578 5	14.217 2
34	1.960 7	0.510 0	48.033 6	0.020 8	0.040 8	14.498 6	701.690 1	14.608 3
35	1.999 9	0.500 0	49.994 5	0.020 0	0.040 0	24.998 6	749.723 9	14.996 1
36	2.039 9	0.490 2	54.994 4	0.019 2	0.039 2	25.488 8	799.718 4	15.380 9
37	2.080 7	0.480 6	54.034 3	0.018 5	0.038 5	25.969 5	851.712 7	15.762 5
38	2.122 3	0.471 2	56.114 9	0.017 8	0.037 8	26.440 6	905.747 0	16.140 9
39	2.164 7	0.461 9	58.237 2	0.017 2	0.037 2	26.902 6	961.861 9	16.516 3
40	2.208 0	0.452 9	60.402 0	0.016 6	0.036 6	27.355 5	1020.099 2	16.888 5
41	2.252 2	0.444 0	62.610 0	0.016 0	0.036 0	27.799 5	1080.501 1	17.257 6
42	2.297 2	0.435 3	64.862 2	0.015 4	0.035 4	28.234 8	1143.111 2	17.623 7
43	2.343 2	0.426 8	67.159 5	0.014 9	0.034 9	28.661 6	1207.973 4	17.986 6
44	2.390 1	0.418 4	69.502 7	0.014 4	0.034 4	29.080 0	1275.132 9	18.346 5
45	2.437 9	0.410 2	71.892 7	0.013 9	0.033 9	29.490 2	1344.635 5	18.703 4
46	2.486 6	0.402 2	74.330 6	0.013 5	0.033 5	29.892 3	1416.528 2	19.057 1
47	2.536 3	0.394 3	76.817 2	0.013 0	0.033 0	30.286 6	1490.858 8	19.407 9
48	2.587 1	0.386 5	79.353 5	0.012 6	0.032 6	30.673 1	1567.676 0	19.755 6
49	2.638 8	0.379 0	81.940 6	0.012 2	0.032 2	31.052 1	1647.029 5	20.100 3
50	2.691 6	0.371 5	84.579 4	0.011 8	0.031 8	31.423 6	1728.970 1	20.442 0

附表3 复利系数表($i=3\%$)

n	$(F/P, i, n)$	$(P/F, i, n)$	$(F/A, i, n)$	$(A/F, i, n)$	$(A/P, i, n)$	$(P/A, i, n)$	$(F/G, i, n)$	$(A/G, i, n)$
1	1.030 0	0.970 9	1.000 0	1.000 0	1.030 0	0.970 9	0.000 0	0.000 0
2	1.060 9	0.942 6	2.030 0	0.492 6	0.522 6	1.913 5	1.000 0	0.492 6
3	1.092 7	0.9151	3.090 9	0.323 5	0.353 5	2.828 6	3.030 0	0.980 3
4	1.125 5	0.8885	4.183 6	0.239 0	0.269 0	3.717 1	6.120 9	1.463 1
5	1.159 3	0.8626	5.309 1	0.188 4	0.218 4	4.579 7	10.304 5	1.940 9
6	1.194 1	0.837 5	6.468 4	0.154 6	0.184 6	5.417 2	15.613 7	2.413 8
7	1.229 9	0.813 1	7.662 5	0.130 5	0.160 5	6.230 3	22.082 1	2.881 9
8	1.266 8	0.789 4	8.892 3	0.112 5	0.142 5	7.019 7	29.744 5	3.345 0
9	1.304 8	0.766 4	10.159 1	0.098 4	0.128 4	7.786 1	38.636 9	3.803 2
10	1.343 9	0.744 1	11.463 9	0.087 2	0.117 2	8.530 2	48.796 0	4.256 5
11	1.384 2	0.722 4	12.807 8	0.0781	0.108 1	9.252 6	60.259 9	4.704 9
12	1.425 8	0.701 4	14.192 0	0.070 5	0.100 5	9.954 0	73.067 7	5.148 5
13	1.468 5	0.681 0	15.617 8	0.064 0	0.094 0	10.635 0	87.259 7	5.587 2
14	1.512 6	0.661 1	17.086 3	0.058 5	0.088 5	11.296 1	102.877 5	6.021 0
15	1.558 0	0.641 9	18.598 9	0.053 8	0.083 8	11.937 9	119.963 8	6.450 0
16	1.604 7	0.623 2	20.156 9	0.049 6	0.079 6	12.561 1	138.562 7	6.874 2
17	1.652 8	0.605 0	21.761 6	0.046 0	0.076 0	13.166 1	158.719 6	7.293 6
18	1.702 4	0.587 4	23.414 4	0.042 7	0.072 7	13.753 5	180.481 2	7.708 1
19	1.753 5	0.570 3	25.116 9	0.039 8	0.069 8	14.323 8	203.895 6	8.117 9
20	1.806 1	0.553 7	26.870 4	0.037 2	0.067 2	14.877 5	229.012 5	8.522 9
21	1.860 3	0.537 5	28.676 5	0.034 9	0.064 9	15.415 0	255.882 9	8.923 1
22	1.916 1	0.521 9	30.536 8	0.032 7	0.062 7	15.936 9	284.559 3	9.318 6
23	1.973 6	0.506 7	32.452 9	0.030 8	0.060 8	16.443 6	315.096 1	9.709 3
24	2.032 8	0.491 9	34.426 5	0.029 0	0.059 0	16.935 5	347.549 0	10.095 4
25	2.093 8	0.477 6	36.459 3	0.027 4	0.057 4	17.413 1	381.975 5	10.476 8
26	2.156 6	0.463 7	38.553 0	0.025 9	0.055 9	17.876 8	418.434 7	10.853 5
27	2.221 3	0.450 2	40.709 6	0.024 6	0.054 6	18.327 0	456.987 8	11.225 5
28	2.287 9	0.437 1	42.930 9	0.023 3	0.053 3	18.764 1	497.697 4	11.593 0
29	2.356 6	0.424 3	45.218 9	0.022 1	0.052 1	19.188 5	540.628 3	11.955 8
30	2.427 3	0.412 0	47.575 4	0.021 0	0.051 0	19.600 4	585.847 2	12.314 1
31	2.500 1	0.400 0	50.002 7	0.020 0	0.050 0	20.000 4	633.422 6	12.667 8
32	2.575 1	0.388 3	52.502 8	0.019 0	0.049 0	20.388 8	683.425 3	13.016 9
33	2.652 3	0.377 0	55.077 8	0.018 2	0.048 2	20.765 2	735.928 0	13.361 6
34	2.731 9	0.366 0	57.730 2	0.017 3	0.047 3	21.131 8	791.005 9	13.701 8
35	2.813 9	0.355 4	60.462 1	0.016 5	0.046 5	21.487 2	848.736 1	14.037 5
36	2.898 3	0.345 0	63.275 9	0.015 8	0.045 8	21.832 3	909.198 1	14.368 8
37	2.985 2	0.335 0	66.174 2	0.015 1	0.045 1	22.167 2	972.474 1	14.695 7
38	3.074 8	0.325 2	69.159 4	0.014 5	0.044 5	22.492 5	1 038.648 3	15.018 2
39	3.167 0	0.315 8	72.234 2	0.013 8	0.043 8	22.808 2	1 107.807	15.336 3
40	3.262 0	0.306 6	75.401 3	0.013 3	0.043 3	23.114 8	1 180.042 0	15.650 2
41	3.359 9	0.297 6	78.663 3	0.012 7	0.042 7	23.412 4	1 250.443 3	15.959 7
42	3.460 7	0.289 0	82.023 2	0.012 2	0.042 2	23.701 4	1 334.106 5	16.265 0
43	3.564 5	0.280 5	85.483 9	0.011 7	0.041 7	23.981 9	1 416.129 7	16.566 0
44	3.671 5	0.272 4	89.048 4	0.011 2	0.041 2	24.254 3	1 501.613 6	16.862 9
45	3.781 6	0.264 4	92.719 9	0.010 8	0.040 8	24.518 7	1 590.662 0	17.155 6
46	3.895 0	0.256 7	96.501 5	0.010 4	0.040 4	24.775 4	1 683.381 9	17.444 1
47	4.011 9	0.249 3	100.396 5	0.010 0	0.040 0	25.024 7	1 779.883 4	17.728 5
48	4.132 3	0.242 0	104.408 4	0.009 6	0.039 6	25.266 7	1 880.279 9	18.008 9
49	4.256 2	0.235 0	108.540 6	0.009 2	0.039 2	25.501 7	1 984.688 3	18.285 2
50	4.383 9	0.228 1	112.796 9	0.008 9	0.038 9	25.729 8	2 093.228 9	18.557 5

附表 4　复利系数表($i=4\%$)

n	$(F/P，i，n)$	$(P/F，i，n)$	$(F/A，i，n)$	$(A/F，i，n)$	$(A/P，i，n)$	$(P/A，i，n)$	$(F/G，i，n)$	$(A/G，i，n)$
1	1.040 0	0.961 5	1.000 0	1.000 0	1.040 0	0.961 5	0.000 0	0.000 0
2	1.081 6	0.924 6	2.040 0	0.490 2	0.530 2	1.886 1	1.000 0	0.490 2
3	1.124 9	0.889 0	3.121 6	0.320 3	0.360 3	2.775 1	3.040 0	0.973 9
4	1.169 9	0.854 8	4.246 5	0.235 5	0.275 5	3.629 9	6.161 6	1.451 0
5	1.216 7	0.821 9	5.416 3	0.184 6	0.224 6	4.451 8	10.408 1	1.921 6
6	1.265 3	0.790 3	6.633 0	0.150 8	0.190 8	5.242 1	15.824 4	2.385 7
7	1.315 9	0.759 9	7.898 3	0.126 6	0.166 6	6.002 1	22.457 4	2.843 3
8	1.368 6	0.730 7	9.214 2	0.108 5	0.148 5	6.732 7	30.355 7	3.294 4
9	1.423 3	0.702 6	10.582 8	0.094 5	0.134 5	7.435 3	39.569 9	3.739 1
10	1.480 2	0.675 6	12.006 1	0.083 3	0.123 3	8.110 9	50.152 7	4.177 3
11	1.539 5	0.649 6	13.486 4	0.074 1	0.114 1	8.760 5	62.158 8	4.609 0
12	1.601 0	0.624 6	15.025 8	0.066 6	0.106 6	9.385 1	75.645 1	5.034 3
13	1.665 1	0.600 6	16.626 8	0.060 1	0.100 1	9.985 6	90.670 9	5.453 3
14	1.731 7	0.577 5	18.291 9	0.054 7	0.094 7	10.563 1	107.297 8	5.865 9
15	1.800 9	0.555 3	20.023 6	0.049 9	0.089 9	11.118 4	125.589 7	6.272 1
16	1.873 0	0.533 9	21.824 5	0.045 8	0.085 8	11.652 3	145.613 3	6.672 0
17	1.947 9	0.513 4	23.697 5	0.042 2	0.082 2	12.165 7	167.437 8	7.065 6
18	2.025 8	0.493 6	25.645 4	0.039 0	0.079 0	12.659 3	191.135 3	7.453 0
19	2.106 8	0.474 6	27.671 2	0.036 1	0.076 1	13.133 9	216.780 7	7.834 2
20	2.191 1	0.456 4	29.778 1	0.033 6	0.073 6	13.590 3	244.452 0	8.209 1
21	2.278 8	0.438 8	31.969 2	0.031 3	0.071 3	14.029 2	274.230 0	8.577 9
22	2.369 9	0.422 0	34.248 0	0.029 2	0.069 2	14.451 1	306.199 2	8.940 7
23	2.464 7	0.405 7	36.617 9	0.027 3	0.067 3	14.856 8	340.447 2	9.297 3
24	2.563 3	0.390 1	39.082 6	0.025 6	0.065 6	15.247 0	377.065 1	9.647 9
25	2.665 8	0.375 1	41.645 9	0.024 0	0.064 0	15.622 1	416.147 7	9.992 5
26	2.772 5	0.360 7	44.311 7	0.022 6	0.062 6	15.982 8	457.793 6	10.331 2
27	2.883 4	0.346 8	47.084 2	0.021 2	0.061 2	16.329 6	502.105 4	10.664 0
28	2.998 7	0.333 5	49.967 6	0.020 0	0.060 0	16.663 1	549.189 6	10.990 9
29	3.118 7	0.320 7	52.966 3	0.018 9	0.058 9	16.983 7	599.157 2	11.312 0
30	3.243 4	0.308 3	56.084 9	0.017 8	0.057 8	17.292 0	652.123 4	11.627 4
31	3.373 1	0.296 5	59.328 3	0.016 9	0.056 9	17.588 5	708.208 4	11.937 1
32	3.508 1	0.285 1	62.701 5	0.015 9	0.055 9	17.873 6	767.536 7	12.241 1
33	3.648 4	0.274 1	66.209 5	0.015 1	0.055 1	18.147 6	830.238 2	12.539 6
34	3.794 3	0.263 6	69.857 9	0.014 3	0.054 3	18.411 2	896.447 7	12.832 4
35	3.946 1	0.253 4	73.652 2	0.013 6	0.053 6	18.664 6	966.305 6	13.119 8
36	4.103 9	0.243 7	77.598 3	0.012 9	0.052 9	18.908 3	1 039.957 8	13.401 8
37	4.268 1	0.234 3	81.702 2	0.012 2	0.052 2	19.142 6	1 117.556 2	13.678 4
38	4.438 8	0.225 3	85.970 3	0.011 6	0.051 6	19.367 9	1 199.258 4	13.949 7
39	4.616 4	0.216 6	90.409 1	0.011 1	0.051 1	19.584 5	1 285.228 7	14.215 7
40	4.801 0	0.208 3	95.025 5	0.010 5	0.050 5	19.792 8	1 375.637 9	14.476 5
41	4.993 1	0.200 3	99.826 5	0.010 0	0.050 0	19.993 1	1 470.663 4	14.732 2
42	5.192 8	0.192 6	104.819 6	0.009 5	0.049 5	20.185 6	1 570.489 9	14.982 8
43	5.400 5	0.185 2	110.012 4	0.009 1	0.049 1	20.370 8	1 675.309 5	15.228 4
44	5.616 5	0.178 0	115.412 9	0.008 7	0.048 7	20.548 8	1 785.321 9	15.469 0
45	5.841 2	0.171 2	121.029 4	0.008 3	0.048 3	20.720 0	1 900.734 8	15.704 7
46	6.074 8	0.164 6	126.870 6	0.007 9	0.047 9	20.884 7	2 021.764 2	15.935 6
47	6.317 8	0.158 3	132.945 4	0.007 5	0.047 5	21.042 9	2 148.634 8	16.161 8
48	6.570 5	0.152 2	139.263 2	0.007 2	0.047 2	21.195 1	2 281.580 2	16.383 2
49	6.833 3	0.146 3	145.833 7	0.006 9	0.046 9	21.341 5	2 420.843 4	16.600 0
50	7.106 7	0.140 7	152.667 1	0.006 6	0.046 6	21.482 2	2 566.677 1	16.812 2

附表5 复利系数表(i=5%)

n	(F/P, i, n)	(P/F, i, n)	(F/A, i, n)	(A/F, i, n)	(A/P, i, n)	(P/A, i, n)	(F/G, i, n)	(A/G, i, n)
1	1.050 0	0.952 4	1.000 0	1.000 0	1.050 0	0.952 4	0.000 0	0.000 0
2	1.102 5	0.907 0	2.050 0	0.487 8	0.537 8	1.859 4	1.000 0	0.487 8
3	1.157 6	0.863 8	3.152 5	0.317 2	0.367 2	2.723 2	3.050 0	0.967 5
4	1.215 5	0.822 7	4.310 1	0.232 0	0.282 0	3.546 0	6.202 5	1.439 1
5	1.276 3	0.783 5	5.525 6	0.181 0	0.231 0	4.329 5	10.512 6	1.902 5
6	1.340 1	0.746 2	6.801 9	0.147 0	0.197 0	5.075 7	16.038 3	2.357 9
7	1.407 1	0.710 7	8.142 0	0.122 8	0.172 8	5.786 4	22.840 2	2.805 2
8	1.477 5	0.676 8	9.549 1	0.104 7	0.154 7	6.463 2	30.982 2	3.244 5
9	1.551 3	0.644 6	11.026 6	0.090 7	0.140 7	7.107 8	40.531 3	3.675 8
10	1.628 9	0.613 9	12.577 9	0.079 5	0.129 5	7.721 7	51.557 9	4.099 1
11	1.710 3	0.584 7	14.206 8	0.070 4	0.120 4	8.306 4	64.135 7	4.514 4
12	1.795 9	0.556 8	15.917 1	0.062 8	0.112 8	8.863 3	78.342 5	4.921 9
13	1.885 6	0.530 3	17.713 0	0.056 5	0.106 5	9.393 6	94.259 7	5.321 5
14	1.979 9	0.505 1	19.598 6	0.051 0	0.101 0	9.898 6	111.972 6	5.713 3
15	2.078 9	0.481 0	21.578 6	0.046 3	0.096 3	10.379 7	131.571 3	6.097 3
16	2.182 9	0.458 1	23.657 5	0.042 3	0.092 3	10.837 8	153.149 8	6.473 6
17	2.292 0	0.436 3	25.840 4	0.038 7	0.088 7	11.274 1	176.807 3	6.842 3
18	2.406 6	0.415 5	28.132 4	0.035 5	0.085 5	11.689 6	202.647 7	7.203 4
19	2.527 0	0.395 7	30.539 0	0.032 7	0.082 7	12.085 3	230.780 1	7.556 9
20	2.653 3	0.376 9	33.066 0	0.030 2	0.080 2	12.462 2	261.319 1	7.903 0
21	2.786 0	0.358 9	35.719 3	0.028 0	0.078 0	12.821 2	294.385 0	8.241 6
22	2.925 3	0.341 8	38.505 2	0.026 0	0.076 0	13.163 0	330.104 3	8.573 0
23	3.071 5	0.325 6	41.430 5	0.024 1	0.074 1	13.488 6	368.609 5	8.897 1
24	3.225 1	0.310 1	44.502 0	0.022 5	0.072 5	13.798 6	410.040 0	9.214 0
25	3.386 4	0.295 3	47.727 1	0.021 0	0.071 0	14.093 9	454.542 0	9.523 8
26	3.555 7	0.281 2	51.113 5	0.019 6	0.069 6	14.375 2	502.269 1	9.826 6
27	3.733 5	0.267 8	54.669 1	0.018 3	0.068 3	14.643 0	553.382 5	10.122 4
28	3.920 1	0.255 1	58.402 6	0.017 1	0.067 1	14.898 1	608.051 7	10.411 4
29	4.116 1	0.242 9	62.322 7	0.016 0	0.066 0	15.141 1	666.454 2	10.693 6
30	4.321 9	0.231 4	66.438 8	0.015 1	0.065 1	15.372 5	728.777 0	10.969 1
31	4.538 0	0.220 4	70.760 8	0.014 1	0.064 1	15.592 8	795.215 8	11.238 1
32	4.764 9	0.209 9	75.298 8	0.013 3	0.063 3	15.802 7	865.976 6	11.500 5
33	5.003 2	0.199 9	80.063 8	0.012 5	0.062 5	16.002 5	941.275 4	11.756 6
34	5.253 3	0.190 4	85.067 0	0.011 8	0.061 8	16.192 9	1 021.339 2	12.006 3
35	5.516 0	0.181 3	90.320 3	0.011 1	0.061 1	16.374 2	1 106.406 1	12.249 8
36	5.791 8	0.172 7	95.836 3	0.010 4	0.060 4	16.546 9	1 196.726 5	12.487 2
37	6.081 4	0.164 4	101.628 1	0.009 8	0.059 8	16.711 3	1 292.562 8	12.718 6
38	6.385 5	0.156 6	107.709 5	0.009 3	0.059 3	16.867 9	1 394.190 9	12.944 0
39	6.704 8	0.149 1	114.095 0	0.008 8	0.058 8	17.017 0	1 501.900 5	13.163 6
40	7.040 0	0.142 0	120.799 8	0.008 3	0.058 3	17.159 1	1 615.995 5	13.377 5
41	7.392 0	0.135 3	127.839 8	0.007 8	0.057 8	17.294 4	1 736.795 3	13.585 7
42	7.761 6	0.128 8	135.231 8	0.007 4	0.057 4	17.423 2	1 864.635 0	13.788 4
43	8.149 7	0.122 7	142.993 3	0.007 0	0.057 0	17.545 9	1 999.866 8	13.985 7
44	8.557 2	0.116 9	151.143 0	0.006 6	0.056 6	17.662 8	2 142.860 1	14.177 7
45	8.985 0	0.111 3	159.700 2	0.006 3	0.056 3	17.774 1	2 294.003 1	14.364 4
46	9.434 3	0.106 0	168.685 2	0.005 9	0.055 9	17.880 1	2 453.703 3	14.546 1
47	9.906 0	0.100 9	178.119 4	0.005 6	0.055 6	17.981 0	2 622.388 4	14.722 6
48	10.401 3	0.096 1	188.025 4	0.005 3	0.055 3	18.077 2	2 800.507 9	14.894 3
49	10.921 3	0.091 6	198.426 7	0.005 0	0.055 0	18.168 7	2 988.533 3	15.061 1
50	11.467 4	0.087 2	209.348 0	0.004 8	0.054 8	18.255 9	3 186.959 9	15.223 3

n	$(F/P, i, n)$	$(P/F, i, n)$	$(F/A, i, n)$	$(A/F, i, n)$	$(A/P, i, n)$	$(P/A, i, n)$	$(F/G, i, n)$	$(A/G, i, n)$
1	1.060 0	0.943 4	1.000 0	1.000 0	1.060 0	0.943 4	0.000 0	0.000 0
2	1.123 6	0.890 0	2.060 0	0.485 4	0.545 4	1.833 4	1.000 0	0.485 4
3	1.191 0	0.839 6	3.183 6	0.314 1	0.374 1	2.673 0	3.060 0	0.961 2
4	1.262 5	0.792 1	4.374 6	0.228 6	0.288 6	3.465 1	6.243 6	1.427 2
5	1.338 2	0.747 3	5.637 1	0.177 4	0.237 4	4.212 4	10.618 2	1.883 6
6	1.418 5	0.705 0	6.975 3	0.143 4	0.203 4	4.917 3	16.255 3	2.330 4
7	1.503 6	0.665 1	8.393 8	0.119 1	0.179 1	5.582 4	23.230 6	2.767 6
8	1.593 8	0.627 4	9.897 5	0.101 0	0.161 0	6.209 8	31.624 5	3.195 2
9	1.689 5	0.591 9	11.491 3	0.087 0	0.147 0	6.801 7	41.521 9	3.613 3
10	1.790 8	0.558 4	13.180 8	0.075 9	0.135 9	7.360 1	53.013 2	4.022 0
11	1.898 3	0.526 8	14.971 6	0.066 8	0.126 8	7.886 9	66.194 0	4.421 3
12	2.012 2	0.497 0	16.869 9	0.059 3	0.119 3	8.383 8	81.165 7	4.811 3
13	2.132 9	0.468 8	18.882 1	0.053 0	0.113 0	8.852 7	98.035 6	5.192 0
14	2.260 9	0.442 3	21.015 1	0.047 6	0.107 6	9.295 0	116.917 8	5.563 5
15	2.396 6	0.417 3	23.276 0	0.043 0	0.103 0	9.712 2	137.932 8	5.926 0
16	2.540 4	0.393 6	25.672 5	0.039 0	0.099 0	10.105 9	161.208 8	6.279 4
17	2.692 8	0.371 4	28.212 9	0.035 4	0.095 4	10.477 3	186.881 3	6.624 0
18	2.854 3	0.350 3	30.905 7	0.032 4	0.092 4	10.827 6	215.094 2	6.959 7
19	3.025 6	0.330 5	33.760 0	0.029 6	0.089 6	11.158 1	245.999 9	7.286 7
20	3.207 1	0.311 8	36.785 6	0.027 2	0.087 2	11.469 9	279.759 9	7.605 1
21	3.399 6	0.294 2	39.992 7	0.025 0	0.085 0	11.764 1	316.545 4	7.915 1
22	3.603 5	0.277 5	43.392 3	0.023 0	0.083 0	12.041 6	356.538 2	8.216 6
23	3.819 7	0.261 8	46.995 8	0.021 3	0.081 3	12.303 4	399.930 5	8.509 9
24	4.048 9	0.247 0	50.815 6	0.019 7	0.079 7	12.550 4	446.926 3	8.795 1
25	4.291 9	0.233 0	54.864 5	0.018 2	0.078 2	12.783 4	497.741 9	9.072 2
26	4.549 4	0.219 8	59.156 4	0.016 9	0.076 9	13.003 2	552.606 4	9.341 4
27	4.822 3	0.207 4	63.705 8	0.015 7	0.075 7	13.210 5	611.762 8	9.602 9
28	5.111 7	0.195 6	68.528 1	0.014 6	0.074 6	13.406 2	675.468 5	9.856 8
29	5.418 4	0.184 6	73.639 8	0.013 6	0.073 6	13.590 7	743.996 6	10.103 2
30	5.743 5	0.174 1	79.058 2	0.012 6	0.072 6	13.764 8	817.636 4	10.342 2
31	6.088 1	0.164 3	84.801 7	0.011 8	0.071 8	13.929 1	896.694 6	10.574 0
32	6.453 4	0.155 0	90.889 8	0.011 0	0.071 0	14.084 0	981.496 3	10.798 8
33	6.840 6	0.146 2	97.343 5	0.010 3	0.070 3	14.230 2	1 072.386 1	11.016 6
34	7.251 0	0.137 9	104.183 8	0.009 6	0.069 6	14.368 1	1 169.729 2	11.227 6
35	7.686 1	0.130 1	111.434 8	0.009 0	0.069 0	14.498 2	1 273.913 0	11.431 9
36	8.147 3	0.122 7	119.120 9	0.008 4	0.068 4	14.621 0	1 385.347 8	11.629 8
37	8.636 1	0.115 8	127.268 1	0.007 9	0.067 9	14.736 8	1 504.468 6	11.821 3
38	9.154 3	0.109 2	135.904 2	0.007 4	0.067 4	14.846 0	1 631.736 8	12.006 5
39	9.703 5	0.103 1	145.058 5	0.006 9	0.066 9	14.949 1	1 767.641 0	12.185 7
40	10.285 7	0.097 2	154.762 0	0.006 5	0.066 5	15.046 3	1 917.699 4	12.359 0
41	10.902 9	0.091 7	165.047 7	0.006 1	0.066 1	15.138 0	2 067.461 4	12.526 4
42	11.557 0	0.086 5	175.950 5	0.005 7	0.065 7	15.224 5	2 232.509 1	12.688 3
43	12.250 2	0.081 6	187.507 6	0.005 3	0.065 3	15.306 2	2 408.459 6	12.844 6
44	12.985 5	0.077 0	199.758 0	0.005 0	0.065 0	15.383 2	2 595.967 2	12.995 6
45	13.764 6	0.072 7	212.743 5	0.004 7	0.064 7	15.455 8	2 795.725 2	13.141 3
46	14.590 5	0.068 5	226.508 1	0.004 4	0.064 4	15.524 4	3 008.468 7	13.281 9
47	15.465 9	0.064 7	241.098 6	0.004 1	0.064 1	15.589 0	3 234.976 9	13.417 7
48	16.393 9	0.061 0	256.564 5	0.003 9	0.063 9	15.650 0	3 476.075 5	13.548 5
49	17.377 5	0.057 5	272.958 4	0.003 7	0.063 7	15.707 6	3 732.640 0	13.674 8
50	18.420 2	0.054 3	290.335 9	0.003 4	0.063 4	15.761 9	4 005.598 4	13.796 4

附表 7　复利系数表($i=7\%$)

n	$(F/P，i，n)$	$(P/F，i，n)$	$(F/A，i，n)$	$(A/F，i，n)$	$(A/P，i，n)$	$(P/A，i，n)$	$(F/G，i，n)$	$(A/G，i，n)$
1	1.070 0	0.934 6	1.000 0	1.000 0	1.070 0	0.934 6	0.000 0	0.000 0
2	1.144 9	0.873 4	2.070 0	0.483 1	0.553 1	1.808 0	1.000 0	0.483 1
3	1.225 0	0.816 3	3.214 9	0.311 1	0.381 1	2.624 3	3.070 0	0.954 9
4	1.310 8	0.762 9	4.439 9	0.225 2	0.295 2	3.387 2	6.284 9	1.415 5
5	1.402 6	0.713 0	5.750 7	0.173 9	0.243 9	4.100 2	10.724 8	1.865 0
6	1.500 7	0.666 3	7.153 3	0.139 8	0.209 8	4.766 5	16.475 6	2.303 2
7	1.605 8	0.622 7	8.654 0	0.115 6	0.185 6	5.389 3	23.628 9	2.730 4
8	1.718 2	0.582 0	10.259 8	0.097 5	0.167 5	5.971 3	32.282 9	3.146 5
9	1.838 5	0.543 9	11.978 0	0.083 5	0.153 5	6.515 2	42.542 7	3.551 7
10	1.967 2	0.508 3	13.816 4	0.072 4	0.142 4	7.023 6	54.520 7	3.946 1
11	2.104 9	0.475 1	15.783 6	0.063 4	0.133 4	7.498 7	68.337 1	4.329 6
12	2.252 2	0.444 0	17.888 5	0.055 9	0.125 9	7.942 7	84.120 7	4.702 5
13	2.409 8	0.415 0	20.140 6	0.049 7	0.119 7	8.357 7	102.009 2	5.064 8
14	2.578 5	0.387 8	22.550 5	0.044 3	0.114 3	8.745 5	122.149 8	5.416 7
15	2.759 0	0.362 4	25.129 0	0.039 8	0.109 8	9.107 9	144.700 3	5.758 3
16	2.952 2	0.338 7	27.888 1	0.035 9	0.105 9	9.446 6	169.829 3	6.089 7
17	3.158 8	0.316 6	30.840 2	0.032 4	0.102 4	9.763 2	197.717 4	6.411 0
18	3.379 9	0.295 9	33.999 0	0.029 4	0.099 4	10.059 1	228.557 6	6.722 5
19	3.616 5	0.276 5	37.379 0	0.026 8	0.096 8	10.335 6	262.556 6	7.024 2
20	3.869 7	0.258 4	40.995 5	0.024 4	0.094 4	10.594 0	299.935 6	7.316 3
21	4.140 6	0.241 5	44.865 2	0.022 3	0.092 3	10.835 5	340.931 1	7.599 0
22	4.430 4	0.225 7	49.005 7	0.020 4	0.090 4	11.061 2	385.796 3	7.872 5
23	4.740 5	0.210 9	53.436 1	0.018 7	0.088 7	11.272 2	434.802 0	8.136 9
24	5.072 4	0.197 1	58.176 7	0.017 2	0.087 2	11.469 3	488.238 2	8.392 3
25	5.427 4	0.184 2	63.249 0	0.015 8	0.085 8	11.653 6	546.414 8	8.639 1
26	5.807 4	0.172 2	68.676 5	0.014 6	0.084 6	11.825 8	609.663 9	8.877 3
27	6.213 9	0.160 9	74.483 8	0.013 4	0.083 4	11.986 7	678.340 3	9.107 2
28	6.648 8	0.150 4	80.697 7	0.012 4	0.082 4	12.137 1	752.824 2	9.328 9
29	7.114 3	0.140 6	87.346 5	0.011 4	0.081 4	12.277 7	833.521 8	9.542 7
30	7.612 3	0.131 4	94.460 8	0.010 6	0.080 6	12.409 0	920.868 4	9.748 7
31	8.145 1	0.122 8	102.073 0	0.009 8	0.079 8	12.531 8	1 015.329 2	9.947 1
32	8.715 3	0.144 7	110.218 2	0.009 1	0.079 1	12.646 6	1 117.402 2	10.138 1
33	9.325 3	0.107 2	118.933 4	0.008 4	0.078 4	12.753 8	1 227.620 4	10.321 9
34	9.978 1	0.100 2	128.258 8	0.007 8	0.077 8	12.854 0	1 346.553 8	10.498 7
35	10.676 6	0.093 7	138.236 9	0.007 2	0.007 2	12.947 7	1 474.812 5	10.668 7
36	11.423 9	0.087 5	148.913 5	0.006 7	0.076 7	13.035 2	1 613.049 4	10.832 1
37	12.223 6	0.081 8	160.337 4	0.006 2	0.076 2	13.117 0	1 761.961 9	10.989 1
38	13.079 3	0.076 5	172.561 0	0.005 8	0.075 8	13.193 5	1 922.300 3	11.139 8
39	13.994 8	0.071 5	185.640 3	0.005 4	0.075 4	13.264 9	2 094.861 3	11.284 5
40	14.974 5	0.066 8	199.635 1	0.005 0	0.075 0	13.331 7	2 280.501 6	11.423 3
41	16.022 7	0.062 4	214.309 6	0.004 7	0.074 7	13.394 1	2 480.136 7	11.556 5
42	17.144 3	0.058 3	230.632 2	0.004 3	0.074 3	13.452 4	2 694.746 3	11.684 2
43	18.344 4	0.054 5	247.776 5	0.004 0	0.074 0	13.507 0	2 925.378 5	11.806 5
44	19.628 5	0.050 9	266.120 9	0.003 8	0.073 8	13.557 9	3 173.155 0	11.923 7
45	21.002 5	0.047 6	285.749 3	0.003 5	0.073 5	13.605 5	3 439.375 9	12.036 0
46	22.473 6	0.044 5	306.751 8	0.003 3	0.073 3	13.650 0	3 725.025 2	12.143 5
47	24.045 7	0.041 6	329.224 4	0.003 0	0.073 0	13.691 6	4 031.776 9	12.246 5
48	25.728 9	0.038 9	353.270 1	0.002 8	0.072 8	13.730 5	4 361.001 3	12.344 7
49	27.529 9	0.036 3	378.999 0	0.002 6	0.072 6	13.766 8	4 714.271 4	12.438 7
50	29.457 0	0.033 9	406.528 9	0.002 5	0.072 5	13.800 7	5 093.270 4	12.528 7

附表8 复利系数表($i = 8\%$)

n	$(F/P, i, n)$	$(P/F, i, n)$	$(F/A, i, n)$	$(A/F, i, n)$	$(A/P, i, n)$	$(P/A, i, n)$	$(F/G, i, n)$	$(A/G, i, n)$
1	1.080 0	0.925 9	1.000 0	1.000 0	1.080 0	0.925 9	0.000 0	0.000 0
2	1.166 4	0.857 3	2.080 0	0.480 8	0.560 8	1.783 3	1.000 0	0.480 8
3	1.259 7	0.793 8	3.246 4	0.308 0	0.388 0	2.577 1	3.080 0	0.948 7
4	1.360 5	0.735 0	4.506 1	0.221 9	0.301 9	3.312 1	6.326 4	1.404 0
5	1.469 3	0.680 6	5.866 6	0.170 5	0.250 5	3.992 7	10.832 5	1.846 5
6	1.586 9	0.630 2	7.335 9	0.136 3	0.216 3	4.622 9	16.699 1	2.276 3
7	1.713 8	0.583 5	8.922 8	0.112 1	0.192 1	5.206 4	24.035 0	2.693 7
8	1.850 9	0.540 3	10.636 6	0.094 0	0.174 0	5.746 6	32.957 8	3.098 5
9	1.999 0	0.500 2	12.487 6	0.080 1	0.160 1	6.246 9	43.594 5	3.491 0
10	2.158 9	0.463 2	14.486 6	0.069 0	0.149 0	6.710 1	56.082 0	3.871 3
11	2.331 6	0.428 9	16.645 5	0.060 1	0.140 1	7.139 0	70.568 6	4.239 5
12	2.518 2	0.397 1	18.977 1	0.052 7	0.132 7	7.536 1	87.214 1	4.595 7
13	2.719 6	0.367 7	21.495 3	0.046 5	0.126 5	7.903 8	106.191 2	4.940 2
14	2.937 2	0.340 5	24.214 9	0.041 3	0.121 3	8.244 2	127.686 5	5.273 1
15	3.172 2	0.315 2	27.152 1	0.036 8	0.116 8	8.559 5	151.901 4	5.594 5
16	3.425 9	0.291 9	30.324 3	0.033 0	0.113 0	8.851 4	179.053 5	5.904 6
17	3.700 0	0.270 3	33.750 2	0.029 6	0.109 6	9.121 6	209.377 8	6.203 7
18	3.996 0	0.250 2	37.450 2	0.026 7	0.106 7	9.371 9	243.128 0	6.492 0
19	4.315 7	0.231 7	41.446 3	0.024 1	0.104 1	9.603 6	280.578 3	6.769 7
20	4.661 0	0.214 5	45.762 0	0.021 9	0.101 9	9.818 1	322.024 6	7.036 9
21	5.033 8	0.198 7	50.422 9	0.019 8	0.099 8	10.016 8	367.786 5	7.294 0
22	5.436 5	0.183 9	55.456 8	0.018 0	0.098 0	10.200 7	418.209 4	7.541 2
23	5.871 5	0.170 3	60.893 3	0.016 4	0.096 4	10.371 1	473.666 2	7.778 6
24	6.341 2	0.157 7	66.764 8	0.015 0	0.095 0	10.528 8	534.559 5	8.006 6
25	6.848 5	0.146 0	73.105 9	0.013 7	0.093 7	10.674 8	601.324 2	8.225 4
26	7.396 4	0.135 2	79.954 4	0.012 5	0.092 5	10.810 0	674.430 2	8.435 2
27	7.988 1	0.125 2	87.350 8	0.011 4	0.091 4	10.935 2	754.384 6	8.636 3
28	8.627 1	0.115 9	95.338 8	0.010 5	0.090 5	11.051 1	841.735 4	8.828 9
29	9.317 3	0.107 3	103.965 9	0.009 6	0.089 6	11.158 4	937.074 2	9.013 3
30	10.062 7	0.099 4	113.283 2	0.008 8	0.088 8	11.257 8	1 041.040 1	9.189 7
31	10.867 7	0.092 0	123.345 9	0.008 1	0.088 1	11.349 8	1 154.323 4	9.358 4
32	11.737 1	0.085 2	134.213 5	0.007 5	0.087 5	11.435 0	1 277.669 2	9.519 7
33	12.676 0	0.078 9	145.950 6	0.006 9	0.086 9	11.513 9	1 411.882 8	9.673 7
34	13.690 1	0.073 0	158.626 7	0.006 3	0.086 3	11.586 9	1 557.833 4	9.820 8
35	14.785 3	0.067 6	172.316 8	0.005 8	0.085 8	11.654 6	1 716.460 0	9.961 1
36	15.968 2	0.062 6	187.102 1	0.005 3	0.085 3	11.717 2	1 888.776 8	10.094 9
37	17.245 6	0.058 0	203.070 3	0.004 9	0.084 9	11.775 2	2 075.879 0	10.222 5
38	18.625 3	0.053 7	220.315 9	0.004 5	0.084 5	11.828 9	2 278.949 3	10.344 0
39	20.115 3	0.049 7	238.941 2	0.004 2	0.084 2	11.878 6	2 499.265 3	10.459 7
40	21.724 5	0.046 0	259.056 5	0.003 9	0.083 9	11.924 6	2 738.206 5	10.569 9
41	23.462 5	0.042 6	280.781 0	0.003 6	0.083 6	11.967 2	2 997.363 0	10.674 7
42	25.339 5	0.039 5	304.243 5	0.003 3	0.083 3	12.006 7	3 278.044 0	10.774 4
43	27.366 6	0.036 5	329.583 0	0.003 0	0.083 0	12.043 2	3 582.287 6	10.869 2
44	29.556 0	0.033 8	356.949 6	0.002 8	0.082 8	12.077 1	3 911.870 6	10.959 2
45	31.920 4	0.031 3	386.505 6	0.002 6	0.082 6	12.108 4	4 268.820 2	11.044 7
46	34.474 1	0.029 0	418.426 1	0.002 4	0.082 4	12.137 4	4 655.325 8	11.125 8
47	37.232 0	0.026 9	452.900 2	0.002 2	0.082 2	12.164 3	5 073.751 9	11.202 8
48	40.210 6	0.024 9	490.132 2	0.002 0	0.082 0	12.189 1	5 526.652 1	11.275 8
49	43.427 0	0.023 0	530.342 7	0.001 9	0.081 9	12.212 2	6 016.784 2	11.345 1
50	46.901 6	0.021 3	573.770 2	0.001 7	0.081 7	12.233 5	6 547.127 0	11.410 7

n	(F/P, i, n)	(P/F, i, n)	(F/A, i, n)	(A/F, i, n)	(A/P, i, n)	(P/A, i, n)	(F/G, i, n)	(A/G, i, n)
1	1.090 0	0.917 4	1.000 0	1.000 0	1.090 0	0.917 4	0.000 0	0.000 0
2	1.188 1	0.841 7	2.090 0	0.478 5	0.568 5	1.759 1	1.000 0	0.478 5
3	1.295 0	0.772 2	3.278 1	0.305 1	0.395 1	2.531 3	3.090 0	0.942 6
4	1.411 6	0.708 4	4.573 1	0.218 7	0.308 7	3.239 7	6.368 1	1.392 5
5	1.538 6	0.649 9	5.984 7	0.167 1	0.257 1	3.889 7	10.941 2	1.828 2
6	1.677 1	0.596 3	7.523 3	0.132 9	0.222 9	4.485 9	16.925 9	2.249 8
7	1.828 0	0.547 0	9.200 4	0.108 7	0.198 7	5.033 0	24.449 3	2.657 4
8	1.992 6	0.501 9	11.028 5	0.090 7	0.180 7	5.534 8	33.649 8	3.051 2
9	2.171 9	0.460 4	13.021 0	0.076 8	0.166 8	5.995 2	44.678 2	3.431 2
10	2.367 4	0.422 4	15.192 9	0.065 8	0.155 8	6.417 7	57.699 2	3.797 8
11	2.580 4	0.387 5	17.560 3	0.056 9	0.146 9	6.805 2	72.892 1	4.151 0
12	2.812 7	0.355 5	20.140 7	0.049 7	0.139 7	7.160 7	90.452 4	4.491 0
13	3.065 8	0.326 2	22.953 4	0.043 6	0.133 6	7.486 9	110.593 2	4.818 2
14	3.341 7	0.299 2	26.019 2	0.038 4	0.128 4	7.786 2	133.546 5	5.132 6
15	3.642 5	0.274 5	29.360 9	0.034 1	0.124 1	8.060 7	159.565 7	5.434 6
16	3.970 3	0.251 9	33.003 4	0.030 3	0.120 3	8.312 6	188.926 7	5.724 5
17	4.327 6	0.231 1	36.973 7	0.027 0	0.117 0	8.543 6	221.930 1	6.002 4
18	4.717 1	0.212 0	41.301 3	0.024 2	0.114 2	8.755 6	258.903 8	6.268 7
19	5.141 7	0.194 5	46.018 5	0.021 7	0.111 7	8.950 1	300.205 1	6.523 6
20	5.604 4	0.178 4	51.161 0	0.019 5	0.109 5	9.128 5	346.223 6	6.767 4
21	6.108 8	0.163 7	56.764 5	0.017 6	0.107 6	9.292 2	397.382 7	7.000 6
22	6.658 6	0.150 2	62.873 3	0.015 9	0.105 9	9.442 4	454.148 2	7.223 2
23	7.257 9	0.137 8	69.531 9	0.014 4	0.104 4	9.580 2	517.021 5	7.435 7
24	7.911 1	0.126 4	76.789 8	0.013 0	0.103 0	9.706 6	586.553 5	7.638 4
25	8.623 1	0.116 0	84.700 9	0.011 8	0.101 8	9.822 6	663.343 3	7.831 6
26	9.399 2	0.106 4	93.324 0	0.010 7	0.100 7	9.929 0	748.044 2	8.015 6
27	10.245 1	0.097 6	102.723 1	0.009 7	0.099 7	10.026 6	841.368 2	8.190 6
28	11.167 1	0.089 5	112.968 2	0.008 9	0.098 9	10.116 1	944.091 3	8.357 1
29	12.172 2	0.082 2	124.135 4	0.008 1	0.098 1	10.198 3	1 057.059 5	8.515 4
30	13.267 7	0.075 4	136.307 5	0.007 3	0.097 3	10.273 7	1 181.194 9	8.665 7
31	14.461 8	0.069 1	149.575 2	0.006 7	0.096 7	10.342 8	1 317.502 4	8.808 3
32	15.763 3	0.063 4	164.037 0	0.006 1	0.096 1	10.406 2	1 467.077 6	8.943 6
33	17.182 0	0.058 2	179.800 3	0.005 6	0.095 6	10.464 4	1 631.114 6	9.071 8
34	18.728 4	0.053 4	196.982 3	0.005 1	0.095 1	10.517 8	1 810.914 9	9.193 2
35	20.414 0	0.049 0	215.710 8	0.004 6	0.094 6	10.566 8	2 007.897 3	9.308 3
36	22.251 2	0.044 9	236.124 7	0.004 2	0.094 2	10.611 8	2 223.608 0	9.417 1
37	24.253 8	0.041 2	258.375 9	0.003 9	0.093 9	10.653 0	2 459.732 8	9.520 0
38	26.436 7	0.037 8	282.629 8	0.003 5	0.093 5	10.690 8	2 718.108 7	9.617 2
39	28.816 0	0.034 7	309.066 5	0.003 2	0.093 2	10.725 5	3 000.738 5	9.709 0
40	31.409 4	0.031 8	337.882 4	0.003 0	0.093 0	10.757 4	3 309.804 9	9.795 7
41	34.236 3	0.029 2	369.291 9	0.002 7	0.092 7	10.786 6	3 647.687 4	9.877 5
42	37.317 5	0.026 8	403.528 1	0.002 5	0.092 5	10.813 4	4 016.979 3	9.954 6
43	40.676 1	0.024 6	440.845 7	0.002 3	0.092 3	10.838 0	4 420.507 4	10.027 3
44	44.337 0	0.022 6	481.521 8	0.002 1	0.092 1	10.860 5	4 861.353 1	10.095 8
45	48.327 3	0.020 7	525.858 7	0.001 9	0.091 9	10.881 2	5 342.874 8	10.160 3
46	52.676 7	0.019 0	574.186 0	0.001 7	0.091 7	10.900 2	5 868.733 6	10.221 0
47	57.417 6	0.017 4	626.862 8	0.001 6	0.091 6	10.917 6	6 442.919 6	10.278 0
48	62.585 2	0.016 0	684.280 4	0.001 5	0.091 5	10.933 6	7 069.782 3	10.331 7
49	68.217 9	0.014 7	746.865 6	0.001 3	0.091 3	10.948 2	7 754.062 8	10.382 1
50	74.357 5	0.013 4	815.083 6	0.001 2	0.091 2	10.961 7	8 500.928 4	10.429 5

n	$(F/P,i,n)$	$(P/F,i,n)$	$(F/A,i,n)$	$(A/F,i,n)$	$(A/P,i,n)$	$(P/A,i,n)$	$(F/G,i,n)$	$(A/G,i,n)$
1	1.100 0	0.909 1	1.000 0	1.000 0	1.100 0	0.909 1	0.000 0	0.000 0
2	1.210 0	0.826 4	2.100 0	0.476 2	0.576 2	1.735 5	1.000 0	0.476 2
3	1.331 0	0.751 3	3.310 0	0.302 1	0.402 1	2.486 9	3.100 0	0.936 6
4	1.464 1	0.683 0	4.641 0	0.215 5	0.315 5	3.169 9	6.410 0	1.381 2
5	1.610 5	0.620 9	6.105 1	0.163 8	0.263 8	3.790 8	11.051 0	1.810 1
6	1.771 6	0.564 5	7.715 6	0.129 6	0.229 6	4.355 3	17.156 1	2.223 6
7	1.948 7	0.513 2	9.487 2	0.105 4	0.205 4	4.868 4	24.871 7	2.621 6
8	2.143 6	0.466 5	11.435 9	0.087 4	0.187 4	5.334 9	34.358 9	3.004 5
9	2.357 9	0.424 1	13.579 5	0.073 6	0.173 6	5.759 0	45.794 8	3.372 4
10	2.593 7	0.385 5	15.937 4	0.062 7	0.162 7	6.144 6	59.374 2	3.725 5
11	2.853 1	0.350 5	18.531 2	0.054 0	0.154 0	6.495 1	75.311 7	4.064 1
12	3.138 4	0.318 6	21.384 3	0.046 8	0.146 8	6.813 7	93.842 8	4.388 4
13	3.452 3	0.289 7	24.522 7	0.040 8	0.140 8	7.103 4	115.227 1	4.698 8
14	3.797 5	0.263 3	27.975 0	0.035 7	0.135 7	7.366 7	139.749 8	4.995 5
15	4.177 2	0.239 4	31.772 5	0.031 5	0.131 5	7.606 1	167.724 8	5.278 9
16	4.595 0	0.217 6	35.949 7	0.027 8	0.127 8	7.823 7	199.497 3	5.549 3
17	5.054 5	0.197 8	40.544 7	0.024 7	0.124 7	8.021 6	235.447 0	5.807 1
18	5.559 9	0.179 9	45.599 2	0.021 9	0.121 9	8.201 4	275.991 7	6.052 6
19	6.115 9	0.163 5	51.159 1	0.019 5	0.119 5	8.364 9	321.590 9	6.286 1
20	6.727 5	0.148 6	57.275 0	0.017 5	0.117 5	8.513 6	372.750 0	6.508 1
21	7.400 2	0.135 1	64.002 5	0.015 6	0.115 6	8.648 7	430.025 0	6.718 9
22	8.140 3	0.122 8	71.402 7	0.014 0	0.114 0	8.771 5	494.027 5	6.919 9
23	8.954 3	0.111 7	79.543 0	0.012 6	0.112 6	8.883 2	565.430 2	7.108 5
24	9.849 7	0.101 5	88.497 3	0.011 3	0.111 3	8.984 7	644.973 3	7.288 1
25	10.834 7	0.092 3	98.347 1	0.010 2	0.110 2	9.077 0	733.470 6	7.458 0
26	11.918 2	0.083 9	109.181 8	0.009 2	0.109 2	9.160 9	831.817 7	7.618 6
27	13.110 0	0.076 3	121.099 9	0.008 3	0.108 3	9.237 2	940.999 4	7.770 4
28	14.421 0	0.069 3	134.209 9	0.007 5	0.107 5	9.306 6	1 062.099 4	7.913 7
29	15.863 1	0.063 0	148.630 9	0.006 7	0.106 7	9.369 6	1 196.309 3	8.048 9
30	17.449 4	0.057 3	164.494 0	0.006 1	0.106 1	9.426 9	1 344.940 2	8.176 2
31	19.194 3	0.052 1	181.943 4	0.005 5	0.105 5	9.479 0	1 509.434 2	8.296 2
32	21.113 8	0.047 4	201.137 8	0.005 0	0.105 0	9.526 4	1 691.377 7	8.409 1
33	23.225 2	0.043 1	222.251 5	0.004 5	0.104 5	9.569 4	1 892.515 4	8.515 2
34	25.547 7	0.039 1	245.476 7	0.004 1	0.104 1	9.608 6	2 114.767 0	8.614 9
35	28.102 4	0.035 6	271.024 4	0.003 7	0.103 7	9.644 2	2 360.243 7	8.708 6
36	30.912 7	0.032 3	299.126 8	0.003 3	0.103 3	9.676 5	2 631.268 1	8.796 5
37	34.003 9	0.029 4	330.039 5	0.003 0	0.103 0	9.705 9	2 930.349 4	8.878 9
38	37.404 3	0.026 7	364.043 4	0.002 7	0.102 7	9.732 7	3 260.434 3	8.956 2
39	41.144 8	0.024 3	401.447 8	0.002 5	0.102 5	9.757 0	3 624.477 8	9.028 5
40	45.259 3	0.022 1	442.592 6	0.002 3	0.102 3	9.779 1	4 025.925 6	9.096 2
41	49.785 2	0.020 1	487.851 8	0.002 0	0.102 0	9.799 1	4 468.518 1	9.159 6
42	54.763 7	0.018 3	537.637 0	0.001 9	0.101 9	9.817 4	4 956.369 9	9.218 8
43	60.240 1	0.016 6	592.400 7	0.001 7	0.101 7	9.834 0	5 494.006 9	9.274 1
44	66.264 1	0.015 1	652.640 8	0.001 5	0.101 5	9.849 1	6 086.407 6	9.325 8
45	72.890 5	0.013 7	718.904 8	0.001 4	0.101 4	9.862 8	6 739.048 4	9.374 0
46	80.179 5	0.012 5	791.795 3	0.001 3	0.101 3	9.875 3	7 457.953 2	9.419 0
47	88.197 5	0.011 3	871.974 9	0.001 1	0.101 1	9.886 6	8 249.748 5	9.461 0
48	97.017 2	0.010 3	960.172 3	0.001 0	0.101 0	9.896 9	9 121.723 4	9.500 1
49	106.719 0	0.009 4	1 057.189 6	0.000 9	0.100 9	9.906 3	10 081.895 7	9.536 5
50	117.390 9	0.008 5	1 163.908 5	0.000 9	0.100 9	9.914 8	11 139.085 3	9.570 4

附表 11 复利系数表($i=12\%$)

n	$(F/P,i,n)$	$(P/F,i,n)$	$(F/A,i,n)$	$(A/F,i,n)$	$(A/P,i,n)$	$(P/A,i,n)$	$(F/G,i,n)$	$(A/G,i,n)$
1	1.120 0	0.892 9	1.000 0	1.000 0	1.120 0	0.892 9	0.000 0	0.000 0
2	1.254 4	0.797 2	2.120 0	0.471 7	0.591 7	1.690 1	1.000 0	0.471 7
3	1.404 9	0.711 8	3.374 4	0.296 3	0.416 3	2.401 8	3.120 0	0.924 6
4	1.573 5	0.635 5	4.779 3	0.209 2	0.329 2	3.037 3	6.494 4	1.358 9
5	1.762 3	0.567 4	6.352 8	0.157 4	0.277 4	3.604 8	11.273 7	1.774 6
6	1.973 8	0.506 6	8.115 2	0.123 2	0.243 2	4.111 4	17.626 6	2.172 0
7	2.210 7	0.452 3	10.089 0	0.099 1	0.219 1	4.563 8	25.741 8	2.551 5
8	2.476 0	0.403 9	12.299 7	0.081 3	0.201 3	4.967 6	35.830 8	2.913 1
9	2.773 1	0.360 6	14.775 7	0.067 7	0.187 7	5.328 2	48.130 5	3.257 4
10	3.105 8	0.322 0	17.548 7	0.057 0	0.177 0	5.650 2	62.906 1	3.584 7
11	3.478 5	0.287 5	20.654 6	0.048 4	0.168 4	5.937 7	80.454 9	3.895 3
12	3.896 0	0.256 7	24.133 1	0.041 4	0.161 4	6.194 4	101.109 4	4.189 7
13	4.363 5	0.229 2	28.029 1	0.035 7	0.155 7	6.423 5	125.242 6	4.468 3
14	4.887 1	0.204 6	32.392 6	0.030 9	0.150 9	6.628 2	153.271 7	4.731 7
15	5.473 6	0.182 7	37.279 7	0.026 8	0.146 8	6.810 9	185.664 3	4.980 3
16	6.130 4	0.163 1	42.753 3	0.023 4	0.143 4	6.974 0	222.944 0	5.214 7
17	6.866 0	0.145 6	48.883 7	0.020 5	0.140 5	7.119 6	265.697 3	5.435 3
18	7.690 0	0.130 0	55.749 7	0.017 9	0.137 9	7.249 7	314.581 0	5.642 7
19	8.612 8	0.116 1	63.439 7	0.015 8	0.135 8	7.365 8	370.330 7	5.837 5
20	9.646 3	0.103 7	72.052 4	0.013 9	0.133 9	7.469 4	433.770 4	6.020 2
21	10.803 8	0.092 6	81.698 7	0.012 2	0.132 2	7.562 0	505.822 8	6.191 3
22	12.100 3	0.082 6	92.502 6	0.010 8	0.130 8	7.644 6	587.521 5	6.351 4
23	13.552 3	0.073 8	104.602 9	0.009 6	0.129 6	7.718 4	680.024 1	6.501 0
24	15.178 6	0.065 9	118.155 2	0.008 5	0.128 5	7.784 3	784.627 0	6.640 6
25	17.000 1	0.058 8	133.333 9	0.007 5	0.127 5	7.843 1	902.782 3	6.770 8
26	19.040 1	0.052 5	150.333 9	0.006 7	0.126 7	7.895 7	1 036.116 1	6.892 1
27	21.324 9	0.046 9	169.374 0	0.005 9	0.125 9	7.942 6	1 186.450 1	7.004 9
28	23.883 9	0.041 9	190.698 9	0.005 2	0.125 2	7.984 4	1 355.824 1	7.109 8
29	26.749 9	0.037 4	214.582 8	0.004 7	0.124 7	8.021 8	1 546.522 9	7.207 1
30	29.959 9	0.033 4	241.332 7	0.004 1	0.124 1	8.055 2	1 761.105 7	7.297 4
31	33.555 1	0.029 8	271.292 6	0.003 7	0.123 7	8.085 0	2 002.438 4	7.381 1
32	37.581 7	0.026 6	304.847 7	0.003 3	0.123 3	8.111 6	2 273.731 1	7.458 6
33	42.091 5	0.023 8	342.429 4	0.002 9	0.122 9	8.135 4	2 578.578 7	7.530 2
34	47.142 5	0.021 2	384.521 0	0.002 6	0.122 6	8.156 6	2 921.008 2	7.596 5
35	52.799 6	0.018 9	431.663 5	0.002 3	0.122 3	8.175 5	3 305.529 1	7.657 7
36	59.135 6	0.016 9	484.463 1	0.002 1	0.122 1	8.192 4	3 737.192 6	7.714 1
37	66.231 8	0.015 1	534.598 7	0.001 8	0.121 8	8.207 5	4 221.655 8	7.766 1
38	74.179 7	0.013 5	609.830 5	0.001 6	0.121 6	8.221 0	4 765.254 4	7.814 1
39	83.081 2	0.012 0	684.010 2	0.001 5	0.121 5	8.233 0	5 375.085 0	7.858 2
40	93.051 0	0.010 7	767.091 4	0.001 3	0.121 3	8.243 8	6 059.095 2	7.898 8
41	104.217 1	0.009 6	860.142 4	0.001 2	0.121 2	8.253 4	6 826.186 6	7.936 1
42	116.723 1	0.008 6	964.359 5	0.001 0	0.121 0	8.261 9	7 686.329 0	7.970 4
43	130.729 9	0.007 6	1 081.082 6	0.000 9	0.120 9	8.269 6	8 650.688 5	8.001 9
44	146.417 5	0.006 8	1 211.812 5	0.000 8	0.120 8	8.276 4	9 731.771 1	8.030 8
45	163.987 6	0.006 1	1 358.230 0	0.000 7	0.120 7	8.282 5	10 943.583 6	8.057 2
46	183.666 1	0.005 4	1 522.217 6	0.000 7	0.120 7	8.288 0	12 301.813 6	8.081 5
47	205.706 1	0.004 9	1 705.883 8	0.000 6	0.120 6	8.292 8	13 824.031 3	8.103 7
48	230.390 8	0.004 3	1 911.589 8	0.000 5	0.120 5	8.297 2	15 529.915 0	8.124 1
49	258.037 7	0.003 9	2 141.980 6	0.000 5	0.120 5	8.301 0	17 441.504 8	8.142 7
50	289.002 2	0.003 5	2 400.018 2	0.000 4	0.120 4	8.304 5	19 583.485 4	8.159 7

n	$(F/P, i, n)$	$(P/F, i, n)$	$(F/A, i, n)$	$(A/F, i, n)$	$(A/P, i, n)$	$(P/A, i, n)$	$(F/G, i, n)$	$(A/G, i, n)$
1	1.150 0	0.869 6	1.000 0	1.000 0	1.150 0	0.869 6	0.000 0	0.000 0
2	1.322 5	0.756 1	2.150 0	0.465 1	0.615 1	1.625 7	1.000 0	0.465 1
3	1.520 9	0.657 5	3.472 5	0.288 0	0.438 0	2.283 2	3.150 0	0.907 1
4	1.749 0	0.571 8	4.993 4	0.200 3	0.350 3	2.855 0	6.622 5	1.326 3
5	2.011 4	0.497 2	6.742 4	0.148 3	0.298 3	3.352 2	11.615 9	1.722 8
6	2.313 1	0.432 3	8.753 7	0.114 2	0.264 2	3.784 5	18.358 3	2.097 2
7	2.660 0	0.375 9	11.066 8	0.090 4	0.240 4	4.160 4	27.112 0	2.449 8
8	3.059 0	0.326 9	13.726 8	0.072 9	0.222 9	4.487 3	38.178 8	2.781 3
9	3.517 9	0.284 3	16.785 8	0.059 6	0.209 6	4.771 6	51.905 6	3.092 2
10	4.045 6	0.247 2	20.303 7	0.049 3	0.199 3	5.018 8	68.691 5	3.383 2
11	4.652 4	0.214 9	24.349 3	0.041 1	0.191 1	5.233 7	88.995 2	3.654 9
12	5.350 3	0.186 9	29.001 7	0.034 5	0.184 5	5.420 6	113.344 4	3.908 2
13	6.152 8	0.162 5	34.351 9	0.029 1	0.179 1	5.583 1	142.346 1	4.143 8
14	7.075 7	0.141 3	40.504 7	0.024 7	0.174 7	5.724 5	176.698 0	4.362 4
15	8.137 1	0.122 9	47.580 4	0.021 0	0.171 0	5.847 4	217.202 7	4.565 0
16	9.357 6	0.106 9	55.717 5	0.017 9	0.167 9	5.954 2	264.783 1	4.752 2
17	10.761 3	0.092 9	65.075 1	0.015 4	0.165 4	6.047 2	320.500 6	4.925 1
18	12.375 5	0.080 8	75.836 4	0.013 2	0.163 2	6.128 0	385.575 7	5.084 3
19	14.231 8	0.070 3	88.211 8	0.011 3	0.161 3	6.198 2	461.412 1	5.230 7
20	16.366 5	0.061 1	102.443 6	0.009 8	0.159 8	6.259 3	549.623 9	5.365 1
21	18.821 5	0.053 1	118.810 1	0.008 4	0.158 4	6.312 5	652.067 5	5.488 3
22	21.644 7	0.046 2	137.631 6	0.007 3	0.157 3	6.358 7	770.877 6	5.601 0
23	24.891 5	0.040 2	159.276 4	0.006 3	0.156 3	6.398 8	908.509 2	5.704 0
24	28.625 2	0.034 9	184.167 8	0.005 4	0.155 4	6.433 8	1 067.785 6	5.797 9
25	32.919 0	0.030 4	212.793 0	0.004 7	0.154 7	6.464 1	1 251.953 4	5.883 4
26	37.856 8	0.026 4	245.712 0	0.004 1	0.154 1	6.490 6	1 464.746 5	5.961 2
27	43.535 3	0.023 0	283.568 8	0.003 5	0.153 5	6.513 5	1 710.458 4	6.031 9
28	50.065 6	0.020 0	327.104 1	0.003 1	0.153 1	6.533 5	1 994.027 2	6.096 0
29	57.575 5	0.017 4	377.169 7	0.002 7	0.152 7	6.550 9	2 321.131 3	6.154 1
30	66.211 8	0.015 1	434.745 1	0.002 3	0.152 3	6.566 0	2 698.301 0	6.206 6
31	76.143 5	0.013 1	500.956 9	0.002 0	0.152 0	6.579 1	3 133.046 1	6.254 1
32	87.565 1	0.011 4	577.100 5	0.001 7	0.151 7	6.590 5	3 634.003 0	6.297 0
33	100.699 8	0.009 9	664.665 5	0.001 5	0.151 5	6.600 5	4 211.103 5	6.335 7
34	115.804 8	0.008 6	765.365 4	0.001 3	0.151 3	6.609 1	4 875.769 0	6.370 5
35	133.175 5	0.007 5	881.170 2	0.001 1	0.151 1	6.616 6	5 641.134 4	6.401 9
36	153.151 9	0.006 5	1 014.345 7	0.001 0	0.151 0	6.623 1	6522.304 5	6.430 1
37	176.124 6	0.005 7	1 167.497 5	0.000 9	0.150 9	6.628 8	7 536.650 2	6.455 4
38	202.543 3	0.004 9	1 343.622 2	0.000 7	0.150 7	6.633 8	8 704.147 7	6.478 1
39	232.924 8	0.004 3	1 546.165 5	0.000 6	0.150 6	6.633 0	10 047.769 9	6.498 5
40	267.863 5	0.003 7	1 779.090 3	0.000 6	0.150 6	6.641 8	11 593.935 4	6.516 8
41	308.043 1	0.003 2	2 046.953 9	0.000 5	0.150 5	6.645 0	13 373.025 7	6.533 1
42	354.249 5	0.002 8	2 354.996 9	0.000 4	0.150 4	6.647 8	15 419.979 6	6.547 8
43	407.387 0	0.002 5	2 709.246 5	0.000 4	0.150 4	6.650 3	17 774.976 5	6.560 9
44	468.495 0	0.002 1	3 116.633 4	0.000 3	0.150 3	6.652 4	20 484.223 0	6.572 5
45	538.769 3	0.001 9	3 585.128 5	0.000 3	0.150 3	6.654 3	23 600.856 4	6.583 0
46	619.584 7	0.001 6	4 123.897 7	0.000 2	0.150 2	6.655 9	27 185.984 9	6.592 3
47	712.522 4	0.001 4	4 743.482 4	0.000 2	0.150 2	6.657 3	31 309.882 6	6.600 6
48	819.400 7	0.001 2	5 456.004 7	0.000 2	0.150 2	6.658 5	36 053.365 0	6.608 0
49	942.310 8	0.001 1	6 275.405 5	0.000 2	0.150 2	6.659 6	41 509.369 7	6.614 6
50	1 083.657	0.000 9	7 217.716 3	0.000 1	0.150 1	6.660 5	47 784.775 2	6.620 5

n	$(F/P, i, n)$	$(P/F, i, n)$	$(F/A, i, n)$	$(A/F, i, n)$	$(A/P, i, n)$	$(P/A, i, n)$	$(F/G, i, n)$	$(A/G, i, n)$
1	1. 200 0	0. 833 3	1. 000 0	1. 000 0	1. 200 0	0. 833 3	0. 000 0	0. 000 0
2	1. 440 0	0. 694 4	2. 200 0	0. 454 5	0. 654 5	1. 527 8	1. 000 0	0. 454 5
3	1. 728 0	0. 578 7	3. 640 0	0. 274 7	0. 474 7	2. 106 5	3. 200 0	0. 879 1
4	2. 073 6	0. 482 3	5. 368 0	0. 186 3	0. 386 3	2. 588 7	6. 840 0	1. 274 2
5	2. 488 3	0. 401 9	7. 441 6	0. 134 4	0. 334 4	2. 990 6	12. 208 0	1. 640 5
6	2. 986 0	0. 334 9	9. 929 9	0. 100 7	0. 300 7	3. 325 5	19. 649 6	1. 978 8
7	3. 583 2	0. 279 1	12. 915 9	0. 077 4	0. 277 4	3. 604 6	29. 579 5	2. 290 2
8	4. 299 8	0. 232 6	16. 499 1	0. 060 6	0. 260 6	3. 837 2	42. 495 4	2. 575 6
9	5. 159 8	0. 193 8	20. 798 9	0. 048 1	0. 248 1	4. 031 0	58. 994 5	2. 836 4
10	6. 191 7	0. 161 5	25. 958 7	0. 038 5	0. 238 5	4. 192 5	79. 793 4	3. 073 9
11	7. 430 1	0. 134 6	32. 150 4	0. 031 1	0. 231 1	4. 327 1	105. 752 1	3. 289 3
12	8. 916 1	0. 112 2	39. 580 5	0. 025 3	0. 225 3	4. 439 2	137. 902 5	3. 484 1
13	10. 699 3	0. 093 5	48. 496 6	0. 020 6	0. 220 6	4. 532 7	177. 483 0	3. 659 7
14	12. 839 2	0. 077 9	59. 195 9	0. 016 9	0. 216 9	4. 610 6	225. 979 6	3. 817 5
15	15. 407 0	0. 064 9	72. 035 1	0. 013 9	0. 213 9	4. 675 5	285. 175 5	3. 958 8
16	18. 488 4	0. 054 1	87. 442 1	0. 011 4	0. 211 4	4. 729 6	357. 210 6	4. 085 1
17	22. 186 1	0. 045 1	105. 930 6	0. 009 4	0. 209 4	4. 774 6	444. 652 8	4. 197 6
18	26. 623 3	0. 037 6	128. 116 7	0. 007 8	0. 207 8	4. 812 2	550. 583 3	4. 297 5
19	31. 948 0	0. 031 3	154. 740 0	0. 006 5	0. 206 5	4. 843 5	678. 700 0	4. 386 1
20	38. 337 6	0. 026 1	186. 688 0	0. 005 4	0. 205 4	4. 869 6	833. 440 0	4. 464 3
21	46. 005 1	0. 021 7	225. 025 6	0. 004 4	0. 204 4	4. 891 3	1 020. 128 0	4. 533 4
22	55. 206 1	0. 018 1	271. 030 7	0. 003 7	0. 203 7	4. 909 4	1 245. 153 6	4. 594 1
23	66. 247 4	0. 015 1	326. 236 9	0. 003 1	0. 203 1	4. 924 5	1 516. 184 3	4. 647 5
24	79. 496 8	0. 012 6	392. 484 2	0. 002 5	0. 202 5	4. 937 1	1 842. 421 2	4. 694 3
25	95. 396 2	0. 010 5	471. 981 1	0. 002 1	0. 202 1	4. 947 6	2 234. 905 4	4. 735 2
26	114. 475 5	0. 008 7	567. 377 3	0. 001 8	0. 201 8	4. 956 3	2 706. 886 5	4. 770 9
27	137. 370 6	0. 007 3	681. 852 8	0. 001 5	0. 201 5	4. 963 6	3 274. 263 8	4. 802 0
28	164. 844 7	0. 006 1	819. 223 3	0. 001 2	0. 201 2	4. 969 7	3 956. 116 6	4. 829 1
29	197. 813 6	0. 005 1	984. 068 0	0. 001 0	0. 201 0	4. 974 7	4 775. 339 9	4. 852 7
30	237. 376 3	0. 004 2	1 181. 881 6	0. 000 8	0. 200 8	4. 978 9	5 759. 407 8	4. 873 1
31	284. 851 6	0. 003 5	1 419. 257 9	0. 000 7	0. 200 7	4. 982 4	6 941. 289 4	4. 890 8
32	341. 821 9	0. 002 9	1 704. 109 5	0. 000 6	0. 200 6	4. 985 4	8 360. 547 3	4. 906 1
33	410. 186 3	0. 002 4	2 045. 931 4	0. 000 5	0. 200 5	4. 987 8	10 064. 656 8	4. 919 4
34	492. 223 5	0. 002 0	2 456. 117 6	0. 000 4	0. 200 4	4. 989 8	12 110. 588 1	4. 930 8
35	590. 668 2	0. 001 7	2 948. 341 1	0. 000 3	0. 200 3	4. 991 5	14 566. 705 7	4. 940 6
36	708. 801 9	0. 001 4	3 539. 009 4	0. 000 3	0. 200 3	4. 992 9	17 515. 046 9	4. 949 1
37	850. 562 2	0. 001 2	4 247. 811 2	0. 000 2	0. 200 2	4. 994 1	21 054. 056 2	4. 956 4
38	1 020. 674	0. 001 0	5 098. 373 5	0. 000 2	0. 200 2	4. 995 1	25 301. 867 5	4. 962 7
39	1 224. 809	0. 000 8	6 119. 048 2	0. 000 2	0. 200 2	4. 995 9	30 400. 241 0	4. 968 1
40	1 469. 771	0. 000 7	7 343. 857 8	0. 000 1	0. 200 1	4. 996 6	36 519. 289 2	4. 972 8
41	1 763. 725	0. 000 6	8 813. 629 4	0. 000 1	0. 200 1	4. 997 2	43 863. 147 0	4. 976 7
42	2 116. 471	0. 000 5	10 577. 355 3	0. 000 1	0. 200 1	4. 997 6	52 676. 776 4	4. 980 1
43	2 539. 765	0. 000 4	12 693. 826 3	0. 000 1	0. 200 1	4. 998 0	63 254. 131 7	4. 983 1
44	3 047. 718	0. 000 3	15 233. 591 6	0. 000 1	0. 200 1	4. 998 1	75 947. 958 1	4. 985 6
45	3 657. 262	0. 000 3	18 281. 309 9	0. 000 1	0. 200 1	4. 998 6	91 181. 549 7	4. 987 7
46	4 388. 714	0. 000 2	219 38. 571 9	0. 000 0	0. 200 0	4. 998 9	109 462. 859 6	4. 989 5
47	5 266. 457	0. 000 2	26 327. 286 3	0. 000 0	0. 200 0	4. 999 1	131 401. 431 6	4. 991 1
48	6 319. 748	0. 000 2	31 593. 743 6	0. 000 0	0. 200 0	4. 999 2	157 728. 717 9	4. 992 4
49	7 583. 698	0. 000 1	37 913. 492 3	0. 000 0	0. 200 0	4. 999 3	189 322. 461 5	4. 993 5
50	9 100. 438	0. 000 1	45 497. 190 8	0. 000 0	0. 200 0	4. 999 5	227 235. 953 8	4. 994 5

附表 14　复利系数表($i=25\%$)

n	$(F/P, i, n)$	$(P/F, i, n)$	$(F/A, i, n)$	$(A/F, i, n)$	$(A/P, i, n)$	$(P/A, i, n)$	$(F/G, i, n)$	$(A/G, i, n)$
1	1.250 0	0.800 0	1.000 0	1.000 0	1.250 0	0.800 0	0.000 0	0.000 0
2	1.562 5	0.640 0	2.250 0	0.444 4	0.694 4	1.440 0	1.000 0	0.444 4
3	1.953 1	0.512 0	3.812 5	0.262 3	0.512 3	1.952 0	3.250 0	0.852 5
4	2.441 4	0.409 6	5.765 6	0.173 4	0.423 4	2.361 6	7.062 5	1.224 9
5	3.051 8	0.327 7	8.207 0	0.121 8	0.371 8	2.689 3	12.828 1	1.563 1
6	3.814 7	0.262 1	11.258 8	0.088 8	0.338 8	2.951 4	21.035 2	1.868 3
7	4.768 4	0.209 7	15.073 5	0.066 3	0.316 3	3.161 1	32.293 9	2.142 4
8	5.960 5	0.167 8	19.841 9	0.050 4	0.300 4	3.328 9	47.367 4	2.387 2
9	7.450 6	0.134 2	25.802 3	0.038 8	0.288 8	3.463 1	67.209 3	2.604 8
10	9.313 2	0.107 4	33.252 9	0.030 1	0.280 1	3.570 5	93.011 6	2.797 1
11	11.641 5	0.085 9	42.566 1	0.023 5	0.273 5	3.656 4	126.264 5	2.966 3
12	14.551 9	0.068 7	54.207 7	0.018 4	0.268 4	3.725 1	168.830 6	3.114 5
13	18.189 9	0.055 0	68.759 6	0.014 5	0.264 5	3.780 1	223.038 3	3.243 7
14	22.737 4	0.044 0	86.949 5	0.011 5	0.261 5	3.824 1	291.797 9	3.355 9
15	28.421 7	0.035 2	109.686 8	0.009 1	0.259 1	3.859 3	378.747 4	3.453 0
16	35.527 1	0.028 1	138.108 5	0.007 2	0.257 2	3.887 4	488.434 2	3.536 6
17	44.408 9	0.022 5	173.635 7	0.005 8	0.255 8	3.909 9	626.542 7	3.608 4
18	55.511 2	0.018 0	218.044 6	0.004 6	0.254 6	3.927 9	800.178 4	3.669 8
19	69.388 9	0.014 4	273.555 8	0.003 7	0.253 7	3.942 4	1 018.223 0	3.722 2
20	86.736 2	0.011 5	342.944 7	0.002 9	0.252 9	3.953 9	1 291.778 8	3.766 7
21	108.420 2	0.009 2	429.680 9	0.002 3	0.252 3	3.963 1	1634.723 5	3.804 5
22	135.525 3	0.007 4	538.101 1	0.001 9	0.251 9	3.970 5	2 064.404 3	3.836 5
23	169.406 6	0.005 9	673.626 4	0.001 5	0.251 5	3.976 4	2 602.505 4	3.863 4
24	211.758 2	0.004 7	843.032 9	0.001 2	0.251 2	3.981 1	3 276.131 8	3.886 1
25	264.697 8	0.003 8	1 054.791 2	0.000 9	0.250 9	3.984 9	4 119.164 7	3.905 2
26	330.872 2	0.003 0	1 319.489 0	0.000 8	0.250 8	3.987 9	5 173.955 9	3.921 2
27	413.590 3	0.002 4	1 650.361 2	0.000 6	0.250 6	3.990 3	6 493.444 9	3.934 6
28	516.987 9	0.001 9	2 063.951 5	0.000 5	0.250 5	3.992 3	8 143.806 1	3.945 7
29	646.234 9	0.001 5	2 580.939 4	0.000 4	0.250 4	3.993 8	10 207.757 7	3.955 1
30	807.793 6	0.001 2	3 227.174 3	0.000 3	0.250 3	3.995 0	12 788.697 1	3.962 8
31	1 009.742	0.001 0	4 034.967 8	0.000 2	0.250 2	3.996 0	16 015.871 3	3.969 3
32	1 262.177	0.000 8	5 044.709 8	0.000 2	0.250 2	3.996 8	20 050.839 2	3.974 6
33	1 577.721	0.000 6	6 306.887 2	0.000 2	0.250 2	3.997 5	25 095.549 0	3.979 1
34	1 972.152	0.000 5	7 884.609 1	0.000 1	0.250 1	3.998 0	31 402.436 2	3.982 8
35	2 465.190	0.000 4	9 856.761 3	0.000 1	0.250 1	3.998 4	39 287.045 3	3.985 8
36	3 081.48 7	0.000 3	12 321.951 6	0.000 1	0.250 1	3.998 7	49 143.806 6	3.988 3
37	3 851.859	0.000 3	15 403.439 6	0.000 1	0.250 1	3.999 0	61 465.758 2	3.990 4
38	4 814.824	0.000 2	19 255.299 4	0.000 1	0.250 1	3.999 0	76 869.197 8	3.992 1
39	6 018.531	0.000 2	24 070.124 3	0.000 0	0.250 0	3.999 3	96 124.497 2	3.993 5
40	7 523.163	0.000 1	30 088.655 4	0.000 0	0.250 0	3.999 5	120 194.621 5	3.994 7
41	9 403.954	0.000 1	37 611.819 2	0.000 0	0.250 0	3.999 6	150 283.176 9	3.995 6
42	11 754.94	0.000 1	47 015.774 0	0.000 0	0.250 0	3.999 7	187 895.096 1	3.996 4
43	14 693.67	0.000 1	58 770.717 5	0.000 0	0.250 0	3.999 7	234 910.870 2	3.997 1
44	18 367.09	0.000 1	73 464.396 9	0.000 0	0.250 0	3.999 8	293 681.587 7	3.997 6
45	22 958.87	0.000 0	91 831.496 2	0.000 0	0.250 0	3.999 8	367 145.984 6	3.998 0
46	28 698.59	0.000 0	114 790.370 2	0.000 0	0.250 0	3.999 9	458 977.480 8	3.998 4
47	35 873.24	0.000 0	143 488.962 7	0.000 0	0.250 0	3.999 9	573 767.851 0	3.998 7
48	44 841.55	0.000 0	179 362.203 4	0.000 0	0.250 0	3.999 9	717 256.813 7	3.998 9
49	56 051.93	0.000 0	224 203.754 3	0.000 0	0.250 0	3.999 9	89 619.017 2	3.999 1
50	70 064.92	0.000 0	280 255.692 9	0.000 0	0.250 0	3.999 9	1 120 822.771 5	3.999 3

附表 15　复利系数表($i=30\%$)

n	$(F/P, i, n)$	$(P/F, i, n)$	$(F/A, i, n)$	$(A/F, i, n)$	$(A/P, i, n)$	$(P/A, i, n)$	$(F/G, i, n)$	$(A/G, i, n)$
1	1.300 0	0.769 2	1.000 0	1.000 0	1.300 0	0.769 2	0.000 0	0.000 0
2	1.690 0	0.591 7	2.300 0	0.434 8	0.734 8	1.360 9	1.000 0	0.434 8
3	2.197 0	0.455 2	3.990 0	0.250 6	0.550 6	1.816 1	3.300 0	0.827 1
4	2.856 1	0.350 1	6.187 0	0.161 6	0.461 6	2.166 2	7.290 0	1.178 3
5	3.712 9	0.269 3	9.043 1	0.110 6	0.410 6	2.435 6	13.477 0	1.490 3
6	4.826 8	0.207 2	12.756 0	0.078 4	0.378 4	2.642 7	22.520 1	1.765 4
7	6.274 9	0.159 4	17.582 8	0.056 9	0.356 9	2.802 1	35.276 1	2.006 3
8	8.157 3	0.122 6	23.857 7	0.041 9	0.341 9	2.924 7	52.859 0	2.215 6
9	10.604 5	0.094 3	32.015 0	0.031 2	0.331 2	3.019 0	76.716 7	2.396 3
10	13.785 8	0.072 5	42.619 5	0.023 5	0.323 5	3.091 5	108.731 7	2.551 2
11	17.921 6	0.055 8	56.405 3	0.017 7	0.317 7	3.147 3	151.351 2	2.683 3
12	23.298 1	0.042 9	74.327 0	0.013 5	0.313 5	3.190 3	207.756 5	2.795 2
13	30.287 5	0.033 0	97.625 0	0.010 2	0.310 2	3.223 3	282.083 5	2.889 5
14	39.373 8	0.025 4	127.912 5	0.007 8	0.307 8	3.248 7	379.708 5	2.968 5
15	51.185 9	0.019 5	167.286 3	0.006 0	0.306 0	3.268 2	507.621 0	3.034 4
16	66.541 7	0.015 0	218.472 2	0.004 6	0.304 6	3.283 2	674.907 3	3.089 2
17	86.504 2	0.011 6	285.013 9	0.003 5	0.303 5	3.294 8	893.379 5	3.134 5
18	112.455 4	0.008 9	371.518 0	0.002 7	0.302 7	3.303 7	1 178.393 4	3.171 8
19	146.192 0	0.006 8	483.973 4	0.002 1	0.302 1	3.310 5	1 549.911 4	3.202 5
20	190.049 6	0.005 3	630.165 5	0.001 6	0.301 6	3.315 8	2 033.884 9	3.227 5
21	247.064 5	0.004 0	820.215 1	0.001 2	0.301 2	3.319 8	2 664.050 3	3.248 0
22	321.183 9	0.003 1	1 067.279 6	0.000 9	0.300 9	3.323 0	3 484.265 4	3.264 6
23	417.539 1	0.002 4	1 388.463 5	0.000 7	0.300 7	3.325 4	4 551.545 0	3.278 1
24	542.800 8	0.001 8	1 806.002 6	0.000 6	0.300 6	3.327 2	5 940.008 6	3.289 0
25	705.641 0	0.001 4	2 348.803 3	0.000 4	0.300 4	3.328 6	7 746.011 1	3.297 9
26	917.333 3	0.001 1	3 054.444 3	0.000 3	0.300 3	3.329 7	10 094.814 5	3.305 0
27	1 192.533	0.000 8	3 971.777 6	0.000 3	0.300 3	3.330 5	13 149.258 8	3.310 7
28	1 550.293	0.000 6	5 164.310 9	0.000 2	0.300 2	3.331 1	17 121.036 4	3.315 3
29	2 015.381	0.000 5	6 714.604 2	0.000 1	0.300 1	3.331 7	22 285.347 4	3.318 9
30	2 619.995	0.000 4	8 729.985 5	0.000 1	0.300 1	3.332 1	28 999.951 6	3.321 9
31	3 405.994	0.000 3	11 349.981 1	0.000 1	0.300 1	3.332 4	37 729.937 1	3.324 2
32	4 427.792	0.000 2	14 755.975 5	0.000 1	0.300 1	3.332 6	49 079.918 2	3.326 1
33	5 756.130	0.000 2	19 183.768 1	0.000 1	0.300 1	3.332 8	63 825.893 7	3.327 6
34	7 482.969	0.000 1	24 939.898 5	0.000 0	0.300 0	3.332 9	83 019.661 8	3.328 8
35	9 727.860	0.000 1	32 422.868 1	0.000 0	0.300 0	3.333 0	107 959.560 3	3.329 7
36	12 646.21	0.000 1	42 150.728 5	0.000 0	0.300 0	3.333 1	140 382.428 4	3.330 5
37	16 440.08	0.000 1	54 796.947 1	0.000 0	0.300 0	3.333 1	182 533.156 9	3.331 1
38	21 372.10	0.000 0	71 237.031 2	0.000 0	0.300 0	3.333 2	237 330.103 9	3.331 6
39	27 783.74	0.000 0	92 609.140 5	0.000 0	0.300 0	3.333 2	308 567.135 1	3.331 9
40	36 118.86	0.000 0	120 392.882 7	0.000 0	0.300 0	3.333 2	401 176.275 6	3.332 2

附表 16 复利系数表($i=35\%$)

n	$(F/P, i, n)$	$(P/F, i, n)$	$(F/A, i, n)$	$(A/F, i, n)$	$(A/P, i, n)$	$(P/A, i, n)$	$(F/G, i, n)$	$(A/G, i, n)$
1	1.350 0	0.740 7	1.000 0	1.000 0	1.350 0	0.740 7	0.000 0	0.000 0
2	1.822 5	0.548 7	2.350 0	0.425 5	0.775 5	1.289 4	1.000 0	0.425 5
3	2.460 4	0.406 4	4.172 5	0.239 7	0.589 7	1.695 9	3.350 0	0.802 9
4	3.321 5	0.301 1	6.632 9	0.150 8	0.500 8	1.996 9	7.522 5	1.134 1
5	4.484 0	0.223 0	9.954 4	0.100 5	0.450 5	2.220 0	14.155 4	1.422 0
6	6.053 4	0.165 2	14.438 4	0.069 3	0.419 3	2.385 2	24.109 8	1.669 8
7	8.172 2	0.122 4	20.491 9	0.048 8	0.398 8	2.507 5	38.548 2	1.881 1
8	11.032 4	0.090 6	28.664 0	0.034 9	0.384 9	2.598 2	59.040 0	2.059 7
9	14.893 7	0.067 1	39.696 4	0.025 2	0.375 2	2.665 3	87.704 0	2.209 4
10	20.106 6	0.049 7	54.590 2	0.018 3	0.368 3	2.715 0	127.400 5	2.333 8
11	27.1439	0.036 8	74.696 7	0.013 4	0.363 4	2.751 9	181.990 6	2.436 4
12	36.644 2	0.027 3	101.840 6	0.009 8	0.359 8	2.779 2	256.687 3	2.520 5
13	49.469 7	0.020 2	138.484 8	0.007 2	0.357 2	2.799 4	358.527 9	2.588 9
14	66.784 1	0.015 0	187.954 4	0.005 3	0.355 3	2.814 4	497.012 7	2.644 3
15	90.158 5	0.011 1	254.738 5	0.003 9	0.353 9	2.825 5	684.967 1	2.688 9
16	121.713 9	0.008 2	344.897 0	0.002 9	0.352 9	2.833 7	939.705 6	2.724 6
17	164.313 8	0.006 1	466.610 9	0.002 1	0.352 1	2.839 8	1 284.602 5	2.753 0
18	221.823 6	0.004 5	630.924 7	0.001 6	0.351 6	2.844 3	1 751.213 4	2.775 6
19	299.461 9	0.003 3	852.748 3	0.001 2	0.351 2	2.847 6	2 382.138 1	2.793 5
20	404.273 6	0.002 5	1 152.210 3	0.000 9	0.350 9	2.850 1	3 234.886 4	2.807 5

附表 17 复利系数表($i=40\%$)

n	$(F/P, i, n)$	$(P/F, i, n)$	$(F/A, i, n)$	$(A/F, i, n)$	$(A/P, i, n)$	$(P/A, i, n)$	$(F/G, i, n)$	$(A/G, i, n)$
1	1.400 0	0.714 3	1.000 0	1.000 0	1.400 0	0.714 3	0.000 0	0.000 0
2	1.960 0	0.5102	2.400 0	0.416 7	0.816 7	1.224 5	1.000 0	0.416 7
3	2.744 0	0.364 4	4.360 0	0.229 4	0.629 4	1.588 9	3.400 0	0.779 8
4	3.841 6	0.260 3	7.104 0	0.140 8	0.540 8	1.849 2	7.760 0	1.092 3
5	5.378 2	0.185 9	10.945 6	0.091 4	0.491 4	2.035 2	14.864 0	1.358 0
6	7.529 5	0.132 8	16.323 8	0.061 3	0.461 3	2.168 0	25.809 6	1.581 1
7	10.541 4	0.094 9	23.853 4	0.041 9	0.441 9	2.262 8	42.133 4	1.766 4
8	14.757 9	0.067 8	34.394 7	0.029 1	0.429 1	2.330 6	65.986 8	1.918 5
9	20.661 0	0.048 4	49.152 6	0.020 3	0.420 3	2.379 0	100.381 5	2.042 2
10	28.925 5	0.034 6	69.813 7	0.014 3	0.414 3	2.413 6	149.534 2	2.141 9
11	40.495 7	0.024 7	98.739 1	0.010 1	0.410 1	2.438 3	219.347 8	2.221 5
12	56.693 9	0.017 6	139.234 8	0.007 2	0.407 2	2.455 9	318.087 0	2.284 5
13	79.371 5	0.012 6	195.928 7	0.005 1	0.405 1	2.468 5	457.321 7	2.334 1
14	111.120 1	0.009 0	275.300 2	0.003 6	0.403 6	2.477 5	653.250 4	2.372 9
15	155.568 1	0.006 4	386.420 2	0.002 6	0.402 6	2.483 9	928.550 6	2.403 0
16	217.795 3	0.004 6	541.988 3	0.001 8	0.401 8	2.488 5	1 314.970 8	2.426 2
17	304.913 5	0.003 3	759.783 7	0.001 3	0.401 3	2.491 8	1 856.959 2	2.444 1
18	426.878 9	0.002 3	1 064.697 1	0.000 9	0.400 9	2.494 1	2 616.742 8	2.457 7
19	597.630 4	0.001 7	1 491.576 0	0.000 7	0.400 7	2.495 8	3 681.440 0	2.468 2
20	836.682 6	0.001 2	2 089.206 4	0.000 5	0.400 5	2.497 0	5 173.016 0	2.476 1

附表 18　F 分布临界值表

$$P\{F > Fa(f_1, f_2)\} = \alpha$$

$$\alpha = 0.05$$

Fa＼f_1 ＼f_2	1	2	3	4	5	6	7	8	12	24	∞
1	161.4	199.5	215.7	224.6	230.2	234.0	236.8	238.0	243.9	249.1	254.3
2	18.5	19.0	19.2	19.2	19.3	19.3	19.4	19.4	19.4	19.5	19.5
3	10.1	9.55	9.28	9.12	9.01	8.94	8.89	8.85	8.74	8.64	8.53
4	7.71	6.94	6.59	6.39	6.26	6.16	6.09	6.04	5.91	5.77	5.63
5	6.61	5.79	5.41	5.19	5.05	4.95	4.88	4.82	4.68	4.53	4.36
6	5.99	5.14	4.76	4.53	4.39	4.28	4.21	4.15	4.00	3.84	3.67
7	5.59	4.74	4.35	4.12	3.97	3.87	3.79	3.73	3.57	3.41	3.23
8	5.32	4.46	4.07	3.84	3.69	3.58	3.50	3.44	3.28	3.12	2.93
9	5.12	4.26	3.86	3.63	3.48	3.37	3.29	3.23	3.07	2.90	2.71
10	4.96	4.10	3.71	3.48	3.33	3.22	3.14	3.07	2.91	2.74	3.54
11	4.84	3.98	3.59	3.36	3.20	3.09	3.01	2.95	2.79	2.61	2.40
12	4.75	3.89	3.49	3.26	3.11	3.00	2.91	2.85	2.69	2.51	2.30
13	4.67	3.81	3.41	3.18	3.03	2.92	2.83	2.77	2.60	2.42	2.21
14	4.60	3.74	3.34	3.11	2.96	2.85	2.76	2.70	2.53	2.35	2.13
15	4.54	3.68	3.29	3.06	2.90	2.79	2.71	2.64	2.48	2.29	2.07
16	4.49	3.63	3.24	3.01	2.85	2.74	2.66	2.59	2.42	2.24	2.01
17	4.45	3.59	3.20	2.96	2.81	2.70	2.61	2.55	2.38	2.19	1.96
18	4.41	3.55	3.16	2.93	2.77	2.66	2.58	2.51	2.34	2.15	1.92
19	4.38	3.52	3.13	2.90	2.74	2.63	2.54	2.48	2.31	2.11	1.88
20	4.35	3.49	3.10	2.87	2.71	2.60	2.51	2.45	2.28	2.08	1.84
21	4.32	3.47	3.07	2.84	2.68	2.57	2.49	2.42	2.25	2.05	1.81
22	4.30	3.44	3.05	2.82	2.66	2.55	2.46	2.40	2.23	2.03	1.78
23	4.28	3.42	3.03	2.80	2.64	2.53	2.44	2.37	2.20	2.01	1.76
24	4.26	3.40	3.01	2.78	2.62	2.51	2.42	2.36	2.18	1.98	1.73
25	4.24	3.39	2.99	2.76	2.60	2.49	2.40	2.34	2.16	1.96	1.71
26	4.23	3.37	2.98	2.74	2.59	2.47	2.39	2.32	2.15	1.95	1.69
27	4.21	3.35	2.96	2.73	2.57	2.46	2.37	2.31	2.13	1.93	1.67
28	4.20	3.34	2.95	2.71	2.56	2.45	2.36	2.29	2.12	1.91	1.65
29	4.18	3.33	2.93	2.70	2.55	2.43	2.35	2.28	2.10	1.90	1.64
30	4.17	3.32	2.92	2.69	2.53	2.42	2.33	2.27	2.09	1.89	1.62
40	4.08	3.23	2.84	2.61	2.45	2.34	2.25	2.13	2.00	1.79	1.51
60	4.00	3.15	2.76	2.53	2.37	2.25	2.17	2.10	1.92	1.70	1.39
120	3.92	3.07	2.68	2.45	2.29	2.17	2.09	2.02	1.83	1.61	1.25
∞	3.84	3.00	2.60	2.37	2.21	2.10	2.01	1.94	1.75	1.52	1.00

$$P\{\,|\,T\,|\,>t_a\,\}=\alpha$$

t / f	0.20	0.10	0.05	0.02	0.01	0.001
1	3.078	6.314	12.706	31.821	63.657	636.619
2	1.886	2.920	4.303	6.965	9.925	31.599
3	1.638	2.353	3.182	4.541	5.841	12.924
4	1.533	2.132	2.776	3.747	4.604	8.610
5	1.467	2.015	2.571	3.365	4.032	6.869
6	1.440	1.943	2.447	3.143	3.707	5.959
7	1.415	1.895	2.365	2.998	3.499	5.408
8	1.397	1.860	2.306	2.896	3.355	5.041
9	1.383	1.833	2.262	2.821	3.250	4.781
10	1.372	1.812	2.228	2.764	3.169	4.587
11	1.363	1.796	2.201	2.718	3.106	4.437
12	1.356	1.782	2.179	2.681	3.055	4.318
13	1.350	1.771	2.160	2.650	3.012	4.221
14	1.345	1.761	2.145	2.624	2.977	4.140
15	1.341	1.753	2.131	2.602	2.947	4.073
16	1.337	1.746	2.120	2.583	2.921	4.015
17	1.333	1.740	2.110	2.567	2.898	3.965
18	1.330	1.734	2.101	2.552	2.878	3.922
19	1.330	1.729	2.093	2.539	2.861	3.883
20	1.325	1.725	2.086	2.528	2.845	3.850
21	1.323	1.721	2.080	2.518	2.831	3.819
22	1.321	1.717	2.074	2.508	2.819	3.792
23	1.319	14.714	2.069	2.500	2.807	3.768
24	1.318	1.711	2.064	2.492	2.797	3.745
25	1.316	1.708	2.060	2.485	2.787	3.725
26	1.315	1.706	2.056	2.479	2.779	3.707
27	1.314	1.703	2.052	2.473	2.771	3.690
28	1.313	1.701	2.048	2.467	2.763	3.674
29	1.311	1.699	2.045	2.462	2.756	3.659
30	1.310	1.697	2.042	2.457	2.750	3.646
40	1.303	1.684	2.021	2.423	2.704	3.551
60	1.296	1.671	2.000	2.390	2.660	3.460
120	1.289	1.658	1.980	2.358	2.617	3.373
∞	1.282	1.645	1.960	2.326	2.576	3.291

附录 2 标准正态分布表

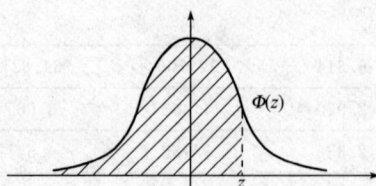

z	0	1	2	3	4	5	6	7	8	9
−3.0	0.001 3	0.001 0	0.000 7	0.000 5	0.000 3	0.000 2	0.000 2	0.000 1	0.000 1	0.000 0
−2.9	0.001 9	0.001 8	0.001 7	0.001 7	0.001 6	0.001 6	0.001 5	0.001 5	0.001 4	0.001 4
−2.8	0.002 6	0.002 5	0.002 4	0.002 3	0.002 3	0.002 2	0.002 1	0.002 1	0.002 0	0.001 9
−2.7	0.003 5	0.003 4	0.003 3	0.003 2	0.003 1	0.003 0	0.002 9	0.002 8	0.002 7	0.002 6
−2.6	0.004 7	0.004 5	0.004 4	0.004 3	0.004 1	0.004 0	0.003 9	0.003 8	0.003 7	0.003 6
−2.5	0.006 2	0.006 0	0.005 9	0.005 7	0.005 5	0.005 4	0.005 2	0.005 1	0.004 9	0.004 8
−2.4	0.008 2	0.008 0	0.007 8	0.007 5	0.007 3	0.007 1	0.006 9	0.006 8	0.006 6	0.006 4
−2.3	0.010 7	0.010 4	0.010 2	0.009 9	0.009 6	0.009 4	0.009 1	0.008 9	0.008 7	0.008 4
−2.2	0.013 9	0.013 6	0.013 2	0.012 9	0.012 6	0.012 2	0.011 9	0.011 6	0.011 3	0.011 0
−2.1	0.017 9	0.017 4	0.017 0	0.016 6	0.016 2	0.015 8	0.015 4	0.015 0	0.014 6	0.014 3
−2.0	0.022 8	0.022 2	0.021 7	0.021 2	0.020 7	0.020 2	0.019 7	0.019 2	0.018 8	0.018 3
−1.9	0.028 7	0.028 1	0.027 4	0.026 8	0.026 2	0.025 6	0.025 0	0.024 4	0.023 8	0.023 3
−1.8	0.035 9	0.035 2	0.034 4	0.033 6	0.032 9	0.032 2	0.031 4	0.030 7	0.030 0	0.029 4
−1.7	0.044 6	0.043 6	0.042 7	0.041 8	0.040 9	0.040 1	0.039 2	0.038 4	0.037 5	0.036 7
−1.6	0.054 8	0.053 7	0.052 6	0.051 6	0.050 5	0.049 5	0.048 5	0.047 5	0.046 5	0.045 5
−1.5	0.066 8	0.065 5	0.064 3	0.063 0	0.061 8	0.060 6	0.059 4	0.058 2	0.057 0	0.055 9
−1.4	0.080 8	0.079 3	0.077 8	0.076 4	0.074 9	0.073 5	0.072 2	0.070 8	0.069 4	0.068 1
−1.3	0.096 8	0.095 1	0.093 4	0.091 3	0.090 1	0.088 5	0.086 9	0.085 3	0.083 8	0.082 3
−1.2	0.115 1	0.113 1	0.111 2	0.109 3	0.107 5	0.105 6	0.103 8	0.102 0	0.100 3	0.098 5
−1.1	0.135 7	0.133 5	0.131 4	0.129 2	0.127 1	0.125 1	0.123 0	0.121 0	0.119 0	0.117 0
−1.0	0.158 7	0.156 2	0.153 9	0.151 5	0.149 2	0.146 9	0.144 6	0.142 3	0.140 1	0.137 9
−0.9	0.184 1	0.181 4	0.178 8	0.176 2	0.173 6	0.171 1	0.168 5	0.166 0	0.163 5	0.161 1
−0.8	0.211 9	0.209 0	0.206 1	0.203 3	0.200 5	0.197 7	0.194 9	0.192 2	0.189 4	0.186 7
−0.7	0.242 0	0.238 9	0.235 8	0.232 7	0.229 7	0.226 6	0.223 6	0.220 6	0.217 7	0.214 8
−0.6	0.274 3	0.270 9	0.267 6	0.264 3	0.261 1	0.257 8	0.254 6	0.251 4	0.248 3	0.245 1
−0.5	0.308 5	0.305 0	0.301 5	0.298 1	0.294 6	0.291 2	0.287 7	0.284 3	0.281 0	0.277 6
−0.4	0.344 6	0.340 9	0.337 2	0.333 6	0.330 0	0.326 4	0.322 8	0.319 2	0.315 0	0.312 1
−0.3	0.382 1	0.378 3	0.374 5	0.370 7	0.366 9	0.363 2	0.359 4	0.355 7	0.352 0	0.348 3
−0.2	0.420 7	0.416 8	0.412 9	0.409 0	0.405 2	0.401 3	0.397 4	0.393 0	0.389 7	0.385 9
−0.1	0.460 2	0.456 2	0.452 2	0.448 3	0.444 3	0.440 4	0.436 4	0.432 5	0.428 6	0.424 7
−0.0	0.500 0	0.496 0	0.492 0	0.488 0	0.484 0	0.480 1	0.476 1	0.472 1	0.468 1	0.464 1

z	0	1	2	3	4	5	6	7	8	9
0.0	0.500 0	0.504 0	0.508 0	0.512 0	0.516 0	0.519 9	0.523 9	0.527 9	0.531 9	0.535 9
0.1	0.539 8	0.543 8	0.547 8	0.551 7	0.555 7	0.559 6	0.563 6	0.567 5	0.571 4	0.575 3
0.2	0.579 3	0.583 2	0.587 1	0.591 0	0.594 8	0.598 7	0.602 6	0.606 4	0.610 3	0.614 1
0.3	0.617 9	0.621 7	0.625 5	0.629 3	0.633 1	0.636 8	0.640 6	0.644 3	0.648 0	0.651 7
0.4	0.655 4	0.659 1	0.662 8	0.666 4	0.670 0	0.673 6	0.677 2	0.680 8	0.684 4	0.687 9
0.5	0.691 5	0.695 0	0.698 5	0.701 9	0.705 4	0.708 8	0.712 3	0.515 7	0.719 0	0.722 4
0.6	0.725 7	0.729 1	0.732 4	0.735 7	0.738 9	0.742 2	0.745 4	0.748 6	0.751 7	0.754 9
0.7	0.758 0	0.761 1	0.764 2	0.767 3	0.770 3	0.773 4	0.776 4	0.779 4	0.782 3	0.785 2
0.8	0.788 1	0.791 0	0.793 9	0.796 7	0.799 5	0.802 3	0.805 1	0.807 8	0.810 6	0.813 3
0.9	0.815 9	0.816 0	0.821 2	0.823 8	0.826 4	0.828 9	0.831 5	0.834 0	0.836 5	0.838 9
1.0	0.841 3	0.843 8	0.846 1	0.848 5	0.850 8	0.853 1	0.855 4	0.857 7	0.859 9	0.862 1
1.1	0.864 3	0.866 5	0.868 6	0.870 8	0.872 9	0.874 9	0.877 0	0.879 0	0.881 0	0.883 0
1.2	0.884 9	0.886 9	0.888 8	0.890 7	0.892 5	0.894 4	0.896 2	0.898 0	0.899 7	0.901 5
1.3	0.903 2	0.904 9	0.906 6	0.908 2	0.909 9	0.911 5	0.913 1	0.914 7	0.916 2	0.917 7
1.4	0.919 2	0.920 7	0.922 2	0.923 6	0.925 1	0.926 5	0.927 8	0.929 2	0.930 6	0.931 9
1.5	0.933 2	0.934 5	0.935 7	0.937 0	0.938 2	0.939 4	0.940 6	0.941 8	0.943 0	0.944 1
1.6	0.945 2	0.946 3	0.947 2	0.948 4	0.949 5	0.950 5	0.951 5	0.952 5	0.953 5	0.954 5
1.7	0.955 4	0.956 4	0.957 3	0.958 2	0.959 1	0.959 9	0.960 8	0.961 6	0.962 5	0.963 3
1.8	0.964 1	0.964 8	0.965 6	0.966 4	0.967 1	0.967 8	0.968 6	0.969 3	0.970 0	0.970 6
1.9	0.971 3	0.971 9	0.972 6	0.973 2	0.973 8	0.974 4	0.975 0	0.975 6	0.976 2	0.976 7
2.0	0.977 2	0.977 8	0.978 3	0.978 8	0.979 3	0.979 8	0.980 3	0.980 8	0.981 2	0.981 7
2.1	0.982 1	0.982 6	0.983 0	0.983 4	0.983 8	0.984 2	0.984 6	0.985 0	0.985 4	0.985 7
2.2	0.986 1	0.986 4	0.986 8	0.987 1	0.987 4	0.987 8	0.988 1	0.988 4	0.988 7	0.989 0
2.3	0.989 3	0.989 6	0.989 8	0.990 1	0.990 4	0.990 6	0.990 9	0.991 1	0.991 3	0.991 6
2.4	0.991 8	0.992 0	0.992 2	0.992 5	0.992 7	0.992 9	0.993 1	0.993 2	0.993 4	0.993 6
2.5	0.993 8	0.994 0	0.994 1	0.994 3	0.994 5	0.994 6	0.994 8	0.994 9	0.995 1	0.995 2
2.6	0.995 3	0.995 5	0.995 6	0.995 7	0.995 9	0.996 0	0.996 1	0.996 2	0.996 3	0.996 4
2.7	0.996 5	0.996 6	0.996 7	0.996 8	0.996 9	0.997 0	0.997 1	0.997 2	0.997 3	0.997 4
2.8	0.997 4	0.997 5	0.997 6	0.997 7	0.997 7	0.997 8	0.997 9	0.997 9	0.998 0	0.998 1
2.9	0.998 1	0.998 2	0.998 2	0.998 3	0.998 4	0.998 4	0.998 5	0.998 5	0.998 6	0.998 6
3.0	0.998 7	0.999 0	0.999 3	0.999 5	0.999 7	0.999 8	0.999 8	0.999 9	0.999 9	1.000 0

参考文献

[1] 何伯森. 国际工程合同管理[M]. 北京：中国建筑工业出版社，2005.

[2] 刘晓君. 工程经济学[M]. 2版. 北京：中国建筑工业出版社，2011.

[3] 危道军，刘志强. 工程项目管理[M]. 武汉：武汉理工大学出版社，2004.

[4] 尹贻林. 工程造价与控制[M]. 北京：中国计划出版社，2003.

[5] 宋国防，贾湖. 工程经济学[M]. 天津：天津大学出版社，2002.

[6] 毛艺华. 建筑工程经济[M]. 2版. 杭州：浙江大学出版社，2012.

[7] 黄渝祥，邢爱芳. 工程经济学[M]. 3版. 上海：同济大学出版社，2005.

[8] 刘玉明. 工程经济学[M]. 北京：清华大学出版社，2006.

[9] 姜早龙. 工程经济学[M]. 长沙：中南大学出版社，2005.

[10] 杨克磊. 工程经济学[M]. 上海：复旦大学出版社，2007.

[11] 李慧民. 建筑工程经济与项目管理[M]. 北京：冶金工业出版社，2004.